코로나19 바이러스

항균잉크란?

"친환경 99.9% 항균잉크 인쇄"
전격 도입

언제 끝날지 모를 코로나19 바이러스
99.9% 항균잉크(V-CLEAN99)를 도입하여 「**안심도서**」로
독자분들의 건강과 안전을 위해 노력하겠습니다.

(주)시대고시기획

본 도서는 항균잉크로 인쇄하였습니다.

항균잉크(V-CLEAN99)의 특징

- 바이러스, 박테리아, 곰팡이 등에 항균효과가 있는 산화아연을 적용

- 산화아연은 한국의 식약처와 미국의 FDA에서 식품첨가물로 인증받아 **강력한 항균력**을 구현하는 소재

- 황색포도상구균과 대장균에 대한 테스트를 완료하여 **99.9%의 강력한 항균효과** 확인

- 잉크 내 중금속, 잔류성 오염물질 등 **유해 물질 저감**

TEST REPORT

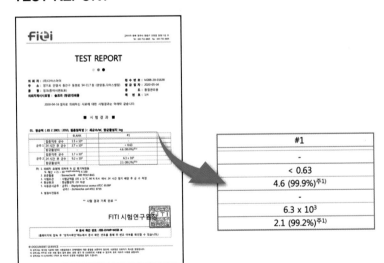

Clean Zone

시 대 에 듀

독학사 4단계

───── 심리학과 ─────

소비자 및 광고심리학

SD에듀
(주)시대고시기획

머리말

심리학은 결코 멀리에 있는 학문이 아닙니다. 심리학은 굳이 전문용어로 다루지 않더라도 이미 우리가 일상 속에서 늘 접하고 있고 행하고 있는 모든 행동, 태도, 현상 등의 연장선상에 있습니다.

심리학 공부란 다른 공부도 그렇겠지만, 우리가 이미 알고 있는 것을 좀 더 체계화하고 세분화하며, 나에게 입력된 지식을 말로 풀어 설명할 수 있게 하고, 더 나아가 이를 실생활에서 응용하기 위하여 필요한 것입니다.

1~3단계를 차례차례 통과하면 드디어 학위취득 종합시험인 4단계에 이르게 됩니다. 본서는 독학사시험에서 심리학 학위를 목표로 하는 여러분의 최종 관문인 4단계의 내용을 다루고 있습니다. 1단계에서 심리학개론, 2단계에서 이상심리학, 감각 및 지각심리학, 사회심리학, 생물심리학, 발달심리학, 성격심리학, 동기와 정서, 심리통계, 3단계에서 상담심리학, 심리검사, 산업 및 조직심리학, 학습심리학, 인지심리학, 중독심리학, 건강심리학, 학교심리학 등을 학습하셨던 여러분은 이제, 이를 모두 종합한 임상심리학, 소비자 및 광고심리학, 심리학연구방법론, 인지신경과학의 내용을 다루게 될 것입니다. 시험인 만큼 전 단계의 내용을 얼마나 잘 이해하였는지가 매우 중요합니다.

01 본서의 구성 및 특징
본서는 독학사 4단계 심리학과를 공부하시는 독자분들을 위하여 시행처의 평가영역 관련 Big data를 분석하여 집필된 도서입니다. 내용이 방대하면서 생소한 심리학의 이론을 최대한 압축하여 가급적이면 핵심만 전달하고자 노력한 것을 특징으로 합니다.

02 빨리보는 간단한 키워드
핵심적인 이론만을 꼼꼼하게 정리하여 수록한 빨리보는 간단한 키워드로 전반적인 내용을 한 눈에 파악할 수 있습니다. 빨리보는 간단한 키워드는 시험장에서 마지막까지 개별이론의 내용을 정리하고 더 쉽게 기억하게 하는 용도로도 사용이 가능합니다.

03 핵심이론 및 실제예상문제
독학학위제 평가영역과 관련 내용을 면밀히 분석한 핵심이론을 제시하였고, 실제예상문제를 풀면서 앞서 공부한 이론이 머릿속에 잘 정리되었는지 확인해 볼 수 있도록 하였습니다. 다양한 유형의 문제를 통해 실제시험에 완벽하게 대비할 수 있습니다.

04 최종모의고사
최신출제유형을 반영한 최종모의고사 2회분으로 자신의 실력을 점검해 볼 수 있습니다. 실제시험에 임하듯이 시간을 재고 풀어보면 시험장에서 실수를 줄일 수 있습니다.

심리학은 독자의 학습자세에 따라 흥미롭고 매력적인 학문일 수도 아닐 수도 있습니다. 사실, 어떻게 보면 심리학은 지나칠 정도로 방대하고 어렵습니다. 왜 자신이 심리학이라는 분야에서 학위를 받기로 결심하였는지를 우선 명확히 하시고, 그 결심이 흔들릴 것 같으면 그 결심을 바로 세운 뒤에 계속 도전하십시오. 본서를 선택하여 주신 분들께 감사의 말씀을 드립니다.

편저자 드림

BDES

독학학위제 소개

독학학위제란?

「독학에 의한 학위취득에 관한 법률」에 의거하여 국가에서 시행하는 시험에 합격한 사람에게 학사학위를 수여하는 제도

- ☑ 고등학교 졸업 이상의 학력을 가진 사람이면 누구나 응시 가능
- ☑ 대학교를 다니지 않아도 스스로 공부해서 학위취득 가능
- ☑ 일과 학습의 병행이 가능하여 시간과 비용 최소화
- ☑ 언제, 어디서나 학습이 가능한 평생학습시대의 자아실현을 위한 제도
- ☑ 학위취득시험은 4개의 과정(교양, 전공기초, 전공심화, 학위취득 종합시험)으로 이루어져 있으며 각 과정별 시험을 모두 거쳐 학위취득 종합시험에 합격하면 학사학위취득

독학학위제 전공 분야 (11개 전공)

※ 유아교육학 및 정보통신학 전공 : 3, 4과정만 개설
※ 간호학 전공 : 4과정만 개설
※ 중어중문학, 수학, 농학 전공 : 폐지 전공으로 기존에 해당 전공 학적 보유자에 한하여 응시 가능

※ SD에듀는 현재 4개 학과(심리학과, 경영학과, 컴퓨터공학과, 간호학과) 개설 완료
※ 2개 학과(국어국문학과, 영어영문학과) 개설 진행 중

독학학위제 시험안내

과정별 응시자격

단계	과정	응시자격	과정(과목) 시험 면제 요건
1	교양	고등학교 졸업 이상 학력 소지자	• 대학(교)에서 각 학년 수료 및 일정 학점 취득 • 학점은행제 일정 학점 인정 • 국가기술자격법에 따른 자격 취득 • 교육부령에 따른 각종 시험 합격 • 면제지정기관 이수 등
2	전공기초		
3	전공심화		
4	학위취득	• 1~3과정 합격 및 면제 • 대학에서 동일 전공으로 3년 이상 수료 　(3년제의 경우 졸업) 또는 105학점 이상 취득 • 학점은행제 동일 전공 105학점 이상 인정 　(전공 28학점 포함) → 22.1.1. 시행 • 외국에서 15년 이상의 학교교육과정 수료	없음(반드시 응시)

응시 방법 및 응시료

• 접수 방법 : 온라인으로만 가능
• 제출 서류 : 응시자격 증빙 서류 등 자세한 내용은 홈페이지 참조
• 응시료 : 20,400원

독학학위제 시험 범위

• 시험과목별 평가 영역 범위에서 대학 전공자에게 요구되는 수준으로 출제
• 시험 범위 및 예시문항은 독학학위제 홈페이지(bdes.nile.or.kr) – 학습정보–과목별 평가영역에서 확인

문항 수 및 배점

과정	일반 과목			예외 과목		
	객관식	주관식	합계	객관식	주관식	합계
교양, 전공기초 (1~2과정)	40문항×2.5점 =100점	–	40문항 100점	25문항×4점 =100점	–	25문항 100점
전공심화, 학위취득 (3~4과정)	24문항×2.5점 =60점	4문항×10점 =40점	28문항 100점	15문항×4점 =60점	5문항×8점 =40점	20문항 100점

※ 2017년도부터 교양과정 인정시험 및 전공기초과정 인정시험은 객관식 문항으로만 출제

합격 기준

• 1~3과정(교양, 전공기초, 전공심화) 시험

단계	과정	합격 기준	유의 사항
1	교양	매 과목 60점 이상 득점을 합격으로 하고, 과목 합격 인정(합격 여부만 결정)	5과목 합격
2	전공기초		6과목 이상 합격
3	전공심화		

• 4과정(학위취득) 시험 : 총점 합격제 또는 과목별 합격제 선택

구분	합격 기준	유의 사항
총점 합격제	• 총점(600점)의 60% 이상 득점(360점) • 과목 낙제 없음	• 6과목 모두 신규 응시 • 기존 합격 과목 불인정
과목별 합격제	• 매 과목 100점 만점으로 하여 전 과목(교양 2, 전공 4) 60점 이상 득점	• 기존 합격 과목 재응시 불가 • 1과목이라도 60점 미만 득점하면 불합격

시험 일정

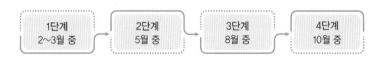

1단계 2~3월 중 → 2단계 5월 중 → 3단계 8월 중 → 4단계 10월 중

• 심리학과 4단계 시험 과목 및 시험 시간표

구분(교시별)	시간	시험 과목명
1교시	09:00~10:40 (100분)	국어, 국사, 외국어 중 택2 과목 (외국어를 선택할 경우 실용영어, 실용독일어, 실용프랑스어, 실용중국어, 실용일본어 중 택1 과목)
2교시	11:10~12:50 (100분)	•임상심리학 •소비자 및 광고심리학
중식	12:50~13:40 (50분)	
3교시	14:00~15:40 (100분)	•심리학연구방법론 •인지신경과학

※ 시험 일정 및 시험 시간표는 반드시 독학학위제 홈페이지(bdes.nile.or.kr)를 통해 확인하시기 바랍니다.

※ SD에듀에서 개설되었거나 개설 예정인 과목은 빨간색으로 표시했습니다.

독학학위제 과정

대학의 교양과정을 이수한
사람이 일반적으로 갖추어야 할
학력 수준 평가

1단계
교양과정 01

02 **2단계**
전공기초

각 전공영역의 학문을 연구하기
위하여 각 학문 계열에서 공통적
으로 필요한 지식과 기술 평가

각 전공영역에서의 보다
심화된 전문 지식과 기술 평가

3단계
전공심화 03

04 **4단계**
학위취득

학위를 취득한 사람이 일반적으로
갖추어야 할 소양 및 전문 지식과
기술을 종합적으로 평가

GUIDE
독학학위제 출제방향

국가평생교육진흥원에서 고시한 과목별 평가영역에 준거하여 출제하되, 특정한 영역이나 분야가 지나치게 중시되거나 경시되지 않도록 한다.

교양과정 인정시험 및 전공기초과정 인정시험의 시험방법은 객관식(4지택1형)으로 한다.

단편적 지식의 암기로 풀 수 있는 문항의 출제는 지양하고, 이해력·적용력·분석력 등 폭넓고 고차원적인 능력을 측정하는 문항을 위주로 한다.

독학자들의 취업 비율이 높은 점을 감안하여, 과목의 특성상 가능한 경우에는 학문적이고 이론적인 문항분만 아니라 실무적인 문항도 출제한다.

교양과정 인정시험(1과정)은 대학 교양교재에서 공통적으로 다루고 있는 기본적이고 핵심적인 내용을 출제하되, 교양과정 범위를 넘는 전문적이거나 지엽적인 내용의 출제는 지양한다.

이설(異說)이 많은 내용의 출제는 지양하고 보편적이고 정설화된 내용에 근거하여 출제하며, 그럴 수 없는 경우에는 해당 학자의 성명이나 학파를 명시한다.

전공기초과정 인정시험(2과정)은 각 전공영역의 학문을 연구하기 위하여 각 학문 계열에서 공통적으로 필요한 지식과 기술을 평가한다.

전공심화과정 인정시험(3과정)은 각 전공영역에 관하여 보다 심화된 전문적인 지식과 기술을 평가한다.

학위취득 종합시험(4과정)은 시험의 최종 과정으로서 학위를 취득한 자가 일반적으로 갖추어야 할 소양 및 전문지식과 기술을 종합적으로 평가한다.

전공심화과정 인정시험 및 학위취득 종합시험의 시험방법은 객관식(4지택1형)과 주관식(80자 내외의 서술형)으로 하되, 과목의 특성에 따라 다소 융통성 있게 출제한다.

www.sdedu.co.kr

STUDY PLAN

독학학위제 단계별 학습법

1단계

평가영역에 기반을 둔 이론 공부!

독학학위제에서 발표한 평가영역에 기반을 두어 효율적으로 이론 공부를 해야 합니다. 각 장별로 정리된 '핵심이론'을 통해 핵심적인 개념을 파악합니다. 모든 내용을 다 암기하는 것이 아니라, 포괄적으로 이해한 후 핵심내용을 파악하여 이 부분을 확실히 알고 넘어가야 합니다.

2단계

시험 경향 및 문제 유형 파악!

독학사 시험 문제는 지금까지 출제된 유형에서 크게 벗어나지 않는 범위에서 비슷한 유형으로 줄곧 출제되고 있습니다. 본서에 수록된 이론을 충실히 학습한 후 '실제예상문제'를 풀어 보면서 문제의 유형과 출제의도를 파악하는 데 집중하도록 합니다. 교재에 수록된 문제는 시험 유형의 가장 핵심적인 부분이 반영된 문항들이므로 실제 시험에서 어떠한 유형이 출제되는지에 대한 감을 잡을 수 있을 것입니다.

3단계

'실제예상문제'를 통한 효과적인 대비!

독학사 시험 문제는 비슷한 유형들이 반복되어 출제되므로 다양한 문제를 풀어 보는 것이 필수적입니다. 각 단원의 끝에 수록된 '실제예상문제'를 통해 단원별 내용을 제대로 학습했는지 꼼꼼하게 확인하고, 실력점검을 합니다. 이때 부족한 부분은 따로 체크해 두고 복습할 때 중점적으로 공부하는 것도 좋은 학습 전략입니다.

4단계

복습을 통한 학습 마무리!

이론 공부를 하면서, 혹은 문제를 풀어 보면서 헷갈리고 이해하기 어려운 부분은 따로 체크해 두는 것이 좋습니다. 중요 개념은 반복학습을 통해 놓치지 않고 확실하게 익히고 넘어가야 합니다. 마무리 단계에서는 '빨리보는 간단한 키워드'를 통해 핵심개념을 다시 한 번 더 정리하고 마무리할 수 있도록 합니다.

COMMENT
합격수기

" 저는 학사편입 제도를 이용하기 위해 2~4단계를 순차로 응시했고 한 번에 합격했습니다.
아슬아슬한 점수라서 부끄럽지만 독학사는 자료가 부족해서 부족하나마 후기를 쓰는 것이 도움이 될까 하여
제 합격전략을 정리하여 알려 드립니다.

#1. 교재와 전공서적을 가까이에!

학사학위취득은 본래 4년을 기본으로 합니다. 독학사는 이를 1년으로 단축하는 것을 목표로 하는 시험이라 실제 시험도 변별력을 높이는 몇 문제를 제외한다면 기본이 되는 중요한 이론 위주로 출제됩니다. SD에듀의 독학사 시리즈 역시 이에 맞추어 중요한 내용이 일목요연하게 압축·정리되어 있습니다. 빠르게 훑어보기 좋지만 내가 목표로 한 전공에 대해 자세히 알고 싶다면 전공서적과 함께 공부하는 것이 좋습니다. 교재와 전공서적을 함께 보면서 교재에 전공서적 내용을 정리하여 단권화하면 시험이 임박했을 때 교재 한 권으로도 자신 있게 시험을 치를 수 있습니다.

#2. 아리송한 용어들에 주의!

강화계획은 강화스케줄이라고도 합니다. 강화계획은 가변비율계획(또는 변동비율계획), 고정비율계획, 가변간격계획(또는 변동간격계획), 고정간격계획으로 나눌 수 있습니다. 또 다른 예를 들어볼까요? 도식은 스키마, 쉐마라고 부르기도 합니다. 공부를 하다보면 이렇게 같은 의미를 가진 여러 용어들을 볼 수 있습니다. 내용을 알더라도 용어 때문에 정답을 찾지 못할 수 있으니 주의하면서 공부하시기 바랍니다.

#3. 시간확인은 필수!

쉬운 문제는 금방 넘어가지만 지문이 길거나 어렵고 헷갈리는 문제도 있고, OMR 카드에 마킹까지 해야 하니 실제로 주어진 시간은 더 짧습니다. 1번에 어려운 문제가 있다고 해서 시간을 많이 허비하면 쉽게 풀 수 있는 마지막 문제들을 놓칠 수 있습니다. 문제 푸는 속도도 느려지니 집중력도 떨어집니다. 그래서 어차피 배점은 같으니 아는 문제를 최대한 많이 맞히는 것을 목표로 했습니다.
① 어려운 문제는 빠르게 넘기면서 문제를 끝까지 다 풀고 ② 확실한 답부터 우선 마킹한 후 ③ 다시 시험지로 돌아가 건너뛴 문제들을 다시 풀었습니다. 확실히 시간을 재고 문제를 많이 풀어봐야 실전에 도움이 되는 것 같습니다.

#4. 문제풀이의 반복!

여느 시험과 마찬가지로 문제는 많이 풀어볼수록 좋습니다. 이론을 공부한 후 실제예상문제를 풀다보니 부족한 부분이 어딘지 확인할 수 있었고, 공부한 이론이 시험에 어떤 식으로 출제될 지 예상할 수 있었습니다. 그렇게 부족한 부분을 보충해가며 문제유형을 파악하면 이론을 복습할 때도 어떤 부분을 중점적으로 암기해야 할 지 알 수 있습니다. 이론 공부가 어느 정도 마무리되었을 때 시계를 준비하고 최종모의고사를 풀었습니다. 실제 시험시간을 생각하면서 예행연습을 하니 시험 당일에는 덜 긴장할 수 있었습니다.

학위취득을 위해 오늘도 열심히 학습하시는 동지 여러분에게도 합격의 영광이 있으시길 기원하면서 이만 줄입니다. "

이 책의 구성과 특징

01

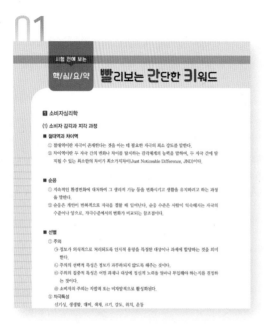

빨리보는 간단한 키워드

'빨리보는 간단한 키워드(빨간키)'는
핵심요약집으로 시험 직전까지 해당 과목의
중요 핵심내용을 체크할 수 있습니다.

02

핵심이론

독학사 시험의 출제 경향에 맞춰 시행처의
평가영역을 바탕으로 과년도 출제문제와
이론을 빅데이터 방식에 맞게 선별하여
가장 최신의 이론과 문제를 시험에
출제되는 영역 위주로 정리하였습니다.

제 1 장 소비자심리학

제1절 소비자 감각과 지각 과정

소비자의 행동을 이해하기 위해서는 소비자가 어떻게 제품과 서비스를 선택하는지, 구매를 위해서 어떻게 필요한 정보를 획득하는지 파악하는 것이 필요하다. 소비자는 제품포장, 편측광, 광고, 타인과의 대화를 통해 실표에 쉽게 알게 되고(상표인식), 상표의 특성에 관해 그들이 얻는 정보에 근거하여 상표를 지각하고, 구매결정을 내린다. 즉, 소비자 지각에 대한 연구는 외부환경에서 정보가 투입되고, 신념으로 변형되어, 기억으로 저장되고, 소비자에 의해 활성화되는 전반적인 과정에 대한 연구 중 일부이다.
지각 과정을 살펴보기 전에 인간의 감각에 관한 기본적인 내용을 살펴볼 필요가 있다. 심리적 수준에서 감각은 단순한 자극에 농집 따자과 연합된 경험이고 지각은 감각의 체계화 또는 통합 그리고 의미 있는 해석에 식품 혁사슴 포함한다.

1 절대역과 차이역

(1) 절대역
① 절대역이란 자극이 존재한다는 것을 아는 데 필요한 자극의 최소 강도를 말한다. 즉, 개인이 감각을 실험할 수 있는, 가장 낮은 수준이다.
② 절대역에서 자극에 대한 반응은 100%가 아니라 50%를 유지한다. 즉, 어떤 경우에는 반응이 일어나고 어떤 경우에는 반응이 안 일어나는데, 그 수준이 바로 50%이다.
③ 감각체계는 자극 에너지가 절대역에 도달하지 못하면 반응하지 않는다. 예를 들어 운전자가 도로 주변에 있는 광고판의 내용을 파악할 수 있는 거리가 그 운전자나 시각에서의 절대역이다. 다른 모든 조건이 동일하다고 전제하고, 자동차에 함께 타고 있는 두 사람이 동일한 광고판을 다른 시간에 봤다면, 이는

03

제 1 장 실제예상문제

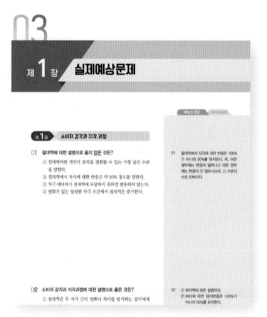

실제예상문제

독학사 시험의 경향에 맞춰 전 영역의 문제를
새롭게 구성하고 지극히 지엽적인 문제나
쉬운 문제를 배제하여 학습자가 해당 교과정에서
필수로 알아야 할 내용을 문제로 정리하였습니다.
'실제예상문제'를 통해 핵심이론의 내용을 문제로
풀어보면서 4단계 객관식 문제와 주관식 문제를
충분히 연습할 수 있게 구성하였습니다.

최종모의고사

'핵심이론'을 공부하고, '실제예상문제'를
풀어보았다면 이제 남은 것은 실전 감각
기르기와 최종 점검입니다. '최종모의고사
(총 2회분)'를 실제 시험처럼 시간을 두고
풀어보고, 정답과 해설을 통해 복습한다면
좋은 결과가 있을 것입니다.

04

독학사 심리학과 4단계
제 1 회 최종모의고사 | 소비자 및 광고심리학

제한시간: 50분 | 시작 ___시 ___분 ~ 종료 ___시 ___분   ➡ 정답 및 해설 024p

01 소비자 심리기제에 대한 설명으로 옳지 않은
것은?

① 인간은 감각기관에 들어오는 많은 자극을
선택적으로 받아들인다.
② 동기는 욕구에 기초하며 목표지향적이다.
③ 강화에서 부적 강화는 '어떤 행동을 하지
않는다면 좋지 못한 결과를 얻을 것이다'
라는 메시지를 전한다.
④ 정보를 있는 그대로가 아니라 어떤 의미로
변환시켜 장기기억으로 변입시키는 것을
반복리허설이라고 한다.

02 소비자구매행동에 관한 설명으로 옳지 않은
것은?

① 매장의 지리적 위치, 내부 환경, 구조, 향기,
조명 등은 소비자 선택에 영향을 미친다.
② 고객들에게 친밀하여 아늑하고 조용한 환
경을 제공하고 싶다면 음식점의 조명을 낮
추는 것이 좋다.
③ 다양한 사회적 · 물리적 상황이 있을 수 있
으며 또한 소비자는 시간에 따라 선호가
달라지기도 한다.
④ 인쇄 매체보다 비인적 매체가 소비자 구매
를 유발할 확률이 높다.

CONTENTS
목 차

빨리보는 간단한 키워드

소비자 및 광고심리학

1 소비자심리학

(1) 소비자 감각과 지각 과정

■ 절대역과 차이역

① 절대역이란 자극이 존재한다는 것을 아는 데 필요한 자극의 최소 강도를 말한다.

② 차이역이란 두 자극 간의 변화나 차이를 탐지하는 감각체계의 능력을 말하며, 두 자극 간에 탐지될 수 있는 최소한의 차이가 최소가지차이(Just Noticeable Difference, JND)이다.

■ 순응

① 지속적인 환경변화에 대처하여 그 생리적 기능 등을 변화시키고 생활을 유지하려고 하는 과정을 말한다.

② 순응은 개인이 반복적으로 자극을 접할 때 일어난다. 순응 수준은 사람이 익숙해지는 자극의 수준이나 양으로, 자극수준에서의 변화가 비교되는 참조점이다.

■ 선별

① 주의

　㉠ 정보가 의식적으로 처리되도록 인지적 용량을 특정한 대상이나 과제에 할당하는 것을 의미한다.

　㉡ 주의의 선택적 특성은 정보가 과부하되지 않도록 해주는 것이다.

　㉢ 주의의 집중적 특성은 어떤 과제나 대상에 정신적 노력을 얼마나 투입해야 하는지를 결정하는 것이다.

　㉣ 소비자의 주의는 자발적 또는 비자발적으로 활성화된다.

② 자극특성

　신기성, 생생함, 대비, 색채, 크기, 강도, 위치, 운동

③ 소비자 요인

　㉠ 기대 : 소비자는 제품과 제품 속성을 자신의 기대(특정한 방식으로 반응하려는 준비성)에 따라 지각하는 경향이 있다.

　㉡ 동기 : 사람들은 원하는 것을 더 잘 지각한다.

ⓒ 관여 : 관여는 특정한 상황에서 자극에 의해 유발되는, 지각된 개인적 중요성 또는 흥미의 수준을 의미한다(Antil, 1984). 소비자의 관여가 높아질수록 소비자는 구매와 관련된 정보에 주의를 기울이고, 정보를 이해하고 정교화하는 동기가 높아진다.

■ 체제화

대상이 가지고 있는 여러 속성들이 결합하여 전체로 파악하는 것

① 전경-배경

ⓖ 전경은 지각의 대상이 되는 부분으로 더 확고하고 더 잘 규정되어 있다.

ⓛ 배경은 전경의 나머지 부분을 말하는 것으로 보통 불분명하고 흐릿하며 연속적으로 나타나 보인다.

② 집단화

ⓖ 사람들은 자극을 집단화하여 체제화하려는 경향이 있다. 집단화에는 유사성의 원리, 완결성의 원리, 두 가지 원리가 주로 사용된다.

ⓛ 유사성의 원리는 서로 유사한 자극들을 묶어서 함께 지각하는 경향성으로, 사람들은 통합된 상을 만들기 위해서 유사한 자극을 자동적으로 묶는 경향이 있다.

ⓒ 완결성의 원리는 자극에서 생략된 부분을 의식적으로 완결하여 지각하는 경향성으로, 사람들은 불완전한 자극 패턴을 완성하려는 경향이 있다.

■ 해석

• 해석은 감각자극에 의미를 부여하는 것으로 이러한 해석과정은 자극이 무엇인지를 이해할 수 있게 한다.

• 해석은 자극에 대한 기대감과 동시에 자극과 관련된 정보를 장기기억에서 인출하게 한다.

① 해석의 유형

ⓖ 인지적 해석은 자극이 기존의 의미범주에 놓이는 과정이다.

ⓛ 감정적 해석은 광고와 같은 자극에 의해 유발되는 감정반응이다.

② 해석수준이론(Construal Level Theory, CLT)

ⓖ 해석수준이론은 개인이 경험할 수 있는 심리적 거리에 따라 사건을 어떻게 해석하는가에 관한 이론으로, 동일한 현상을 보더라도 개인별로 다르게 식별(identification)하는 것을 규명해준다.

ⓛ 상위수준해석은 추상적인 의미를 중심으로 해석하는 것이고, 하위수준해석은 구체적인 행위를 중심으로 해석하는 것이다.

(2) 소비자 학습과 기억 과정

■ 고전적 조건형성

① 파블로프(Ivan Pavlov) 실험

고전적 조건형성은 중립적인 조건자극(conditional stimulus, CS)과 반응을 유발하는 무조건 자극(unconditioned stimulus, UCS) 간의 반복적인 연합에 의해 일어난다.

② 광고측면에서 무조건자극에는 인기 연예인, 음악, 그림 등이 있고, 조건자극에는 상표, 제품, 기타 소비품 등이 있다. 이들의 연합을 통해, 조건자극(예 상표)이 무조건자극(예 연예인 또는 음악)에 의해 일어나는 무조건반응(예 좋아하는 또는 멋있다고 생각하는 감정)과 동일하게 유사한 조건반응(예 좋아하는 또는 멋있다고 생각하는 감정)이 나타날 수 있다.

③ 고전적 조건형성의 특성

반복, 자극일반화, 자극변별, 이차조건형성

■ 조작적 조건형성

① 스키너(Skinner)의 조작적 조건형성

행동과 보상을 연합하여 그 행동을 학습하게 하는 기제를 말한다.

② 소비자 행동 측면에서 보면, 소비자는 긍정적인 성과(예 보상)를 얻었던 시행착오 과정을 통해 소비자는 학습이 일어나고 이 학습은 소비행동을 하도록 만든다는 것이다.

③ 조작적 조건형성의 특성

긍정적 강화와 부정적 강화, 전체강화와 부분강화, 강화일정, 행동조성, 행동수정

■ 사회학습

① 사회학습 과정

㉠ 주의과정 : 모델의 행동을 관찰하는 것이다.

㉡ 기억과정 : 모델의 행동을 파지하는 것이다.

㉢ 재생과정 : 기억과정에서 파지된 인지적 표상을 행동으로 변화시키는 것이다.

㉣ 동기화과정 : 재생된 행동에 대한 실제적, 상상적 보상이 그 행동의 유발 가능성을 결정한다.

② 사회학습이론과 소비자 행동

㉠ 모델은 광고모델이 대표적이다. 광고모델은 소비자 학습을 일으키기 위한 첫 단추이다.

㉡ 제품 수용에서의 사회학습(대리학습) : 신제품 수용은 부분적으로 개척자(평균인보다 신제품을 사용하는 데 있어서 더 모험적인 사람, 혁신자)로부터의 대리학습에 근거한다.

ⓒ 자기조절과정에 의한 사회학습(내부보상) : 자기선물은 소비자 자신에게 있었던 힘든 과정을 잊게 하고 자신의 일을 다시 할 수 있도록 해 주는 좋은 강화물이다.

■ 기억구조 종류

① 감각기억은 몇 초 혹은 아주 짧은 시간 동안 모든 입력 정보를 유지시키는 초기 단계이다.
② 단기기억(STM)은 15~20초 정도 동안 5~7개 정도의 항목(item)을 유지한다.
③ 장기기억(LTM)은 아주 많은 양의 정보를 몇 년 혹은 수십 년 동안 유지할 수 있다.

■ 작업기억 저장과 인출

① 부호화란 정보가 기억에 저장되는 형태로의 변환을 지칭하는 것으로, 작업기억에서 정보는 주로 청각적으로 부호화된다.
② 청킹은 기억대상이 되는 자극이나 정보를 서로 의미 있게 연결하거나 묶는 인지과정을 말한다.
③ 정보과부하는 작업기억에서 처리될 수 있는 양보다 더 많은 양의 정보가 들어오는 것을 말한다. 이러한 정보과부하는 구매결정을 내려야 할 때, 소비자가 단순하게 임의선택을 하거나, 아무것도 구매하지 않거나, 잘못된 구매를 할 수 있다는 문제를 유발한다.
④ 망각을 막기 위해서는 시연 또는 암송을 해야 한다. 시연은 정보에 대한 언어적 반복을 말하며, 정보를 작업기억에 유지시킬 뿐만 아니라 장기기억으로 전이하도록 만든다.
⑤ 병렬탐색은 작업기억의 모든 정보를 동시에 탐사하여 관련 정보를 인출하는 방식이고, 순차탐색은 정보를 순차적으로 하나씩 탐사하여 관련 정보를 인출하는 방식이다.

■ 장기기억 저장과 인출

① 장기기억의 부호화는 의미부호화에 의존한다. 의미부호화란 단어, 사건, 대상, 상징 등에 언어적 의미를 부여하는 것을 말한다.
② 장기기억은 우리의 모든 지식을 담고 있는 무제한의 영원한 저장고로 볼 수 있다.
③ 회상은 최소한의 인출단서를 사용하여 기억하고 있는 항목들을 끄집어내는 것이다.
④ 재인은 특정한 항목을 전에 본 적이 있는지 묻는 것이다.
⑤ 장기기억에서 정보인출 실패는 간섭 때문에 일어난다. 간섭은 역행간섭과 순행간섭이 있다. 역행간섭은 새로운 정보가 옛날 정보의 인출을 방해하는 것이고, 순행간섭은 옛날 정보가 새로운 정보의 인출을 방해하는 것을 말한다.

■ 소비자 지식

① 소비자 지식의 특성
- ㉠ 차원성 : 소비자가 무언가에 관해 생각할 수 있는 여러 다른 방식의 수
- ㉡ 명료성 : 소비자가 차원에 따라 얼마나 상세히 차이를 구별할 수 있는가
- ㉢ 추상성 : 소비자가 무언가를 매우 구체적인 것으로부터 매우 추상적인 것까지의 범위에 걸쳐 얼마나 다르게 생각할 수 있는가

② 기억연결망
- ㉠ 의미기억은 사람들이 장기기억에 언어적 정보의 의미를 저장하는 방식을 말하는데, 의미기억에서 정보는 연결망 형태로 조작된다.
- ㉡ 자극이 한 마디를 활성화하면, 활성화는 연결망을 통해 확산될 것이며 다른 마디들을 활성화할 것이다.
- ㉢ 소비자의 기억에 있는 상표와 그 상표의 품질 간의 관계는 제품-속성 연합으로, 이런 연합은 소비자가 다양한 상표에 관한 태도를 형성하는 데 있어서 중요한 역할을 하며, 차후의 구매행동에도 직접적으로 영향을 준다.

③ 도식
- ㉠ 도식이란 기억에서 체계적으로 조직화된 지식구조를 말한다.
- ㉡ 소비자는 도식에 근거하여 특정 대상에 대해 추론할 수 있다.
- ㉢ 도식은 기존의 도식과 정보들이 우선적으로 연합되어 처리되고, 새로운 정보가 들어오면 기존의 도식과 일치하는 방향으로 해석된다.
- ㉣ 도식은 투입되는 정보의 종류에 따라 강화되기도 하고, 변할 수 있는 유연성을 가지고 있다.

■ 구성기억

구성기억이란 도식에 근거한 추론 그리고 외부암시 등에 의해 투입정보를 다르게 구성하는 것으로, 인간의 기억은 외부에서 들어오는 정보를 있는 그대로 받아들이지 않고 구성과 재구성 과정을 거친다.

■ **기억과 감정**

① 소비자가 자신의 기분 상태와 동일한 감정특성을 갖는 정보를 더 잘 기억한다.

② 제품, 서비스 정보가 소비자에게 제공될 때, 소비자의 기분 상태를 긍정적으로 만들어야 한다. 또한 부정적인 기분을 일으키는 제품 경험이 제품정보의 학습을 억제하게 되고, 이를 통해 제품정보의 부호화, 저장, 인출 등을 방해하거나 왜곡할 수 있다.

(3) 소비자 동기와 감정

■ **욕구와 동기**

① 욕구는 내부균형을 획득하기 위한 노력으로서 개인으로 하여금 일정한 행동과정을 추구하도록 하는 내적 불균형 상태이다.

② 동기는 세 가지 특성을 갖는다. 행동을 유발시키는 개인 내부의 힘을 의미하는 '활성화', 노력의 투입을 선택적으로 특정한 방향으로 지향하게 만드는 '방향성', 일정한 강도와 방향을 지닌 행동을 계속해서 유지시키는 '지속성'이 그것이다.

■ **동기과정**

① 동기과정 모델에서 중요한 동기의 주요개념은 욕구인식, 추동상태, 목표 지향적 행동, 목표, 감정이다.

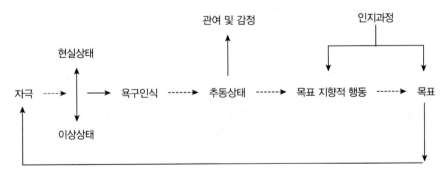

▲ 동기과정의 단순 모델

② 동기과정은 자극이 나타나는 순간에 작동한다. 이러한 자극은 개인 내부(배고픔, 갈증, 변화에 대한 갈망 등), 개인 외부(제품광고, 지인의 조언 등)에서 나타날 수 있다.

③ 추동(drive)이란 충족되지 않은 욕구의 결과로 생기는 긴장(tension)에 의해 나타나는 힘을 말한다. 이러한 추동은 정서 또는 생리적 각성으로 나타난다.

④ 목표 지향적 행동으로는 정보탐색, 제품에 관해 타인과 얘기하기, 만족스러운 구매를 위한 쇼핑, 제품과 서비스 구매 등을 들 수 있다.

⑤ 목표는 자극과 연결된다. 즉, 목표를 획득함으로써 동기과정이 종결되는 것이 아니라 새로운 자극의 출현이 동기과정을 다시 촉발시켜 순환하게 된다.

⑥ 사람들은 개인의 사전학습(사전경험), 판단과정에 근거하여 목표 지향적 행동 및 목표를 선정한다.

■ 욕구이론

① 매슬로우의 욕구위계이론

    ㉠ 욕구위계는 인간욕구의 일곱 가지 기본수준을 제시하였는데, 생리적 욕구, 안전욕구, 소속/애정욕구, 자존심욕구(인정욕구), 지적 욕구, 심미적 욕구, 자아실현욕구로 낮은 수준(생물)의 욕구로부터 높은 수준(심리)의 욕구로 순서가 정렬되어 있다.

    ㉡ 한 욕구가 나타나기 위해서는 바로 이전의 욕구가 어느 정도 충족되어야 한다.

    ㉢ 각각의 욕구는 상호 독립적이고, 각각의 욕구 간에는 중복이 있으며, 어떤 욕구도 완벽하게 충족되지 않는다.

② 맥클리랜드의 학습된 욕구이론

    ㉠ 성취욕구 : 목표를 달성하기 위해 높은 기준을 세우고, 성공에 대한 강렬한 희망을 가지는 욕구로서 성취욕구가 높은 사람은 성공을 위해 노력하고, 문제해결에 책임을 지려는 경향이 강하다.

    ㉡ 친교욕구 : 사람들과의 관계를 중요하게 여기는 욕구로서, 친교욕구가 높은 사람은 성공하려는 것보다 타인과 함께 하려는 데 더 큰 의미를 부여하는 경향이 있다.

    ㉢ 권력욕구 : 타인에 대한 통제력을 획득하고 발휘하려는 욕구를 나타내며, 이 욕구는 타인에게 영향을 주고, 지시하며, 지배하려는 경향성을 보인다.

■ **제한된 범위의 동기이론**

① **반대과정이론**

ㄱ 서로 반대되는 두 개의 감정이 동시에 발생하지만, 처음에는 한 감정의 강도가 강해 반대 감정을 느끼지 못하다가 시간이 경과함에 따라 처음 감정의 강도는 약해지고 반대 감정의 강도는 강해짐으로써 반대 감정을 경험하게 됨을 설명하는 동기이론이다.

ㄴ 소비자 측면에서 볼 때, 반복되는 신용카드의 과도한 사용으로 인해 재정적 문제를 갖는 소비자 행동을 반대과정이론으로 설명할 수 있다.

② **최적자극수준유지 동기**

ㄱ 최적자극수준유지 동기이론은 사람이 자극에 대한 자신의 최적수준을 유지하기 위해 동기화된다는 이론이다.

ㄴ 수면제를 통해 각성수준을 낮추는 것, 커피섭취를 통해 각성수준을 높이는 것, 래프팅·사냥·스포츠·놀이기구 등과 같은 레저활동을 통해 각성수준을 높이는 것, 자발적인 상표전환을 통해 일상의 변화를 주는 경우 등은 최적자극수준유지 동기로 설명할 수 있다.

③ **다양성추구 동기**

ㄱ 다양성추구란 자극에 대한 내적 욕구에서 발생하는 것으로, 최적자극수준의 개념과 같이 설명할 수 있다.

ㄴ 소비자 측면에서 살펴보면 동일한 제품을 반복적으로 구매하여 싫증이 났을 경우, 새로운 상표를 선택하는 행위는 다양성을 추구하는 행위로 설명할 수 있다.

④ **쾌락경험 동기**

쾌락소비(hedonic consumption)는 환상을 만들어 내고, 새로운 감각을 느끼며, 감정적 각성을 얻기 위해 제품과 서비스를 사용하려는 소비자 욕구를 말한다.

⑤ **자기조절초점**

ㄱ 쾌락을 추구하는 것을 인간의 기본적인 동기로 설명하는 것을 넘어 사람들이 다른 전략을 사용하여 쾌락을 추구하고 고통을 회피하는지 밝히고자 한 이론이 자기조절초점 이론이다.

ㄴ 촉진동기를 가진 사람은 자신의 목표달성을 위해 접근전략 수단을 사용하며, 예방동기를 가진 사람은 자신의 목표달성을 위해 회피전략 수단을 사용한다.

⑥ **행동자유에 대한 열망**

ㄱ 행동자유에 대한 열망은 외부의 제약 없이 행동을 수행하려는 욕구이다. 소비자가 제품과 서비스 선택을 방해받을 때, 소비자는 반발한다. 이를 심리적 저항(psychological reactance)이라고 부른다.

ⓒ 소비자의 행동은 제품을 구매하도록 압력을 가하는 외부압력에 의해서 제약되며, 제품이 품절되거나, 제품가격이 인상되거나, 감당하기 어려운 경우 등의 위협은 소비자 선택을 하고자 하는 능력을 제한한다.

⑦ 소비자 독특성의 욕구

사람들은 타인과 구별되는 자신만의 독특함이나 고유함을 표현하고자 하며, 이러한 욕구를 외적 행동을 통해 드러내려고 한다.

⑧ 귀인동기

귀인동기는 행동의 원인을 밝히고자 하는 욕구로서 소비자가 그 제품이 불만족스러웠는지, 광고모델이 특정 음료를 광고하게 된 것인지, 판매원이 왜 특정 상품을 권하려고 했는지 등을 알고 싶어 하는 것이다.

⑨ 접촉욕구

접촉욕구(need for touch, NFT)란 제품이나 다른 사물과의 접촉을 통해 정보를 수집하거나 즐기려는 욕구를 말한다. 접촉욕구는 개인차가 존재하는데, 어떤 소비자는 제품을 만져보지 않고 구매를 결정하고, 어떤 소비자는 구매를 결정하기 전에 많은 시간과 노력을 투자해 제품을 만져보고 구매를 결정하기도 한다.

■ 정서의 구조

① 강력한 정서의 경험

소비자는 강한 부정적 정서(例 분노, 격노)를 경험하기도 하고, 강한 긍정적 정서(例 기쁨)를 경험하기도 한다.

② 경험하는 정서의 유형

소비자는 광고에 대한 반응을 두 가지 정서상태에 기반하여 나타내는데, 긍정적 정서상태, 부정적 정서상태가 그것이다.

③ 감정강도에서의 개인차

감정강도는 감정을 유발하는 자극에 대해 개인이 경험하는 감정과 관련된 강도에서의 안정된 차이를 말하는 것으로, 소비자마다 각기 다른 감정강도를 가지고 있다.

■ 정서의 인지적 차원

① 확실성

사람들이 그 상황에서 무엇이 일어나고 있는지에 대해 이해하고 확신하는 정도

② 유쾌함

사람이 현재 갖고 있는 목표와 관련해서 자극들이 본질적으로 즐거운지, 그렇지 않은지를 평가하는 것

③ 주의적 행동

자극에 대해 집중하는 정도 또는 자극을 무시하거나 피하는 정도

④ 통제성

사람이 그 상황을 통제하고 있다고 믿는 정도

⑤ 예상노력

사람이 그 상황에서 무엇을 해야만 하며, 어느 정도의 노력을 들여야 하는지 예상하는 정도

⑥ 책임성

그 상황에서 일어나고 있는 것에 대해 책임이 있다고 느끼는 정도

■ 문화에 따른 정서

① 자아초점 정서는 타인을 배제한 개인의 내적 상태나 속성과 연관되며, 개인적 인식, 경험, 표현 요구와 일치하려는 경향을 가진다. 자부심, 행복, 좌절 등이 자아초점 정서에 해당한다.

② 타자초점 정서는 사회적 상황에서의 타자나 가까운 타인(예 가족, 친구, 동료, 정치적·종교적 집단, 사회계급, 또는 개인의 자기규정에 중요한 이데올로기 국가적 실체)과 관련되며, 공감, 평화, 은혜 등이 타자초점 정서에 해당한다.

(4) 소비자 성격

■ 성격의 특징

일관성	개인의 행동은 어느 정도 일관성을 보여야 한다. 즉, 성격특성은 단기적인 것이 아니라 시간에 걸쳐 비교적 안정성을 보인다.
독특성	개인의 행동은 타인과 구별해 줄 수 있어야 한다. 즉, 어떤 성격특성은 모든 소비자가 공유할 수 있는 것은 아니다.
상황 간의 상호작용	개인의 성격과 상황 간의 상호작용을 말하는 것으로, 인간은 태어날 때부터 가지고 있는 선천적인 특성과 사회생활을 통해 얻게 된 경험들과 상호작용을 한다.
종합성 (총체성)	성격의 측정만으로 개인의 행동을 정확하게 예견할 수 없다. 상표의 선택은 개인차(성격), 상황, 제품 등 상호작용을 통해 이루어지게 되는 것이다. 즉, 성격과 구매 간의 단순한 자극−반응 연결은 존재하지 않는다.

■ 정신분석학

① 의식의 구조

　　㉠ 의식 : 인간이 현재 인식하고 있는 것으로, 프로이트가 비유했던 빙산 중 물 위에 있는 작은 부분을 말한다.

　　㉡ 전의식 : 지금 당장에는 마음에 있지 않지만 노력하면 의식에 떠올릴 수 있는 모든 정보이다 (예 '작년 겨울방학에 무엇을 했는가?'라는 질문을 받으면 머리에 겨울방학 동안 한 내용들이 떠오르는 것).

　　㉢ 무의식 : 프로이트가 가장 중요하게 보았던 것으로 사고와 행동에 영향을 주는 충동, 욕구 그리고 접근 불가능한 기억의 저장고이다. 프로이트는 무의식을 물 아래에 있는 빙산의 매우 큰 부분으로 비유하였다.

② 성격구조

　　㉠ 원초아(Id) : 성격의 가장 원초적인 부분이며 생물학적 충동으로 구성되어 있다. 여기에는 먹고, 마시고, 배설하려는 욕구, 고통을 피하고 성적 쾌락을 추구하려는 욕구 등이 있고 이러한 충동을 즉각적으로 만족시키려고 한다.

　　㉡ 자아 : 현실의 요구를 고려하는 것을 배우게 되는 것이다. 자아는 현실원리에 따르기 때문에 충동의 만족은 적절한 상황이 될 때까지 지연될 수 있음을 말해준다.

　　㉢ 초자아 : 초자아는 행위가 옳은지 그른지를 판단하는 성격으로 사회의 가치와 도덕에 관한 내면화된 표상이다. 초자아는 개인의 양심과 도덕적으로 이상적인 사람에 관한 이미지이다.

③ 정신분석학과 마케팅 촉진전략

　　정신분석학은 인간의 행위에 숨어 있는 무의식적 동기를 확인하기 위하여 꿈, 환상, 상징 등을 강조하였고, 이는 마케팅에 많은 영향을 주었다. 즉, 소비자 무의식 동기에 소구할 수 있는 주제, 제품용기 등을 개발하려고 하였다.

■ 소비자 성격척도

① 자기감시

　　㉠ 자기감시가 높은 사람 : 자신의 태도가 사회적 · 상황적으로 적합한가에 의해 형성되기 때문에 이러한 사람들은 제품을 사용함으로써 얻게 되는 이미지에 대한 광고 내용에 주의를 기울인다.

　　㉡ 자기감시가 낮은 사람 : 자신들의 가치표출을 중시하는 태도를 갖기 때문에 제품의 품질을 강조하는 광고를 자신들의 내재된 태도나 가치와 일치하다고 생각하고 해석한다.

② 인지욕구

　　㉠ 인지욕구가 높은 소비자는 제품과 직접적으로 관련된 정보(예 기능)가 많은 광고에 더 반응하고 주변적인 면(예 모델)에는 덜 반응한다.

　　㉡ 인지욕구가 비교적 낮은 소비자는 광고의 주변적이거나 배경적인 면(예 매력적인 모델 또는 유명인)에 더 주의를 기울이는 경향이 있다.

③ 애매함에 대한 관용

　　새로운 제품을 구매할 때 소비자는 신기한 상황을 접하게 되고 애매함에 대해 관용이 높은 사람은 긍정적으로 반응할 것이다.

④ 시각처리 대 언어처리

　　제품이 나타나는 광고에서 시각처리자는 그림 정보단서에 의해, 언어처리자는 언어 정보단서에 의해 영향을 받아 노출된 광고제품을 구매 고려군에 더 많이 포함시킨다.

⑤ 분리 대 연결

　　분리특질이 강한 사람은 자신과 타인을 명확하게 구분하고 경계를 설정하지만, 연결특질이 강한 사람은 중요한 타인을 자신의 일부분 또는 확장으로 간주한다.

■ 자기개념

자기개념(Self-Concept)은 '자기 자신을 하나의 대상으로 나타내는 개인의 사고와 감정의 총합'으로 사람들이 자신의 자기개념과 일치되게 행동하려는 욕구가 있기 때문에 자기 자신에 대한 지각이 성격의 기본을 형성한다. 이러한 일관적인 행동은 사람들이 자기 자신에 관해 갖는 이미지에 의해 특정한 행동패턴으로 표출될 수 있다.

■ 여섯 가지 형태의 자기개념

① 현실적 자기

　　개인이 자기 자신을 현실적으로 어떻게 지각하고 있는가?

② 이상적 자기

　　개인이 자기 자신을 어떻게 지각할 것인가?

③ 사회적 자기

　　타인들이 현재 자신을 어떻게 지각하고 있는가?

④ 이상적 · 사회적 자기

　　타인들이 자신을 어떻게 지각할 것인가?

⑤ 기대된 자기

현실적 자기와 이상적 자기 사이의 어디엔가 놓이는 자기 이미지

⑥ 상황적 자기

특정한 상황에서의 자기 이미지

■ 상징적 제품의 특성

인간은 자신의 무언가를 활용하여 자신을 표현하고자 한다. 여기서 말하는 무언가란 바로 나 자신을 드러낼 수 있게 하는 하나의 상징물이다.

① 가시성(Visibility)

구매, 소비, 처분 등이 타인에게 즉각적으로 명백해야 한다.

② 변산도(Variability)

어떤 소비자는 특정 제품을 소유할 자원을 가지고 있는 반면, 다른 소비자는 그 제품을 소유할 시간적 또는 재정적 자원을 가지고 있지 못한 경우로, 만일 모든 사람이 특정 제품을 소유하고 있고 또는 특정 서비스를 받고 있다면 그것은 상징으로 작용하지 않을 수 있다.

③ 성격, 의인화(Personalizability)

제품이 보편적 사용자에 대한 고정관념적 이미지를 나타내는 정도를 말한다.

■ 라이프스타일

① 생활양식, 생활행동, 가치관, 태도 등의 복합체이다.

② 라이프스타일은 가시적이다.

③ 라이프스타일은 생동감이 있고 실제적이다.

④ 라이프스타일은 특정 개인으로부터 사회 전체에 이르기까지 매우 다양하다.

⑤ 다양한 생활 요소들을 통해 라이프스타일을 분석할 수 있다.

⑥ 라이프스타일은 개인의 가치를 반영하는 표현 양식이다.

■ 라이프스타일 분석 방법

① 거시적(macro) 방법

한 국가의 사회 전체 또는 지역 사회 전체 라이프스타일 동향을 파악하려는 것이 목적인 방법이다.

② 미시적(micro) 방법

개인의 가치관이나 생활 욕구 패턴을 분석하여 사회적 동향을 파악하거나 예측하는 방법이다.

■ **라이프스타일과 사이코그래픽 분석**

① **라이프스타일**

사람들이 어떻게 살아가고, 그들의 돈을 어떻게 소비하며, 그들의 시간을 어떻게 배분하는지 등으로 표현된다.

② **사이코그래픽 분석**

소비자가 생활하고 일하며 즐기는 방식에 의해 소비자를 세분화하려는 소비자 연구의 한 형태로 소비자들 간의 개인차를 확인하기 위한 방법이다.

  ㉠ AIO 진술 : 활동, 관심, 의견

  ㉡ VALS 분류

   • VALS1 : 이중위계[욕구추동적(Need-Driven)인 사람, 외부지향적인 사람, 내부지향적인 사람 그리고 통합된 사람]라고 부르는 일련의 단계를 통해 소비자가 이동한다고 본다.

   • VALS2 : 소비자 태도와 구매행동 간의 구체적인 관계를 확인하는 것이 목표이다.

③ **LOV 척도**

사람들의 지배적인 가치를 평가하는 것이 목표이다.

(5) 소비자 태도, 태도변화, 설득 커뮤니케이션

■ **태도특성**

① **특정한 소비자 또는 마케팅 개념과 대체 가능**

소비자 맥락에서 제품범주, 상표, 서비스, 광고, 가격 또는 매장 등과 같이 특정한 소비자 또는 마케팅 개념으로 대체할 수 있다.

② **학습성**

태도의 학습은 제품에 대한 경험, 타인을 통해 얻은 경험, 광고 노출을 통해 형성된다.

③ **일관성**

태도는 비교적 일관성을 갖고 있지만, 영구적이지 않고 변화할 수 있다.

④ **상황변수의 영향**

태도와 행동 간의 관계에 영향을 주는 사건이나 환경을 말하며, 소비자로 하여금 자신의 태도와 일치되지 않는 방식으로 행동하게 만들 수 있다.

■ 태도의 기능

① 효용성기능
보상을 극대화하고 불쾌감을 극소화하려는 기능

② 자기방어기능
사람들로 하여금 불안과 위협에서 벗어나 자아를 보호하게 해주는 기능

③ 가치표현기능
소비자 자신의 가치 또는 자기개념을 표현하는 기능

④ 지식기능
혼란스러운 것에 대한 이해를 돕고 의미를 부여하는 기능

■ 태도의 구성요소

① 인지요소
태도 대상과의 직접적인 경험과 다양한 출처로부터의 관련된 정보의 결합에 의해 얻어지는 지식과 지각을 포함한다. 인지요소에서의 신념은 '대상-속성 신념', '속성-편익 신념', '대상-편익 신념' 형태로 나타날 수 있다.

② 감정요소
특정 제품이나 상표에 대한 소비자의 감정이 태도의 감정요소를 나타낸다. 이러한 감정은 평가 차원으로 태도 대상에 대한 개인의 전반적인 평가를 반영한다.

③ 행동요소
개인이 태도 대상과 관련하여 특정한 방식으로 행동할 가능성 또는 경향성을 나타낸다.

■ 태도의 구성요소의 위계

구매과정	효과의 위계
고관여	표준학습위계 : 신념 – 감정 – 행동
저관여	저관여위계 : 신념 – 행동 – 감정
경험/충동	경험위계 : 감정 – 행동 – 신념
행동영향	행동영향위계 : 행동 – 신념 – 감정

■ **태도모형**

① 균형이론

균형과 일관성을 유지하려는 과정에서 태도가 형성되고 변화한다고 가정함

② 다속성이론

선별된 제품 속성이나 신념에 의해 태도를 알아냄

③ 단순노출효과

어떤 자극에 대한 단순한 반복노출이 이에 대한 태도를 향상시킴

④ 태도접근가능성

대상에 노출될 때 태도가 활성화되는 정도를 결정하는 것으로 태도를 활성화하고 반복적으로 표현하는 것에 의해 증가될 수 있음

■ **설득에 의한 태도변화**

① 정교화 가능성 모형

㉠ 정교화 가능성 모형은 소비자가 정보를 처리하는 당시의 관여도에 따라 소비자가 기울이는 정교화 노력의 정도에 의해 결정되며 소비자의 태도는 최소 두 개(중심경로와 주변경로)를 통한 정보처리 결과로 형성된다.

㉡ 중심경로를 통한 태도변화, 주변경로를 통한 태도변화

② 다속성 모형

㉠ 태도형성을 위한 다속성 모형의 근거가 되는 개념들이 소비자의 신념, 태도, 행동을 바꾸기 위해 적용될 수 있다.

㉡ 다속성 모형으로는 대상태도모형과 합리적 행위 모형이 있다.

■ **행동에 따른 태도변화**

① 저항과 부조화

㉠ 구매결정 전 저항 : 두 가지 선택대안이 모두 긍정적 특성을 가지고 있는 경우, 소비자가 포기한 선택대안에 관한 소비자의 감정이 더욱더 긍정적으로 나타나는 현상

㉡ 구매 후 인지부조화 : 소비자가 자신이 구매한 상표를 좋아하지 않았다는 것과 자신이 그 상표를 구매했다는 것, 두 가지 요소들이 갈등을 일으켜서 만들어 낸 불쾌한 감정상태

② 비위맞추기 전략

비위맞추기(ingratiation) 전략이란 개인이 자기 자신을 타인에게 더 좋게 보이도록 하기 위해 수행하는 자기 서비스 전략

③ '문 안에 발 들여놓기' 기법

처음에 작은 요구를 수락하면 어느 정도 시간이 경과한 후 두 번째 좀 더 큰 요구를 거부하지 못하고 수락하게 만드는 설득기법

④ '머리부터 들여놓기' 기법

처음의 매우 큰 요구를 거절한 직후 두 번째의 작은 요구는 거절하지 못하고 수락하게 만드는 설득기법

⑤ '10원만이라도' 기법

요청의 마지막 부분에 아주 적은 금액이나 시간도 소중하다는 어구를 추가하는 설득기법

■ 커뮤니케이션 모델

① 공식적인 과정

출처가 설득 메시지를 매체를 통해 전달하고, 이 메시지를 1차 수신자가 받아들이며, 1차 수신자는 이 메시지에 대한 피드백을 출처에게 제공한다.

② 비공식적인 과정

출처의 설득 메시지를 수용한 1차 수신자는 대중매체와는 성격이 다른 매체를 통하여 1차 수신자의 주관적 경험과 견해로 각색된 메시지를 2차 수신자에게 전달하며, 2차 수신자는 이 메시지를 수용하고 처리한 결과에 대한 피드백을 출처에게 제공한다.

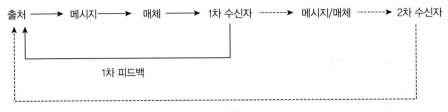

▲ 커뮤니케이션 모델

■ **출처의 특성**

① 출처의 신뢰성은 전문성, 진실성과 관련되어 있다.

② 출처의 신체매력

   ㉠ 조화가설 : 제품의 두드러진 특성이 출처의 두드러진 특성과 일치해야 한다는 것

   ㉡ 성적 소구 : 성적 광고는 소비자의 주의를 끌며, 광고회상을 증가시키고, 소비자의 광고태
       도를 개선함. 그러나 지나치게 성적으로 매우 노골적인 광고는 역효과를 가져올 수 있음

   ㉢ 출처호감 : 출처호감은 소비자가 정보출처에 대해 갖는 긍정적이거나 부정적인 감정

   ㉣ 수면자 효과 : 신뢰성이 낮은 출처도 시간이 지나면 설득효과를 갖는 현상

■ **메시지 내용에 따른 광고 효과**

① **메시지 틀**

이득의 틀 메시지는 어떤 대안을 채택할 경우 얻게 되는 편익이나 긍정적인 결과를 강조하고,
손실의 틀 메시지는 대안을 채택하지 않을 경우 얻게 되는 부정적인 결과나 놓치는 편익을 강
조한다.

② **수사학적 표현**

광고에서는 주로 역설과 은유가 사용된다. 역설은 반박적인, 잘못된, 또는 불가능한 것으로 보
이지만, 어느 면에서는 사실인 진술을 말한다.

③ **메시지 복잡성**

메시지는 가급적 단순 · 명료하게 전달해야 효과적이다.

④ **결론 제시하기**

메시지가 비교적 복잡하거나 청중이 메시지 주제에 관여되지 않는다면, 결론을 제시하는 것이
좋다.

⑤ **비교 메시지**

비교광고는 시장점유율이 낮다거나 새로운 상표가 선두 상표와의 지각된 차이를 줄이는 데 있
어서 효과적이다.

⑥ **일방메시지 대 양방메시지**

양방메시지는 청중이 비우호적일 때, 반대주장이 있음을 알 때 또는 경쟁사가 반박할 가능성이
있을 때 효과적이다. 반면, 일방메시지는 청중이 우호적일 때, 청중이 경쟁자의 반박주장을 들
으려 하지 않을 때, 청중이 특정한 논점에 관여하지 않을 때, 또는 청중의 교육수준이 높지 않
을 때 효과적이다.

⑦ 공포소구

특정한 행동을 하지 않음으로써 발생하는 부정적인 결과를 메시지 속에 제시하여 공포를 야기한다.

⑧ 유머

소비자의 기분을 좋게 하여 설득 메시지에 대한 반박주장을 떠올리지 못하게 할 수 있지만, 메시지에 대한 주의를 분산시킴으로써 이해도를 낮출 수도 있다.

⑨ 생생한 정보

생생하고 구체적인 정보를 갖고 있는 메시지는 주의를 끌 뿐만 아니라 유지시키며, 수신자에게 상상하도록 자극한다.

⑩ 강의 대 드라마

강의광고는 정보를 알려주고, 설득을 시도할 때 청중에게 직접 전달하는 것으로 반박을 빈번히 불러일으킬 수 있고, 드라마광고는 비교적 반박주장을 덜 일으키고, 청중의 흥미를 자극할 수 있다.

■ 메시지 구성에 따른 광고효과

① 초두효과와 최신효과

㉠ 시간의 경과에 따라 초두효과가 더 효과적이다.

㉡ 메시지를 정교하게 처리할 때(예) 고관여) 초두효과가 발생하는 경향이 있다.

㉢ 초두효과는 인쇄광고와 같은 시각적 자료보다 라디오광고와 같은 언어적 자료에서 더 강하게 나타난다.

㉣ 메시지의 중간에 제시되는 정보의 회상이 상대적으로 가장 나쁘다.

② 반복효과

지나친 반복은 메시지에 대해 부정적이게 만들 수 있다(광고싫증). 이러한 이유로 인해, 광고인은 동일한 광고를 계속해서 반복제시하지 않고, 동일한 메시지를 전달하는 일련의 다른 광고물을 만든다.

(6) 소비자 구매결정과 평가

■ 소비자 의사결정과정(5단계)

① 문제인식

소비자가 해결해야 할 문제 또는 충족이 필요한 욕구를 인식하는 것

② 정보탐색

소비자가 구매 불확실성을 감소시키기 위해 필요한 정보를 찾는 모든 과정

③ 대안평가

소비자가 문제해결(욕구충족)을 위해서 정보를 탐색하고, 각 제품의 장단점들을 비교·분석하여 소비자의 요구에 부합하는 특정 대안을 선택하는 과정

④ 구매

물건을 삼

⑤ 구매 후 평가

소비자가 자신의 구매에 대해 만족이나 불만족을 표현

■ 주요개념

① 고관여 결정과 저관여 결정

고관여 결정	• 문제인식 → 광범위한 탐색 → 확장된 대안평가 → 복잡한 선택 → 획득평가 • 고관여 위계 : 소비자는 대상에 대한 신념을 먼저 형성하고, 그 다음에 대상에 대한 감정을 가지며, 마지막으로 대상과 관련되는 행동(예 구매행동)을 일으킴
저관여 결정	• 문제인식 → 제한적 탐색 → 최소한의 대안평가 → 단순한 선택 → 획득평가 • 저관여 위계 : 소비자가 제품에 관한 신념을 먼저 형성하고, 이어서 구매를 하며, 구매 후에 제품에 관한 태도를 형성함

② 전통적인 결정 관점에서의 마케팅전략

전략	고관여 결정	저관여 결정
촉진전략	• 숙련된 판매원 활용 • 복잡하고 자세한 광고 메시지 사용	• 대중적인 광고에 중점 • 반복적인 메시지 사용 • 매력적인 모델 사용 • 단순한 광고 메시지 사용
유통전략	• 제한적인 유통체계 사용 • 유통업자가 뛰어난 서비스를 제공하도록 훈련	광범위한 유통전략 사용
가격전략	• 프리미엄 가격 부과 • 빈번한 세일의 제한 • 소비자와의 가격 흥정	• 저가 제품 유지 노력 • 가격 고려군에 포함되기 위한 쿠폰과 유인책 사용

③ 충동구매

학자	정의
Rock(1987)	사전에 문제를 인식하지 않았거나 매장에 들어가기 전까지 구매의도가 없었음에도 이루어진 구매행동
Burroughs(1994)	결과를 고려하지 않은 채 무언가를 즉각적으로 구매하려는 갑작스럽고, 강력하며, 끊이지 않는, 무계획적인 행위
양윤(2016)	사전에 구매계획도 없고 결과도 고려하지 않은 채 제품을 즉각적으로 구매하는 행위

④ 소비자 구매결정의 유형 및 과정

유형	내용	예시
습관적 의사결정	• 소비자가 반복적으로 구매를 할 때 이루어지는 것 • 거의 의식적인 노력 없이 선택하는 의사결정 • 주로 제품에 대하여 저관여일 때 이루어짐 • 상표 전환이 거의 이루어지지 않음	비누, 치약, 휴지 등
제한적 의사결정	• 확장적 의사결정에 비해 동기수준이 낮은 것으로 적은 정보탐색과 대안을 평가하는 것 • 제품에 대해 저관여 수준이며, 잘못된 구매로 인한 인지위험이 적을 때 나타남 • 제품 관련 대안이 비슷하거나 정보처리의 시간이 제한적일 경우에 해당됨	• 간단한 주방기구나 내의류, 식료품 등 구매 • 진열제품의 가격, 품질 등 을 비교 후 하나의 제품을 구매하는 경우
확장적 의사결정	• 소비자가 의사결정의 전체 단계를 거쳐 구매를 결정하는 것 • 제품에 대해 고관여되어 잘못된 구매에 의한 인지된 위험이 있음 • 선택하고자 하는 대안이 세분화되어 있음 • 시간적 압박이 적은 경우	• 고가품 구입(예 승용차, TV, 냉장고 등) • 사회적 평가(예 결혼준비, 주택구입 등) • 구매를 되돌리기 어려운 경우

⑤ 내적 탐색 vs 외적 탐색
  ㉠ 내적 탐색 : 문제의 해결책에 대한 정보를 소비자의 장기기억에서 탐색하고 인출하는 과정
  ㉡ 외적 탐색 : 외부출처로부터 정보를 획득하는 과정으로 특정한 구매와 관련된 환경적 자료 또는 정보를 획득하기 위해 주의, 지각, 노력을 기울이는 정도

■ **대안평가**

① **가능성 판단**

　㉠ 대표성 간편법

　㉡ 가용성 간편법

　㉢ 기점과 조정 간편법

② **가치판단**

　㉠ 조망이론 : 가치함수, 결정틀

　㉡ 시간틀과 득실의 판단 : 미래에 발생할 득과 실의 가치, 간발의 차이, 소비자의 자기통제

　㉢ 기억과 가치판단 : 공적 의미, 사적 의미

③ **다양한 정보의 통합**

　㉠ 가산모형

　㉡ 평균화모형

■ **소비자 선택과정**

① **보상규칙**

　한 속성에서의 높은 평가가 또 다른 속성에서의 낮은 평가를 보상하는 방식

② **비보상규칙**

　높게 평가된 속성이 낮게 평가된 다른 속성을 보상하지 못하는 방식

③ **단계전략**

　처음에는 비보상모델을 사용하고 그 다음에 보상모델을 사용하거나 또는 비보상모델의 두 가지 규칙을 연속적으로 사용

④ **경험적 선택과정**

　감정참조, 상표인식, 기분

⑤ **비교할 수 없는 대안들 간의 선택**

　공통적인 속성을 갖고 있지 않아도 선택을 해야 할 경우(추상적 속성, 실용재 vs 쾌락재)

■ **구매 후 만족/불만족**
　① 제품성능과 품질의 평가
　② 만족과 불만족의 형성
　　㉠ 기대불일치모형
　　㉡ 형평이론
　　㉢ 귀인이론
　　㉣ 제품의 실제성능
　　㉤ 2요인이론
　　㉥ 감정

■ **소비자 불평행동**
　① 목적
　　경제적 손실의 만회 및 이미지 회복
　② 영향요인
　　㉠ 불만족의 수준이 증가할 때
　　㉡ 불평에 대한 소비자의 태도가 호의적일 때
　　㉢ 불평으로부터 얻을 수 있는 이득의 양이 증가할 때
　　㉣ 기업이 문제에 대해 비난받을 때
　　㉤ 제품이 소비자에게 중요할 때
　　㉥ 소비자가 불평할 수 있게 만드는 자원이 증가할 때
　　㉦ 과거 불평을 했던 경험이 있을 때
　　㉧ 소비자의 귀인
　　㉨ 인구통계학적 요인
　　㉩ 성격변수

■ **상표충성**
　소비자가 특정 상표에 대한 긍정적인 태도로 인하여 그 상표를 반복적으로 구매하는 행위

2 광고심리학

(1) 광고기획

■ **마케팅 목표**

정해진 기간 내에 달성하고자 하는 것(예 매출이나 시장점유율 또는 매출이나 시장점유의 신장률)

■ **마케팅믹스 4P**

제품(Product), 가격(Price), 유통(Place), 촉진(Promotion)

■ **광고목표**

규정된 표적소비자를 대상으로 정해진 기간 동안 달성하고자 하는 구체적인 커뮤니케이션 과제

■ **광고콘셉트**

광고목표 반응을 얻기 위해 표적소비자에게 전달하고자 하는 내용의 핵심

■ **통합 마케팅 커뮤니케이션(IMC)**

① 정의

학자/기관	정의
미국 광고대행사 협회	광고, SP, PR, DM을 포함한 모든 도구들을 통합함으로써 일관성 있는 커뮤니케이션을 가능하게 하는 것
Duncan	고객이나 다른 스테이크 홀더에 대한 모든 메시지를 컨트롤하고 한 조직이 자신의 브랜드 가치 인식에 영향을 미치는 모든 종류의 메시지와 매체에 대한 전략적 조화
Schultz	브랜드 커뮤니케이션 프로그램을 지속적으로 개발, 계획, 실행, 평가하는 전략적 업무 과정

② IMC 마케팅전략요소

분류	내용
수평적 계획	브랜드의 메시지를 받아들이는 수용자들의 혼란을 막기 위하여 마케팅 프로모션 전면에 일관성을 유지. 매체의 무분별한 정보의 남용을 방지
브랜드 접촉	브랜드와 소비자 간의 모든 접촉 경로를 사전에 파악하고 이를 통합적으로 조정하여 일관적인 브랜드 이미지를 구축
상호작용적	커뮤니케이션 고객의 데이터베이스(Database)를 적극적으로 수렴 후 분석하여 쌍방향적인 커뮤니케이션이 이루어지도록 함
커스터마이징	단순한 메시지나 커뮤니케이션 수단의 통합뿐 아니라 데이터마이닝(Data Mining)을 통한 타깃을 유형화하고 고객들에게 각기 다른 내용, 각기 다른 수단을 이용하여 커스터마이징 하는 것

③ 특징

    ㉠ 고객 및 잠재고객의 관점에서 출발

    ㉡ 고객의 행동에 영향

    ㉢ 모든 유형의 고객접촉수단(Contacts)을 사용

    ㉣ 시너지 효과

    ㉤ 고객과 브랜드 간의 관계를 구축

(2) 광고제작

■ 광고 창의성

일반적인 창의성 개념의 새로움이나 적절함 같은 차원 이외에도 광고를 하는 제품이나 서비스 혹은 아이디어가 판매를 촉진해야 하는 목표를 달성함을 의미하는 전략적이라는 차원이 포함

■ 광고소구

표적소비자의 욕구, 관심 그리고 원망(Wants)에 호소하여 상품이나 서비스를 구매하도록 자극하는 설득노력

① 이성소구

    ㉠ 정교화가능성모델(ELM)

    ㉡ 인지부조화, 인지일관성 및 인지반응

② 감성소구

    ㉠ 소망적 준거집단

    ㉡ 매슬로우의 욕구위계

    ㉢ 고전적 조건형성

■ 광고와 크리에이티브 기법

① 광고

마케팅 커뮤니케이션상의 문제를 해결(개선, 유지, 예방 등)하기 위한 실용적인 도구

② 크리에이티브

순수예술의 창의성과는 다른 판매를 위한 수단

③ 크리에이티브 전략

    ㉠ 광고목표

    ㉡ 표적청중

    ㉢ 약속과 근거

    ㉣ 매체전략

    ㉤ 상표성격

④ 광고표현 기법

    ㉠ 제품 : 실증광고, 제품이 주인공

    ㉡ 사람 : 프레젠터, 증언식 광고, 연출된 스토리, 생활의 단면, 실생활의 스토리, 촌극, 문제해
       결, 애정끌기, 우화의 현대적 비유, 라이프스타일, 판타지 스토리

    ㉢ 상표 : 애니메이션, 지속적인 캐릭터, 상표심볼, 음악, 뮤지컬, 비네트, 다양한 컷, 특수기
       법, 슬로건

    ㉣ 카피 : 헤드라인, 바디카피

(3) 광고매체

■ 매체계획

① 정의

광고주의 메시지를 예상표적에게 전달하는 가장 효과적인 매체의 지면이나 시간의 구매를 계
획하는 것

② 주요용어

　　㉠ 매체유형

　　㉡ 매체부류

　　㉢ 매체비히클

　　㉣ 매체단위

■ **매체계획의 수립과정**

① 매체계획 목표의 설정

② 매체전략의 수립

③ 매체집행 및 평가

■ **매체유형**

① **인쇄매체** : 신문, 잡지

② **방송매체** : 라디오, 공중파TV, 케이블TV

③ **옥외매체** : 옥외간판, 교통매체, 엔터테인먼트

④ **인터넷매체**

(4) 광고효과

■ **광고효과의 측정**

① 정의

　　광고가 광고주와 광고 회사에서 의도한 대로 집행한 결과 소비자에게 원하는 기대반응을 얻었
　　는지 평가하는 일련의 과정

② 중요성

　　㉠ 광고 집행 결과에 대한 피드백 자료

　　㉡ 향후 방향성 도출

　　㉢ ROI의 극대화

　　㉣ IMC의 등장

■ **광고효과 조사의 종류와 방법**

① 사전조사

　콘셉트 조사, 광고 크리에이티브 조사

② 사후조사

　트래킹 등

■ **아동 · 청소년 · 노년층의 특성과 광고**

① 아동

　㉠ 인지발달

　　• 전조작기 해당 아동(2~7세)은 자기중심적이고 하나의 차원에만 집중

　　• 7~8세 이전의 아동은 언어적 입력을 최소화하고 구체적인 방식으로 제시할 경우 의도를 이해

　㉡ 사회화 : 부모, 친구, TV 등을 통해 사회화가 일어나기 때문에 TV프로그램이나 광고는 매우 중요한 역할을 수행

　㉢ 광고모델의 효과 : TV광고에 자기와 유사한 아동이나 청소년이 등장하면 그 대상에 호감을 느끼기 때문에 광고의 영향이 더 커질 것

　㉣ 언어생활 : 광고 커뮤니케이션에서 사용되는 언어는 아동의 언어생활에 큰 영향

　㉤ 성고정관념 형성

② 청소년

　㉠ 광고를 보는 동기

　　• 사회적 효용

　　• 커뮤니케이션 효용

　　• 대리소비

　㉡ 광고의 효과

　　• 음주 및 흡연 관련 광고의 효과 : 주류광고에 많이 노출된 청소년일수록 음주자가 더 가치 있고 성공적인 삶을 살고 있다고 믿는 경향이 있음

　　• 의류, 화장품 및 스포츠용품 광고의 효과 : 여자 청소년은 의류와 화장품 광고에 관심을 가지고, 남자 청소년은 스포츠용품 광고에 관심을 가짐

- 연예인 및 운동선수 모델의 효과 : 광고에 좋아하는 연예인이나 운동선수가 나오면 동일시를 위하여 소비행동의 변화가 나타남
- 물질주의 가치관과 청소년 문화 : 광고 커뮤니케이션은 청소년의 가치관을 형성하고 변화 및 유지시키는 역할을 함

③ **노년층**
  ㉠ 노년층에 대한 정의는 다양하여 55세 이상, 60세 이상, 65세 이상 순으로 노년층을 규정
  ㉡ 실버마케팅 광고
    - 실버소비자 시장의 세분화
      - 상류형
      - 개진형
      - 자족형
      - 의지형
    - 실버소비자가 선호하는 광고
      - 비주얼 이미지 없이 문자로만 구성되어 있는 것
      - 주름진 노인의 얼굴이 있는 광고보다는 젊은 여성이 부드럽고 활기차게 웃고 있는 이미지
      - 능동적으로 목표를 추구하고 각종 사회생활에 적극적으로 참여하며 활기차고 독립적인 노년층의 모습

제 **1** 장

소비자심리학

I wish you the best of luck

제 1 장 소비자심리학

제 1 절 소비자 감각과 지각 과정

소비자의 행동을 이해하기 위해서는 소비자가 어떻게 제품과 서비스를 선택하는지, 구매를 위해서 어떻게 필요한 정보를 획득하는지 파악하는 것이 필요하다. 소비자는 제품포장, 판촉물, 광고, 타인과의 대화를 통해 상표에 관해 알게 되고(상표인식), 상표의 특성에 관해 그들이 얻는 정보에 근거하여 상표를 지각하고, 구매결정을 내린다. 즉, 소비자 지각에 대한 연구는 외부환경에서 정보가 투입되고, 신념으로 변형되어, 기억으로 저장되고, 소비자에 의해 활성화되는 전반적인 과정에 대한 연구 중 일부이다.

지각 과정을 살펴보기 전에 인간의 감각에 관한 기본적인 내용을 살펴볼 필요가 있다. 심리적 수준에서 감각은 단순한 자극(예 농심 마크)과 연합된 경험이고 지각은 감각의 체제화 또는 통합 그리고 의미 있는 해석(예 식품회사)을 포함한다.

1 절대역과 차이역

(1) 절대역

① **절대역**이란 자극이 존재한다는 것을 아는 데 필요한 **자극의 최소 강도**를 말한다. 즉, 개인이 감각을 경험할 수 있는 가장 낮은 수준이다.

② 절대역에서 자극에 대한 반응은 100%가 아니라 50%를 유지한다. 즉, 어떤 경우에는 반응이 일어나고 어떤 경우에는 반응이 안 일어나는데, 그 수준이 바로 50%이다.

③ 감각체계는 자극 에너지가 절대역에 도달하지 못하면 반응하지 않는다. 예를 들어 운전자가 도로 주변에 있는 광고판의 내용을 파악할 수 있는 거리가 그 운전자 시각에서의 절대역이다. 다른 모든 조건이 동일하다고 전제하고, 자동차에 함께 타고 있는 두 사람이 동일한 광고판을 다른 시간에 봤다면, 이는 그들이 서로 다른 절대역을 갖고 있음을 의미한다.

④ 변화가 없는 일정한 자극 조건에서 절대역은 증가한다. 처음에 인상적이었던 광고도 자주 보다 보면 눈에 들어오지 않는다. 이는 지각에서의 순응과 관련이 있다.

(2) 차이역

① **차이역이란 두 자극 간의 변화나 차이를 탐지하는 감각체계의 능력**을 말하며, 두 자극 간에 탐지될 수 있는 최소한의 차이가 최소가지차이(Just Noticeable Difference, JND)이다.

② 차이역에서도 차이에 대한 탐지반응은 100%가 아니라 50%를 유지한다. 즉, 어떤 경우에는 차이가 탐지되고 어떤 경우에는 차이가 탐지되지 않는데, 그 수준이 바로 50%이다.

③ 1834년 독일의 생리학자인 베버(E. H. Weber)는 두 자극 사이의 JND가 절대적 양이 아니라 첫 번째 자극의 강도와 관련한 양이라는 것을 발견하였다.

$$K = \frac{\Delta I}{I}$$

- K = 상수(감각에 따라서 변함)
- ΔI = JND를 산출하기 위해 요구되는 자극강도에서의 최소한의 변화량
- I = 변화가 일어나는 최초 자극강도

베버의 법칙에 의하면, 최초 자극이 강할수록 두 번째 자극과의 차이를 탐지하는 데 필요한 부수적인 강도는 더 커지거나 더 작아져야 한다. 예를 들어 자동차의 가격이 만 원 증가하거나 감소했다면, 그 증가나 감소는 아마 탐지되지 않을 것이다. 그러나 휘발유 가격에서 백 원의 증가나 감소는 소비자에 의해 매우 빨리 탐지될 것이다. 즉, 사람들이 두 번째 자극과 최초 자극 간의 차이를 탐지하기 위해서는 JND에 해당하는 자극의 부가적인 수준에 더해지거나 줄어야만 한다.

> **💡 더 알아두기 🔍**
>
> **식역하 지각**
> 절대역과 밀접히 관련되는 것이 식역하 지각(subliminal perception)이다. 식역하란 용어는 '절대역 아래'를 의미한다. 자극의 강도가 절대역 아래에 있기에 자극은 탐지될 수 없는 것이다. 그러나 식역하 지각은 의식적인 인식수준 아래에서 제시된 자극임에도 불구하고 사람의 행동과 감정에 영향을 줄 수 있다는 생각을 반영한다.
> 대표적으로 식역하 광고를 들 수 있다. 식역하 광고를 접한 소비자는 광고를 인지하지 못한 채 자극을 수용하지만 무의식중에 이를 감지하고 반응한다. 그러나 식역하 광고의 효과는 명확하게 증명되지 않았으며, 소비자의 의지와 상관없이 행동에 영향을 미친다는 윤리적인 문제 때문에 우리나라(방송광고심의규정 제11조)를 비롯한 각국에서 법적으로 금지되어 있다.

❷ 순응

① 사람들은 자극에 대한 순응을 경험한다. 예를 들어 뜨거운 목욕물에 몸을 처음 담글 때는 힘들지만, 얼마 안 있어서 편안해짐을 다들 경험한 적 있을 것이다.

② 이러한 변화는 물이 시원해져서 일어난 것이 아니다. 이는 사람의 신경세포가 물의 온도에 적응하여 뇌에 뜨겁다는 신호를 보내지 않기 때문이다.

③ 순응은 개인이 반복적으로 자극을 접할 때 일어난다. 순응수준은 사람이 익숙해지는 자극의 수준이나 양으로, 자극수준에서의 변화가 비교되는 참조점이다.

④ 순응은 제품과 광고전략에서 중요한 의미가 있다. 소비자는 어느 일정 기간 동안 제공된 어떤 모양, 스타일 또는 메시지에 적응하기 때문에 마케터는 제품 또는 광고 메시지를 신선하게 유지하기 위해서 고객의 순응을 막고 주기적으로 변화시켜야만 한다.

더 알아두기

나비곡선
나비곡선은 소비자의 순응과정과 관련 있는 그래프로서, 자극에 대한 선호가 순응수준보다 약간 높거나 낮은 지점에서 가장 크며, 순응수준에서 선호는 약간 감소하고, 자극수준이 순응수준으로부터 멀어질수록 선호가 감소함을 보여준다.

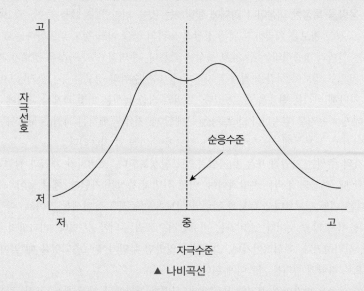

▲ 나비곡선

나비곡선은 패션 트렌드가 자주 변하는 이유를 설명해 준다. 소비자는 패션의 한 유행에 빠르게 순응하여 어느 순간 시들해진다. 그때 패션 디자이너들은 비교적 작은 변화를 줌으로써 특정한 패션이 순응수준으로부터 멀어지게 하여 그 패션의 유행을 유지시키는 경향이 있다. 치마 길이, 넥타이 폭 또는 셔츠 칼라 크기 등이 늘어나거나 줄어드는 현상은 이를 잘 설명하는 예시라 할 수 있다.

나비곡선의 또 다른 소비자 행동으로 자발적인 상표전환이 있다. 소비자는 자신이 기존에 사용해 왔던 상표에 아무런 불만을 갖고 있지 않아도 상표를 다른 상표로 바꾸는 경우가 있다. 이러한 행동은 상표들 간 차이가 거의 없는 저관여 제품들에서 종종 나타나게 되는데, 이는 자신이 구매해 왔던 상표에 순응을 하였기에 새로운 자극을 찾기 위해 상표를 바꾸는 것이라고 볼 수 있다. 상표를 바꿈으로써 소비자는 순응수준에서 멀어지게 되고 새로운 경험을 다시 하게 된다. 따라서 기업은 소비자의 이러한 행동을 막기 위해 자사 제품을 꾸준히 개선해야 한다.

❸ 선별

사람들은 수많은 자극 중 단지 극소수만을 수용하게 된다. 마트에서 많은 제품, 많은 사람, 다양한 냄새, 다양한 소리 등에 노출되어 있지만, 그 많은 자극들에 신경 쓰지 않고 비교적 짧은 시간 안에 상품을 선택하고, 계산하고, 마트를 떠난다. 이러한 과정들이 선별과정인 것이다. 선별에 영향을 주는 요인으로는 선택된 자극 그 자체, 사전 경험, 순간적인 동기 등을 들 수 있다. 이러한 다양한 요인에 의해 특정 자극이 지각될 가능성이 높아질 수 있고 낮아질 수 있다.

(1) 주의

① 주의는 특정 대상에 대한 정보처리 용량이 배분으로 정의된다. 이는 **정보가 의식적으로 처리되도록 인지적 용량을 특정한 대상이나 과제에 할당하는 것**을 의미한다. 예를 들어, 광고에 주의를 기울인다는 것은 그 광고 정보를 처리하기 위해 정신적 노력의 양을 어느 정도 투입한다는 것을 의미한다.

② 주의는 선택과 집중이라는 두 가지 특성을 갖는다. 주의의 선택 특성은 정보가 과부하 되지 않도록 해주는 것으로 정보에 시간을 적게 투자하거나, 하위순위의 정보를 무시하거나, 어떤 감각적 투입을 완전히 차단해 버리는 반응을 들 수 있다. 주의의 집중 특성은 어떤 과제나 대상에 정신적 노력을 얼마나 투입해야 하는지를 결정한다. 노트북을 구매할 때 처음 구매하는 사람은 노트북 정보에 상당히 주의를 기울이지만, 노트북에 익숙한 소비자는 정보에 주의를 덜 기울인다.

③ 소비자의 주의는 자발적 또는 비자발적으로 활성화된다. 소비자가 개인과 관련된 정보를 능동적으로 탐색할 때, 이들의 주의는 자발적이며, 이는 선택적 특성을 지닌다. 예를 들어 노트북을 구매하려고 할 때, 다른 어떤 정보보다 노트북과 관련된 정보를 능동적으로 탐색할 것이고, 관련 없는 정보에는 주의를 기울이지 않을 것이다. 소비자는 비자발적으로도 주의할 수 있다. 비자발적 주의는 소비자가 놀랍거나, 신기하거나, 위협적이거나, 기대하지 않았던 무언가에 노출되었을 때 일어난다. 이 경우에는 자동적으로 자극에 주의를 기울이게 된다.

④ 현저한 자극은 비자발적 주의를 유도한다. 현저한 자극이란 어떤 제품, 포장, 광고 등이 매우 차별적이고 흥미로워서 시선을 끄는 자극들을 말한다. 예를 들어, 롤스로이스 자동차는 외관 디자인이 다른 자동차와 비교했을 때 차별적이기 때문에 눈에 잘 띈다. 카카오의 노란색 포장은 다른 상품의 포장과 비교했을 때 차별적이어서 소비자의 눈을 사로잡는다. 그러나 이 현저성은 맥락 의존적이다. 즉, 다른 맥락 또는 상황에서는 현저하지 않을 수 있다. 롤스로이스 자동차는 다른 차들과 함께 있을 때에는 눈에 띄지만, 롤스로이스 자동차들과 함께 있는 경우에는 눈에 잘 들어오지 않을 것이다. 이것은 독특하거나 차별적인 자극은 전경으로 보이고, 나머지 다른 것들은 배경으로 뚜렷하게 보이지 않는 전경-배경의 원리로 설명할 수 있다.

(2) 자극특성

① 신기성

신기한 제품, 기대하지 않았던 방식, 기대하지 않은 장소에서의 자극은 소비자의 주의를 끄는 경향이 있다. 주의를 끌기에는 덜 적합한 의외의 장소에 놓인 광고(예 카트의 뒤쪽 받침대, 터널의 벽, 실내 운동장 마루)도 소비자의 주의를 끄는 경향이 있다.

② 생생함

생생한 자극은 주변자극에 관계없이 주의를 끈다. 생생한 자극은 정서적으로 흥미롭고, 구체적이면서 이미지를 생성하며, 감각적·시간적 또는 공간적으로 근접해 있다(Nisbett & Ross, 1980).

③ 대비

소비자는 그들의 배경과 대비가 되는 자극에 주의를 하는 경향이 있다. 서로 대비가 되거나 불일치하는 자극을 제시하는 것이 주의를 증가시키는 지각적 갈등을 일으킨다.

④ 색채

색의 사용에 따라서도 주의를 끌고 자극을 유지할 수 있다. 오늘날은 컬러 광고가 보편적이어서 오히려 흑백 광고가 대비에 의하여 주의를 더 끌 수도 있다.

⑤ 크기

인쇄광고의 크기, 광고 내 삽화 또는 그림 크기에서의 증가가 주의력을 높인다. 마트에서 제품이 놓인 진열대 공간의 크기는 소비자의 이목을 끄는 데 영향을 미치고, 특히 충동구매 품목의 경우 더욱 중요하다.

⑥ 강도

소리, 컬러 등 자극의 강도가 크면 클수록 주의를 더 끈다. 광고에서 주의를 끌기 위해 큰 소리로 시작하는 것 또는 밝은 색을 사용한 컬러 광고도 이와 같은 예라고 할 수 있다.

⑦ 위치

위치적 속성은 소비자의 주목을 끌 수 있는 요인이다. 예를 들어, 마트에서 주로 충동구매 되는 품목들은 소비자 눈에 잘 띄는 계산대 옆에 놓여 있는 경우가 많다. 위치는 인쇄광고에서도 중요하다. 한 연구는 잡지에서 후반부보다 전반부에, 왼쪽 페이지보다 오른쪽 페이지에, 내부 앞쪽 표지, 내부 뒤쪽 표지 및 외부 뒤쪽 표지에 위치한 광고 등이 더 큰 주의를 받는다고 보고하였다(Finn, 1988).

⑧ 운동

회전하는 옥외 광고판 또는 움직이는 것처럼 보이는 네온광고 등과 같은 움직이는 자극은 정지된 자극보다 더 큰 주의를 받는다. 인쇄매체에서는 물결선을 이용해서 움직임을 묘사하려고 한다[가현운동(실제로 운동이 없지만, 운동이 일어나는 것처럼 지각하는 심리현상)].

(3) 소비자 요인

① 기대

소비자는 제품과 제품 속성을 자신의 기대(특정한 방식으로 반응하려는 준비성)에 따라 지각하는 경향이 있다. 최근에 개봉한 영화가 재미없다고 소문이 난 경우, 소비자는 그 영화가 재미없다고 지각할 것이다. 그러나 기대와 명백하게 불일치하는 자극은 기대와 일치하는 자극보다 더 주의를 끈다(양윤, 김수희, 2000). 예를 들어, 여성 모델이 얼굴을 면도하는 장면은 소비자가 기대했던 것과는 완벽하게 불일치하는 것으로 소비자들의 주의를 끌 수 있을 것이다.

② 동기

사람들은 원하는 것을 더 잘 지각한다. 자동차에 관심이 많은 소비자는 관심이 없는 소비자보다 자동차 광고에 더 주의를 기울일 것이다. 또한 개인에게 중요한 환경요소에 더 밀접하게 지각하게 된다. 예를 들어, 배고픈 사람은 음식 상표나 음식에 더 민감해진다.

③ 관여

관여는 특정한 상황에서 자극에 의해 유발되는, 지각된 개인적 중요성 또는 흥미의 수준을 의미한다(Antil, 1984). 소비자의 관여가 높아질수록 소비자는 구매와 관련된 정보에 더 주의를 기울이고, 정보를 이해하고 정교화하는 동기가 높아진다. 즉, 소비자의 정보처리 수준이 더 깊어진다.

> **더 알아두기**
>
> • 소비자 관여의 유형
> – 상황관여 : 짧은 기간 동안 나타나는 관여유형으로, 고장이 난 제품을 교체하는 것처럼 특정한 상황과 관련된다.
> – 지속관여 : 제품에 지속적으로 높은 수준의 관심을 보이는 관여유형으로, 새로운 자동차를 구매한 소비자가 지속적으로 제품에 관심을 보이는 것과 관련된다.
> • 소비자의 관여수준을 증가시키는 것
> – 자기표현의 중요성 : 사람들이 자신의 자기개념을 타인에게 표현하도록 돕는 제품
> – 쾌락적 중요성 : 기쁘고, 흥미롭고, 재미있고, 매혹적이고, 흥분되는 제품
> – 실용적 관련성 : 효용적 이유에서 필수적이고 유익한 제품
> – 구매위험 : 나쁜 선택이 구매자를 지나치게 괴롭힐 수 있기 때문에 불확실성을 보이는 제품

4 체제화

체제화란 대상이 가지고 있는 여러 속성들을 결합하여 전체로 파악하는 것으로, 사람들은 자신이 선택한 자극을 분리된 부분으로 지각하지 않고, 집단으로 체제화하고 통합된 전체로 지각하려고 한다. 이는 형태심리학(gestalt psychology) 학자들에 의해 제안되었다.

(1) 전경-배경

① 사람들은 전경과 배경으로 체제화하려는 경향이 있다. **전경**은 지각의 대상이 되는 부분으로 더 확고하고 더 잘 규정되어 있는 반면에, **배경**은 전경의 나머지 부분을 말하는 것으로 보통 불분명하고 흐릿하며 연속적으로 나타나 보인다.

② 광고를 할 때 소비자가 주목할 자극이 전경이 되도록 광고를 제작해야 한다. 광고의 배경(**예** 모델, 음악, 그림 등)이 상표명이나 제품 즉, 전경을 손상시켜서는 안 된다.

(2) 집단화

① 사람들은 자극을 집단화하여 체제화하려는 경향이 있다. 집단화에는 두 가지 원리(유사성의 원리, 완결성의 원리)가 주로 사용된다.

② **유사성의 원리**는 서로 유사한 자극들을 묶어서 함께 지각하는 경향성으로, 사람들은 통합된 상을 만들기 위해서 유사한 자극을 자동적으로 묶는 경향이 있다. 예를 들어, 마트에서 매운 맛 라면들의 포장은 거의 붉은 색이다. 이는 붉은 색이 매운 맛을 표현해서이기도 하지만, 이 품목의 선두 상표와 유사하게 보이려는 전략이 반영된 것이다.

③ **완결성의 원리**는 자극에서 생략된 부분을 의식적으로 완결하여 지각하는 경향성으로, 사람들은 불완전한 자극 패턴을 완성하려는 경향이 있다. 사람들은 불완전한 자극을 보면 긴장이 되고 그 긴장감을 감소시키기 위해 불완전한 자극을 완전하게 만들려고 동기화한다.

5 해석

> - 해석은 감각자극에 의미를 부여하는 것으로, 이러한 해석과정은 자극이 무엇인지 이해할 수 있게 한다.
> - 해석은 자극에 대한 기대감과 자극과 관련된 정보를 장기기억에서 인출하게 한다.
> - 사람의 욕구, 기대, 사전경험 등과 같은 개인적인 경향성 또는 선입견이 자극해석에 영향을 준다. 예를 들어, 어떤 소비자는 저렴한 제품도 좋게 생각하는 반면, 다른 소비자는 저렴한 제품은 질이 떨어진다고 생각한다. 이 두 소비자가 가격이 저렴한 동일 제품을 보았을 때 이 제품에 대해 부여하는 의미는 다를 것이다.
> - 소비자가 사전에 특정한 제품 또는 상표에 대해 긍정적(부정적)인 경험을 했다면, 향후 동일하거나 유사한 제품에 대해 소비자가 부여하는 의미는 긍정적(부정적)일 것이다.

(1) 해석의 유형

① **인지적 해석**은 자극이 기존의 의미범주에 놓이는 과정이다. 기존의 범주에 새로운 정보를 추가하는 것이 기존 범주, 다른 범주와의 관계 등을 변경시킨다. 예를 들어 스마트폰이 처음 나왔을 때, 소비자는 스마트폰을 '휴대폰 범주'에 포함시켜 평가했을 것이다. 차후 스마트폰에 대한 경험이 증가하면서 소비자는 스마트폰에 대해 충분히 알게 될 것이고, 이러한 경험은 상표와 기종 등을 분류하기 위해 기존 범주(휴대폰 범주) 내의 하위 범주 또는 기존과는 다른 별도의 새로운 범주를 형성했을 것이다.

② **감정적 해석**은 광고와 같은 자극에 의해 유발되는 감정반응이다. 예를 들어, 소비자가 '수레를 끌고 가는 할아버지를 학생이 뒤에서 도와드리는 광고'를 보았을 때 이들이 따뜻함을 느끼는 것은 자연스러운 반응이고, 이 광고에 대한 해석은 다분히 감정적일 것이다.

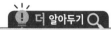
더 알아두기

기호학
기호학은 사람들이 기호로부터 어떻게 의미를 획득하는지 연구하는 학문이다. 소비자심리학에서 기호란 서로에서 정보를 전달하기 위한 단어(상표 포함), 제스처, 그림, 제품, 로고 등을 말한다. 기호학은 마케팅의 판매촉진과 관련 있는 것으로, 다양한 상징 또는 기호를 통해 제품이나 서비스에 관한 정보가 소비자에게 전달되는 것이다.

(2) 해석수준이론(Construal Level Theory, CLT)

① **해석수준이론**은 개인이 경험할 수 있는 심리적 거리에 따라 사건을 어떻게 해석하는가에 관한 이론으로, 동일한 현상을 보더라도 개인별로 다르게 식별(identification)하는 것을 규명해준다. 예를 들어, 똑같이 '먹는 행위'에 대해서 어떤 사람은 씹고 삼키는 것(구체적인 행위나 표면적인 현상으로 해석)이라고 생각하는 반면, 다른 사람은 영양분을 섭취하는 것(추상적인 의미나 핵심적인 목표로 해석)이라고 생각한다.

② 해석수준은 상위수준해석(high-level construal)과 하위수준해석(low-level construal), 두 가지로 구분된다. **상위수준해석**은 추상적인 의미를 중심으로 해석하는 것이고, **하위수준해석**은 구체적인 행위를 중심으로 해석하는 것이다.

③ 심리적 거리가 먼 것은 추상적이고 중심적으로 상위수준해석이 이루어지고, 심리적 거리가 가까운 것은 구체적이고 부차적으로 하위수준해석이 이루어진다. 즉, 심리적 거리가 먼 사건은 포괄적인 목표로 설명되는 반면, 심리적 거리가 가까운 사건은 구체적인 목표로 설명됨을 의미한다(Trop & Liberman, 2003).

④ 소비자 연구에서는 시간적 거리에 초점을 맞추어 해석수준 변화에 따른 소비자 행동을 살펴보는 것이 많다. 구매시점이 멀리 있어 시간적 여유가 많으면 상위해석을 함으로써 사건을 더 추상적이고 단순하게 판단하며, 바람직함(desirability)과 핵심적(일차적)이고 중심적인 자료에 초점을 두고 선택한다. 구매시점이 가까이 있어 시간적 여유가 없으면 하위해석을 함으로써 사건을 더 구체적이고 복잡하게 판단하며, 실행가능성(feasibility)과 비본질적(이차적)이고 주변적인 자료에 초점을 두고 선택한다. 예를 들어, 두 학생이 각자 여행을 떠난다고 가정해보자. 한 학생은 모레 여행을 떠날 것이고, 다른 학생은 한 달 후에 떠날 것이다. 해석수준이론에 따르면, 모레 여행을 떠날 학생은 여행에 필요한 물품은 무엇일지와 같은 세부사항에 대해 구체적으로 고민하며 준비할 것이고, 한 달 후에 떠날 학생은 그 여행에서 멋진 추억을 만들고 싶다는 목표와 같은 추상적인 생각을 먼저 하게 될 것이다.

제 2 절 **소비자 학습과 기억 과정**

1 고전적 및 조작적 조건형성

(1) 고전적 조건형성

① 파블로프(Ivan Pavlov) 실험

고전적 조건형성은 중립적인 조건자극(conditional stimulus, CS)과 반응을 유발하는 무조건자극 (unconditioned stimulus, UCS) 간의 반복적인 연합에 의해 일어난다. 조건자극(예 종소리)이 무조 건자극(예 음식)보다 시간상 약간 먼저 제시되는데 여기서 무조건자극은 자동적으로 무조건반응(예 타 액분비)을 일으킨다. 이 실험에서 조건자극과 무조건자극 간 반복적 연합의 결과로 조건자극만 가지고 도 무조건반응(unconditioned response, UCR)과 같거나 유사한 반응(파블로프 실험에선 동일한 반 응)을 일으키게 되며, 이 반응을 조건반응(conditioned response, CR)이라고 부른다.

② 광고측면에서 무조건자극에는 인기 연예인, 음악, 그림 등이 있고, 조건자극에는 상표, 제품, 기타 소 비품 등이 있다. 이들의 연합을 통해, 조건자극(예 상표)이 무조건자극(예 연예인 또는 음악)에 의해 일 어나는 무조건반응(예 좋아하는 또는 멋있다고 생각하는 감정)과 동일하게 유사한 조건반응(예 좋아하 는 또는 멋있다고 생각하는 감정)을 나타낼 수 있다.

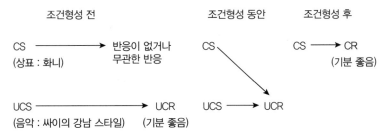

출처 : 양윤, 「소비자심리학」, 학지사

▲ 고전적 조건형성의 소비자 행동 적용 예

③ 고전적 조건형성의 특성과 적용

㉠ 반복

- 반복은 조건자극과 무조건자극 간의 연합 강도를 증가시키며 망각을 늦춘다. 그러나 많은 연구들 은 기억파지를 도울 반복의 양에는 제한이 있다고 설명한다. 이는 '**광고싫증(advertising wearout)**'의 효과와도 관련이 있다.
- 광고 메시지나 내용을 변경하거나, 표면적 특성은 그대로 두면서 주제나 내용을 변경함으로써 광고싫증을 피한다.
- 반복의 효과성은 경쟁광고의 양에 따라 달라진다. 경쟁광고의 횟수가 많을수록, 간섭이 일어날 가능성은 더욱 커지고, 결국 소비자는 반복으로 인해 나타나는 이전 학습을 망각할 수 있다.

ⓒ 자극일반화

- 자극일반화란 본래의 조건자극과 유사한 다른 조건자극에 의해서도 반응이 일어나는 것을 말한다. 파블로프 실험에서 조건자극(예 종소리)과 무조건자극(예 음식) 간의 연합의 의해 종소리만으로도 조건반응(예 타액분비)이 일어난 후, 종소리와 유사한 다른 조건자극(예 방울소리)을 제시하여도 조건반응이 일어나는데, 이 현상을 자극일반화라고 할 수 있다.

- 자극일반화는 시장에서 모방제품이 성공하는 이유를 설명해준다. 이는 소비자가 자신이 광고에서 본 진품과 모방제품을 혼동하기 때문이다. 국내 라면의 선두 상표인 신라면의 포장은 빨간색인데, 다른 회사 매운 라면의 포장 또한 빨간색인 것도 자극일반화의 한 예이다.

- 관련 제품에 기존에 잘 알려진 상표명을 붙이는 경우(제품계열의 확장), 레몬향 고체비누에서 레몬향 액체비누, 레몬향 샤워젤까지의 확장(제품형태의 확장), TS 샴푸에서 TS 마스크로의 확장을 예로 들 수 있다. 즉, 소비자가 모상표(parent brand)에 대해 좋은 이미지를 가지고 있었다면, 소비자는 새로운 제품범주에서도 좋은 이미지를 가지고 새 상품을 인식하게 될 확률이 높다는 것이다(제품범주의 확장).

- 한 계열의 모든 제품에 동일한 상표명을 붙이는 것을 '통일 상표화(family branding)'라고 하는데, 이는 한 제품에서 다른 제품을 바라볼 때, 기존의 긍정적 상표이미지를 일반화하는 소비자의 경향을 이용한 것이다. 세계적 옷 브랜드인 랄프로렌(Ralph Lauren)이 남녀 구분 없이 모든 유형의 옷에 '랄프로렌'이라는 상표를 붙이는 것도 통일 상표화의 한 예이다.

- 인가(licensing)는 잘 알려진 상표명을 다른 제조사의 제품에 사용할 수 있게 하려는 것이다. 즉 디자이너, 제조회사, 유명인, 기관, 심지어 만화 주인공 등의 이름을 다른 회사의 제품들이 사용한다. 이 전략은 즉각적인 상표명의 인식과 이에 내포된 품질 획득이라는 장점을 갖고 있다. 리즈 클레이본(Liz Claiborne), 캘빈 클라인(Calvin Klein), 크리스천 디올(Christian Doir), 스누피(Snoopy), 그리고 국내에서는 둘리 등이 대표적인 예이다. 그런데 이런 인가 전략은 모조품과 관련한 부작용을 일으키기도 한다.

ⓒ 자극변별

- 자극변별은 유사한 조건자극들 간 차이를 식별하여 특정한 조건자극에만 반응하는 것을 말한다. 자극변별을 가진 소비자의 능력은 **소비자 마음에 상표에 대한 독특한 이미지를 심어 주려는 위치화(positioning) 전략의 근거가 된다.**

- 제품이나 서비스가 소비자 마음에서 차지하는 이미지 또는 위치를 제품위치화라고 하는데 이는 제품, 서비스의 성공에 매우 중요한 역할을 한다. 마케터는 자사 제품이 소비자의 특정욕구를 만족시킬 것임을 독특한 방식으로 강조한다. 이러한 광고전략을 소비자에게 집중시킴으로써, 마케터는 소비자가 제품진열대에서 자사와 경쟁제품을 변별해주기를 기대한다.

- 대부분의 제품차별화 전략은 소비자에게 관련 있고, 의미 있으며, 가치 있는 속성에 근거하여 소비자가 자사 제품·상표와 경쟁사 제품·상표를 구분하도록 수립된다.

- 자극변별이 일어나면 선두 상표를 무너뜨리는 것은 매우 어렵다. 한 가지 설명은 선두 상표는 보통 시장에서 일등이고 소비자가 상표명과 제품을 연합하도록 오랫동안 교육시켰다는 점이다. 일반적으로 상표명과 특정한 제품을 연합시키는 학습기간이 길수록 소비자는 더욱 변별을 하고 자극을 덜 일반화한다.

ⓔ 이차 조건형성

- 이차 조건형성(second-order conditioning)은 한 조건자극이 조건반응을 일으키는 학습을 한 후에 그 조건자극을 또 다른 조건자극과 연합하면 또 다른 조건자극에 의해서도 조건반응이 일어나는 현상이다. 파블로프 실험을 예로 들어보자. 개가 또 다른 조건자극인 불빛(CS2)에 노출된 후 종소리가 뒤따르는 상황에 놓이게 되면, 불빛 자체도 비록 먹이와 짝지어진 적은 한 번도 없지만 결국 조건반응을 유발한다(물론 종소리가 음식과 다시 짝지어지는 시행도 있어야 하는데, 그 이유는 연합이 추가적으로 없다면 종소리와 음식 사이에 원래 조건형성이 되었던 관계가 소거되기 때문임). 무조건자극을 예측하는 종소리와 짝지어진 후에 불빛이 조건반응을 일으키는 능력이 바로 이차 조건형성이다.
- 광고에서 무조건자극으로 활용되는 유명 연예인, 운동선수 등은 원래 의미가 중립적인 조건자극이다. 이들은 특정한 영화나 드라마 또는 운동경기(무조건자극)로 인해 의미를 부여받는다. 즉, 이들과 특정한 영화, 드라마, 운동경기와의 연합이 이들에게 영화, 드라마, 운동경기에서의 의미를 부여한다. 다시 말해, 소비자가 이들로부터 받는 의미는 이들이 원래부터 갖고 있던 것이 아니라 영화, 드라마, 운동경기에서 전이된 것이다. 따라서 광고에서는 이차 조건형성에 근거해 조건자극이었던 모델을 무조건자극처럼 활용하는 것이다.

(2) 조작적 조건형성

① 스키너(Skinner)의 조작적 조건형성

행동과 보상을 연합하여 그 행동을 학습하게 하는 기제를 말한다. 소비자 행동 측면에서 보면, 소비자는 긍정적인 성과(예 보상)를 얻었던 시행착오 과정을 통해 소비자에게 학습이 일어나고, 이 학습은 소비행동을 하도록 만든다는 것이다. 즉, **긍정적인 소비경험이 특정한 소비행동을 반복하도록 학습**시킨 것이다.

② 스키너의 스키너 상자(Skinner Box) 실험

한 상자에 쥐를 넣어 두고 만일 쥐가 적절한 행동을 한다면(예 지렛대 누르기), 음식(긍정적 강화물)을 받도록 하였다. 스키너는 이런 간단한 학습 모형으로 비둘기가 탁구게임을 하고, 춤을 추도록 학습시키는 등의 일을 할 수 있었다. 마케팅 맥락에서 자신에게 어울리는 옷 스타일(긍정적 강화물)을 발견하기 전에 여러 상표와 스타일을 시험해보는 것은 조작적 조건형성을 하고 있는 것이라고 볼 수 있다.

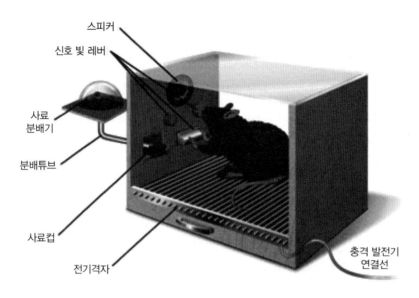

③ **조작적 조건형성의 특성과 적용**

ㄱ 긍정적 강화와 부정적 강화

- 긍정적 강화는 특정한 반응에 뒤따라서 '제시'할 때 그 반응의 가능성을 증가시키는 것으로, 돈이나 칭찬과 같은 자극이 긍정적 강화물로 작용한다. 예를 들어, 피로회복에 도움을 주는 피로회복제는 그 상품의 반복사용 가능성을 높일 것이다.
- 부정적 강화는 특정한 반응에 뒤따라서 '제거'할 때 그 반응을 증가시키는 것으로, 불안, 고통, 통증처럼 불쾌하거나 부정적인 자극이 부정적 강화물로 작용한다. 예를 들어, 갑작스러운 죽음으로 자신의 가족을 불쌍히 남겨두게 될 것이라고 경고하는 생명보험 광고는 생명보험 가입을 고무시키는 부정적 강화물이다.
- 긍정적 강화물이든 부정적 강화물이든 강화물은 바람직한 반응을 유도하기 위해 사용될 수 있다.

ㄴ 전체 강화와 부분 강화

- 소비자 학습에 영향을 주는 또 다른 중요 요인이 강화의 시기이다. 강화 일정이 시간의 일부분에 걸쳐 분산적으로 수행되는 것을 부분 강화, 강화 일정이 전체 모든 시간에 걸쳐 집중적으로 수행되는 것을 전체 강화라고 한다.
- 전체 강화, 부분 강화를 광고에 적용해보면, 전체 집중 광고는 더 많은 초기 학습을 산출하나, 부분 분산 광고는 보통 지속적인 학습을 야기하는 것을 알 수 있다.

ㄷ 강화 일정

- 고정 간격 일정 : 일정한 시간간격이 경과한 다음 일어나는 반응을 강화하는 것이다. 여기서 시간간격은 일정하게 고정되어 있다. 이러한 강화 일정은 강화 직전에 반응이 증가한다.
  예 월급, 정기세일

- 변동 간격 일정 : 강화가 특정한 시간간격이 경과하는 것에 의존하지만, 그 간격이 예측할 수 없게 변한다. 이 강화 일정에서는 하나의 보상도 놓치는 일 없이 착실한 반응을 보인다.
  예 백화점의 비정기세일
- 고정 비율 일정 : 일정하게 고정된 수의 반응이 일어나야만 강화물이 주어지는 것이다. 이 강화 일정에서는 많은 보상을 얻기 위해 짧은 시간 안에 많은 반응을 보이는 경향이 있다. 여기서는 강화 직후의 휴식과 높은 반응률이 나타난다.
  예 쿠폰 10장을 모으면 상품 무료 제공, 비행기 마일리지, *빈도 마케팅 등
  *빈도 마케팅 : 일정한 반응빈도에 근거하여 소비자에게 보상하는 마케팅 기법으로, 구매한 양에 따라 증가하는 가치를 지닌 보상을 소비자에게 제공함으로써 소비자의 구매행동을 강화하는 것
- 변동 비율 일정 : 특정한 수의 반응을 행한 후에 강화물이 제공되지만, 그 수가 예측할 수 없게 변한다. 이 일정에서는 강화를 받은 다음에도 휴식 없이 장시간 높은 반응률을 보인다.
  예 도박, 복권

ㄹ 행동조성
- 행동조성은 바람직한 반응에 성공적으로 접근하는 행동만을 선별적으로 강화하여 새로운 행동을 만들어 내는 방법이다. 서커스에서 동물들이 놀라운 묘기를 배우는 과정을 행동조성이라고 할 수 있다.
- 소비자 심리 관점에서 행동조성의 대표적인 예는 손실제품(loss leasers)을 제공하는 것이다. 손실제품이란 인기제품을 큰 폭의 할인 가격으로 제시하는 등 손님을 끌기 위해 제공되는 제품으로, 소비자가 매장에 방문할 수 있도록 예비 강화물을 제공하는 것이 행동조성의 예이다. 또한 즉석에서 음식을 만들어 시식하게 하는 시식코너, 매장 방문을 유도하기 위한 예비 강화물 제공, 리베이트 등도 행동조성으로 설명할 수 있다.

ㅁ 행동수정
행동수정은 행동을 변화시키기 위해 환경변수들을 조작하는 과정이다. 마케터는 소비자의 행동을 수정할 수 있는 방식으로 강화, 변별자극, 처벌자 등을 구성함으로써 소비자 환경의 연계성을 변화시키기 위해 이 기법을 사용할 수 있다.

> **더 알아두기** 🔍
>
> **소비자 행동수정 프로그램의 단계**
> 1. 변화시키고 싶은 특정한 행동을 확인하라.
> 2. 그 행동의 발생빈도를 측정할 방법을 결정하라.
> 3. 그 행동을 조성시킬 수 있는 환경적 강화물과 처벌자를 확인하라.
> 4. 그 행동을 조성하기 위해 필요한 강화물과 처벌자를 사용할 절차를 개발하라.
> 5. 행동수정전략을 테스트하라.
> 6. 행동수정전략의 득실을 평가하라.
>
> 출처 : Gaidis, W., & Cross, J. (1987). Behavior modification as a framework for sales promotion management, Jounral of Consumer Marketing, 4, 65~74.

2 사회학습

사회학습에서 인간은 타인의 행동을 관찰, 모방 또는 대리적으로 학습할 수 있다고 말한다. 타인은 학습자의 모델이 되며, 학습자는 조금씩 각 단계를 힘들게 습득하는 대신 전체의 행동패턴을 학습할 수 있다. 많은 사람은 부모, 교사나 친구를 모방하며, 어떤 사람은 전혀 만나지도 않았던 배우, 소설의 주인공 또는 운동선수를 모방한다.

(1) 사회학습 과정

① **주의과정**

모델의 행동을 관찰하는 것이다. 모델에 집중되는 주의는 모델의 매력, 호감 가는 개인적 특성, 권위, 연령, 성별, 종교적 신념, 정치적 태도 그리고 관찰자와의 유사성 등과 같은 요인에 달려 있다.

② **기억과정**

모델의 행동을 파지하는 것이다. 인간은 모델의 행동을 내적 심상이나 언어적 기술을 사용하여 표상함으로써 이 행동을 기억한다.

③ **재생과정**

기억과정에서 파지된 인지적 표상을 행동으로 변화시키는 것이다. 이는 반드시 외부로 표현될 필요가 없고, 마음속에서 상상을 통해서도 재생될 수 있다.

④ **동기화과정**

재생된 행동에 대한 실제적, 상상적 보상이 그 행동의 유발 가능성을 결정한다. 이때 보상은 외부에서 주어질 수도 있고, 자기조절과정에 의해 관찰자 스스로가 줄 수도 있다.

(2) 사회학습이론과 소비자 행동

① 사회학습이론에서는 관찰과 모델링이 핵심개념이다. 소비자 측면에서 볼 때, 모델은 광고모델이 대표적이다. 광고모델은 소비자 학습을 일으키기 위한 첫 단추이다.

② 신제품 수용에서의 사회학습(대리학습)

신제품 수용은 부분적으로 개척자(보통 사람보다 신제품을 사용하는 데 있어서 더 모험적인 사람, 혁신자)로부터의 대리학습에 근거한다. 타인이 신제품 또는 서비스를 구매할 것인지 결정하는 것은 신제품 또는 서비스를 사용하는 모델의 행동과 이에 대한 결과의 관찰에 달려 있다.

③ 자기조절과정에 의한 사회학습(내부보상)

소비자는 무언가 힘든 일 또는 의미 있는 일을 성공적으로 마쳤을 때 자기 자신에게 스스로 보상을 하는데, 이것을 자기선물(self-gift)이라고 한다. 자기선물은 소비자 자신에게 있었던 힘든 과정을 잊게 하고 자신의 일을 다시 할 수 있도록 해 주는 좋은 강화물이다.

> **더 알아두기**
>
> **사회학습 마케팅으로의 적용**
> 사회학습이론은 세 가지 목적을 위해 마케팅에 적용될 수 있다.
> 첫째, 모델의 행위는 완전히 새로운 형태의 행동을 창출하기 위해 사용될 수 있다.
> 둘째, 모델은 바람직하지 않은 행동이 일어날 가능성을 줄이기 위해 사용될 수 있다.
> 셋째, 모델은 이전에 학습된 행동의 재발을 촉진하기 위해 사용될 수 있다.

3 기억구조

작년 휴가철에 우연히 먹었던 음식의 맛이 뛰어나서, 올해 그 식당을 다시 찾아간 경우를 떠올려보자. 1년의 시간이 흘렀지만, 소비자가 1년 전의 식당을 찾아낸 것은 바로 기억과정이 작용했기 때문이다. 소비자는 식당 정보를 오랜 기간 동안 저장하였다가 회상하였다. 이를 통해 알 수 있듯이, 정보획득과 정보사용 간에 있는 시간상의 차이는 기억체계에 의해 연결되어야 한다.

기억과정에 관한 모델 중 가장 영향력 있는 모델로 Atkinson과 Shiffrin의 다중저장고 모델을 들 수 있는데, 기억저장고들과 통제과정에 대해 언급한다. 기억저장고들은 시간 흐름상 배열된 일련의 단계들로 볼 수 있는데, 이 단계들을 입력정보가 차례로 경유하게 된다. Atkinson과 Shiffrin은 감각기억, 단기기억, 그리고 장기기억의 세 가지 기억저장고를 제안하였다. 통제과정은 사람에 의해 통제되는 능동적인 정보처리과정인데, 대표적인 통제과정으로 되뇌기(rehersal)를 들 수 있다.

> • 감각기억은 몇 초 혹은 아주 짧은 시간 동안 모든 입력 정보를 유지시키는 초기 단계이다.
> • 단기기억(STM)은 15~20초 정도 동안 5~7개 정도의 항목(item)을 유지한다.
> • 장기기억(LTM)은 아주 많은 양의 정보를 몇 년 혹은 수십 년 동안 유지할 수 있다.

여기에서 알고 넘어가야 할 것은 단기기억과 작업기억이다. 단기기억은 주로 짧은 시간 동안 정보를 저장하는 것이라면, 작업기억은 복잡한 인지 과정 중에 일어나는 정보의 조작으로 말할 수 있다. 즉, 이해·학습·추론과 같은 복잡한 과제를 수행하기 위해 정보를 조작하고 잠시 저장하기 위한 제한된 용량의 기제이다. 인지심리학에서는 단기기억과 작업기억을 분리하여 사용하지만, 본 내용에서는 작업기억을 단기기억을 대체하는 용어로 사용하고자 한다.

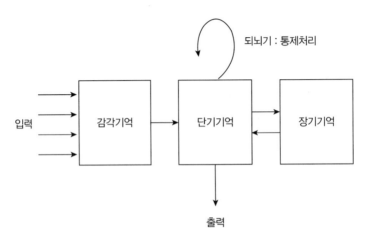

▲ Atkinson과 Shiffrin(1968)의 기억의 다중저장고 모형

(1) 작업기억

일단 자극이 감각등록기를 통과하면, 그 자극은 작업기억으로 들어간다. 작업기억은 매우 짧은 기간(15~20초) 동안만 정보를 파지한다. 예를 들어, 한 소비자가 친구로부터 '시대에듀'란 상표를 들은 직후, "듣긴 들었는데, 그 상표명이 무엇이었는지 잘 모르겠어."라고 말하는 경우가 작업기억에 해당한다.

① 부호화

　㉠ 부호화란 정보가 기억에 저장되는 형태로의 변환을 지칭하는 것으로, 작업기억에서 정보는 주로 청각적으로 부호화된다. 청각부호화 이외에 시각부호화 또는 의미부호화도 가능하지만, 청각부호화가 매우 우수하다.

　㉡ 작업기억에서는 청각부호화가, 장기기억에서는 의미부호화가 우수하다. 즉, 정보가 작업기억에 저장되느냐 아니면 장기기억에 저장되느냐에 따라서 다르게 부호화된다.

　㉢ 모든 정보는 작업기억을 거쳐 장기기억으로 넘어간다. 즉, 정보가 작업기억에서 부호화되지 않는다면, 이 정보는 장기기억으로 넘어갈 수 없다. 따라서 소비자들의 작업기억에 저장되게 하기 위해서는 청각적으로 쉽게 부호화될 수 있는, 즉 발음하기 쉬운 상표명을 선정하는 데 노력을 기울이는 것이 바람직하다.

② 저장

　ㄱ 용량 및 청킹

　　• 작업기억은 제한된 용량을 가지고 있다. 심리학자 밀러(Miller, 1956)는 마법의 수(magic number) 7을 제안하며, **작업기억의 용량이 7±2라고** 하였다. 그러나 투입된 정보를 친숙하고 유의미한 단위로 묶는 **청킹(chunking)에 의해 용량을 확장시킬 수 있다.**

　　• 청킹은 장기기억의 도움을 받아야 한다. 즉, 장기기억에 저장되어 있는 친숙한 정보가 작업기억으로 전이되어야 한다. 일상적으로 사람들은 장기기억에 이미 저장되어 있는 정보를 끄집어내서 작업기억의 정보를 평가하고 이해하는 데 사용한다.

　　• 청킹은 언어적 정보로만 이루어지는 것은 아니며, 공간적 정보 또는 시각적 정보(**예** 그림)로도 가능하다. 예를 들어, 전자기술자들은 복잡한 회로판을 잘 기억하는데, 이는 회로판을 의미 있는 단위로 묶을 수 있기 때문이다.

　ㄴ 정보과부하

　　정보과부하는 작업기억에서 처리될 수 있는 양보다 더 많은 양의 정보가 들어오는 것을 말한다. 이러한 정보과부하는 구매결정을 내려야 할 때, 소비자가 단순하게 임의선택을 하거나, 아무것도 구매하지 않거나, 잘못된 구매를 할 수 있다는 문제를 유발한다.

　ㄷ 시연

　　• 작업기억의 경우, 정보의 저장기간이 짧아서 특별한 노력을 기울이지 않으면 작업기억의 정보는 곧 사라진다.

　　• 망각을 막기 위해서는 시연 또는 암송을 해야 한다. **시연**은 정보에 대한 언어적 반복을 말하며, 정보를 **작업기억에 유지시킬 뿐만 아니라 장기기억으로 전이하도록 만든다.**

　　• 시연은 유지시연과 정교화시연으로 구분된다. 유지시연은 정보를 작업기억에 유지시키려는 적극적인 노력으로 정보 자체의 의미를 생각하지 않고, 지속적이며 반복적으로 암기하는 것을 말한다. 정교화시연은 정보의 의미를 생각하며 정보를 장기기억에 부호화시키려는 노력을 말한다.

　　　- 유지시연의 예시 : 광고 내용의 반복을 유도하는 것

　　　- 정교화시연의 예시 : 상표나 제품과 관련된 적절한 의미를 광고에 부여하는 것

③ 인출

　ㄱ 작업기억에서 정보를 인출하는 방식은 두 가지로, 하나는 병렬탐색(parallel search)이고, 다른 하나는 순차탐색(serial search)이다. **병렬탐색**은 작업기억의 모든 정보를 동시에 탐사하여 관련 정보를 인출하는 방식이고, **순차탐색**은 정보를 순차적으로 하나씩 탐사하여 관련 정보를 인출하는 방식이다.

　ㄴ 작업기억에서의 정보인출은 순차탐색에 의해 이루어진다. 따라서 인출정보가 작업기억의 정보목록에서 차지하는 위치에 따라 인출시간이 달라진다. 목록에서 인출정보가 앞에 있으면 인출시간이 짧아지지만, 뒤에 있으면 인출시간이 길어진다.

　ㄷ 목록 내의 정보가 많아질수록 인출시간은 늘어난다.

(2) 장기기억

장기기억은 짧게는 몇 분에서 길게는 평생에 이르기까지 무제한의 정보를 파지할 수 있는 기억의 유형을 말한다. 장기기억은 양상이 매우 다양하다. 저장되어 있는 정보의 내용뿐만 아니라 기억에 사용되는 부호, 정보가 재부호화 또는 추상화되는 방법, 기억의 구성과 재구성, 기억의 지속성 등의 측면에서 장기기억은 다양하고 광범위한 양상을 보인다.

① **부호화**

ㄱ **장기기억의 부호화는 의미부호화에 의존한다.** 의미부호화란 단어, 사건, 대상, 상징 등에 언어적 의미를 부여하는 것을 말한다. 문장을 듣고 몇 분이 지난 후 회상할 수 있는 것은 대부분 문장의 의미이다. 예를 들어, '55,850,000원, 3,000cc, 6기통, 최고속도 350km, 천연가죽시트 장착한 자동차'라는 정보를 들은 지 얼마 후 '비싸고 힘이 좋으며 고급스러운 자동차'라고 일반적으로 말한다면, 이는 제품정보를 의미로 부호화하였기 때문이다.

ㄴ 의미가 통하거나 의미추출이 용이한 상표명은 언어적으로 그리고 시각적으로도 수월하게 부호화되며, 소비자의 기존 지식 구조와도 일치하기 때문에 기억이 잘 된다.

② **저장 및 인출**

장기기억은 우리의 모든 지식을 담고 있는 무제한의 영원한 저장고로 볼 수 있다. 장기기억의 망각은 정보 자체를 상실하였기보다는 정보에 접속하지 못하기 때문이라고 보기 때문에, 장기기억에서의 저장은 뇌손상과 같은 특수한 경우가 아니라면 특별한 문제를 일으키지 않는 것으로 보인다.

ㄱ 회상과 재인

- 회상은 최소한의 인출단서를 사용하여 기억하고 있는 항목들을 끄집어내는 것이다. 회상은 자유회상과 보조회상으로 구분할 수 있다. 자유회상은 기억된 항목을 특정한 단서 없이 그저 생각나는 대로 말하게 하는 것이다(예 "어제 보았던 광고들을 얘기해 보세요."). 보조회상은 어떤 단서를 제공하고 항목을 끄집어내게 하는 것이다(예 "어제 저녁 TV에서 ○○ 드라마가 시작하기 전에 보았던 광고들을 얘기해 주세요.").
- 재인은 특정한 항목을 전에 본 적이 있는지 묻는 것이다(예 "어제 저녁 TV에서 ○○ 드라마가 시작하기 전에 □□ 광고를 보았나요?"). 재인에서의 인출단서가 회상에서의 인출단서보다 더 구체적이고 유용하기에, 일반적으로 회상보다 재인에서 성과가 더 우수하다.
- 인출단서는 장기기억에서 정보를 꺼내기 위해 매우 중요한 역할을 한다. 광고에서 언어적 또는 시각적 정보를 제품용기(또는 제품 자체)에 제시한 것이나, POP(point of purchase)광고, CM송 또는 음악광고(소비자가 말로 전달되는 메시지보다 노래로 전달된 메시지를 더 잘 회상한다는 연구결과가 있음) 등은 소비자에게 인출단서를 제공하려는 것이다.

ⓒ 인출실패와 간섭
- 장기기억에서 정보인출 실패는 간섭 때문에 일어난다. 간섭에는 역행간섭과 순행간섭이 있다. **역행간섭**은 새로운 정보가 옛날 정보의 인출을 방해하는 것이고, **순행간섭**은 옛날 정보가 새로운 정보의 인출을 방해하는 것이다.
- 소비자가 유사한 형태의 광고들을 접한다면 혼동이 일어날 것이고 광고에 대한 학습은 간섭으로 인하여 방해가 될 것이다.

> **❗ 더 알아두기 🔍**
>
> **폰 레스톨프 효과와 자이가닉 효과**
> - 폰 레스톨프 효과 : 비교적 동질적인 항목들 중에서 독특한 항목이 훨씬 용이하게 회상되는 효과로, 정보 현저성 또는 기억에서 자극(예 상표) 활성화 수준의 중요성을 말해준다. 따라서 마케터는 제품을 독특하게 만듦으로써 현저성을 증가시킬 수 있다.
> - 자이가닉 효과 : 완성 과제보다 미완성 과제의 정보가 더 잘 회상되는 효과로, 드라마 광고의 효과성을 설명해준다. 드라마 광고란 드라마처럼 주제를 가지고 연속되는 광고를 말하는데, 1회 광고를 시청한 후 소비자는 그 주제가 끝날 때까지 다음번 광고를 기대하게 된다.

④ 소비자 지식

(1) 소비자 지식의 특성

소비자 지식이란 소비자가 특정 제품이나 서비스와 관련하여 가지고 있는 경험과 정보를 말한다. 소비자의 지식이 증가할수록, 소비자는 한 제품을 많은 차원에서 생각할 수 있고, 상표를 세부적으로 구분할 수 있다.

① 차원성

소비자가 무언가에 관해 생각할 수 있는 여러 다른 방식의 수를 나타내는데, 예를 들어 노트북에 관해 많은 지식을 갖고 있는 소비자는 다양한 차원으로 노트북을 생각할 수 있다. 초보자는 한 가지 차원(예 가격)에 근거하여 생각하겠지만, 전문가는 여러 차원(예 디자인, 성능, 브랜드, 활용도 등)에 근거하여 생각할 것이다.

② 명료성

소비자가 차원에 따라 얼마나 상세히 차이를 구별할 수 있는가를 말한다. 전문가는 노트북 성능을 평가할 때, 초보자보다 더 자세하게 차이를 식별할 수 있을 것이다.

③ 추상성

소비자가 무언가를 매우 구체적인 것으로부터 매우 추상적인 것까지의 범위에 걸쳐 얼마나 다르게 생각할 수 있는가를 말한다. 구체적 수준에서 소비자는 제품을 그것의 세부적인 속성에 근거하여 생각할 것이다. 따라서 구체적 수준에서 노트북 전문가는 제품을 디자인, 성능, 브랜드, 활용도 등에 근거하여 평가할 것이고, 추상적 수준에서 소비자는 노트북을 그것의 기능적 결과(예 속도가 빠르다, 화질이 좋다)에 관련하여 평가할 것이다.

소비자의 지식이 증가할 때, 소비자는 지식을 더 잘 조직하며, 정보처리 시 더 효율적이고 정확해지며, 정보를 더 잘 회상할 수 있다. 이는 상품자료를 개발하기 전에 소비자의 지식수준을 고려해야 한다는 것을 시사한다.

(2) 기억연결망

① 의미기억은 사람들이 장기기억에 언어적 정보의 의미를 저장하는 방식을 말하는데, 의미기억에서 정보는 연결망 형태로 조작된다. 이 연결망은 저장된 의미개념을 나타내는 기억마디(nodes)이고, 기억마디들을 연결해 주는 선들은 가능한 연합을 나타낸다.

② **자극이 한 마디를 활성화하면, 활성화는 연결망을 통해 확산될 것이며 다른 마디들을 활성화할 것이다. 활성화된 각각의 마디는 회상되는 기억을 나타낸다.**

많은 연구자들은 정보의 5가지 형태가 기억마디에 저장될 수 있다고 제안하였는데, 이는 상표명, 상표에 관한 광고, 상표속성, 제품범주, 상표와 광고에 관한 평가적 반응(Hutchinson & Moore, 1984) 등이다.

③ 소비자의 기억에 있는 상표와 그 상표의 품질 간의 관계는 제품-속성 연합으로, 이런 연합은 소비자가 다양한 상표에 관한 태도를 형성하는 데 있어서 중요한 역할을 하며, 차후의 구매행동에도 직접적으로 영향을 준다.

(3) 도식

① 도식이란 기억에서 체계적으로 조직화된 지식구조를 말한다. 이를 기억연결망과 관련지으면 하나의 기억마디가 활성화될 때 **마음에 떠오르는 연합들의 전체 덩어리**를 도식이라고 할 수 있다.

② 기억마디만으로는 특정 대상에 대한 체계적인 정보를 제공하지 못한다. 특정 대상에 관한 체계적인 정보는 바로 기억마디들 간의 총체적 연합인 도식에 의해 제공될 수 있다. 즉, 도식은 특정 대상을 설명해 주는 하나의 전체적인 연결망 구조인 것이다.

③ 소비자는 도식에 근거하여 특정 대상에 대해 추론할 수 있다. 예를 들어 구매 대상이 노트북이라면, 도식에 의해서 상표, 가격, 성능 등에 관한 추론이 가능해진다.

④ 도식은 기존의 도식과 정보들이 우선적으로 연합되어 처리되고, 새로운 정보가 들어오면 기존의 도식과 일치하는 방향으로 해석된다. 만약 새로운 정보가 도식과 불일치할 경우, 소비자는 더 열심히 정보를 처리하고, 그 결과 그 자극에 대한 기억이 향상될 것이다.

⑤ 도식은 투입되는 정보의 종류에 따라 강화되기도 하고, 변할 수 있는 유연성을 가지고 있다. 즉, 소비자의 제품에 관한 경험과 지식이 증가할수록, 소비자의 도식과 연결망은 더욱 정교해지고 복잡해질 것이다.

5 구성기억

① 구성기억이란 **도식에 근거한 추론 그리고 외부암시 등에 의해 투입정보를 다르게 구성하는 것**으로, 인간의 기억은 외부에서 들어오는 정보를 있는 그대로 받아들이지 않고 구성과 재구성 과정을 거친다.
② 소비자는 광고에서 제공되는 제품정보를 있는 그대로 받아들이지 않고, 자신의 도식, 기대, 직관, 논리, 타인이 전하는 말 등을 사용하여 제품정보를 각색하여 저장한다.
③ 구성기억에 의해 제품정보에 대한 소비자의 기억이 왜곡될 수 있어 의도와 다르게 받아들여질 수 있다.

6 기억과 감정

① 소비자의 기분 상태와 소비자의 기억과정은 소비자 행동에 영향을 미친다. **소비자가 자신의 기분 상태와 동일한 감정특성을 갖는 정보를 더 잘 기억한다.** 즉, 소비자가 슬플 때 그들은 슬픈 정보를 더 잘 회상하였고, 기분이 좋을 때는 기분 좋은 정보를 더 잘 회상하였다.
② 소비자로 하여금 행복, 슬픔, 중립적인 과거 경험들을 떠오르게 하여 긍정, 부정, 중립적인 기분을 유도한 후 제품광고를 제시했을 때, 소비자의 기분은 그 상품에 대한 인상을 형성한다. 예를 들어, 슬픈 기분 상태에서 노트북 광고 정보를 부호화했던 소비자는 중립적 기분 상태였던 소비자보다 노트북에 대하여 더 낮은 평가를 하였다.
③ 제품, 서비스 정보가 소비자에게 제공될 때, 소비자의 기분 상태를 긍정적으로 만들어야 한다. 또한 부정적인 기분을 일으키는 제품 경험이 제품정보의 학습을 억제하게 되고, 이를 통해 제품정보의 부호화, 저장, 인출 등을 방해하거나 왜곡할 수 있다.

제 **3** 절   **소비자 동기와 감정**

소비자의 욕구나 동기를 이해하는 것은 소비자 연구에 필수적이다. 즉, 소비자의 욕구나 동기를 이해하면 차후에 그러한 욕구나 동기에 의해 유발되는 행동을 예측할 수 있고, 이를 통해 소비자를 바람직한 방향으로 유도할 수 있다.

1 전반적 욕구

(1) 욕구와 동기

① 욕구
　　㉠ 욕구는 내부균형을 획득하기 위한 노력으로서 개인으로 하여금 **일정한 행동과정을 추구하도록 하는 내적 불균형** 상태이다.
　　㉡ 욕구에는 생리적 욕구와 심리적 욕구의 두 가지 유형이 있다. 생리적 욕구는 건강한 신체를 위해 요구되며(예) 음식, 물, 공기 등), 심리적 욕구는 정신건강을 위해 필요하다(예) 자존심, 기쁨, 성장 등).

② 동기
　　㉠ 심리학자들은 행동이 나타난 이유를 설명하기 위해 동기란 개념을 고안하였다. 그런데 외부로 표출된 특정한 행동의 원인을 모두 동기라고 부르지는 않는다.
　　㉡ 동기는 세 가지 특성을 갖는다. 행동을 유발시키는 개인 내부의 힘을 의미하는 '**활성화**', 노력의 투입을 선택적으로 특정한 방향으로 지향하게 만드는 '**방향성**', 일정한 강도와 방향을 지닌 행동을 계속해서 유지시키는 '**지속성**'이 그것이다.
　　㉢ 심리학에서는 욕구와 동기를 구분하지 않고 혼용하기 때문에, 본 교재에서는 욕구와 동기를 같은 의미로 사용하고자 한다.

③ 동기과정
　　동기과정 모델에서 중요한 동기의 주요개념은 욕구인식, 추동상태, 목표 지향적 행동, 목표, 감정이다.

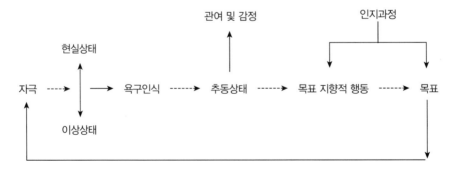

▲ 동기과정의 단순 모델

㉠ 자극과 욕구인식

- 동기과정은 자극이 나타나는 순간에 작동한다. 이러한 자극은 개인 내부(배고픔, 갈증, 변화에 대한 갈망 등), 개인 외부(제품광고, 지인의 조언 등)에서 나타날 수 있다.
- 개인 내부 또는 외부의 특정 자극이 개인의 현실상태와 이상상태 사이의 차이를 벌려 놓는다면, 욕구(식사하기, 물마시기, 컴퓨터 구매하기, 여행 등)가 인식된다.
- 여기서 중요한 것은 개인이 반드시 두 상태 간의 차이를 지각해야 한다는 것이다. 차이가 있을지라도 그 차이를 지각하지 못하면, 욕구인식은 일어나지 않는다.

> **더 알아두기** 🔍
>
> **욕구의 구분**
> - 표현욕구 : 사회적 또는 심미적 요구를 달성하려는 욕구
> - 효용욕구 : 생필품 구매와 같은 기본적인 문제를 해결하려는 욕구

㉡ 추동상태

- 추동(drive)이란 충족되지 않은 욕구의 결과로 생기는 긴장(tension)에 의해 나타나는 힘을 말한다. 이러한 추동은 정서 또는 생리적 각성으로 나타나고, 지필조사나 맥박, 혈압, 눈동자 크기 등에서의 변화와 같은 생리적 반응을 통해 측정이 가능하다.
- 추동상태의 수준이 개인의 관여와 감정상태의 수준에 영향을 준다. 추동이 증가할 때, 감정은 강렬해지고, 관여와 정보처리의 수준은 더욱 높아진다. **예** 금강산도 식후경

㉢ 목표 지향적 행동

목표 지향적 행동은 개인의 욕구상태를 해결하기 위해 취해진 행위이다. 소비자 맥락에서 목표 지향적 행동으로는 정보탐색, 제품에 관해 타인과 얘기하기, 만족스러운 구매를 위한 쇼핑, 제품과 서비스 구매 등을 들 수 있다.

㉣ 목표

- 목표는 유인대상으로 소비자가 자신의 욕구를 충족시킬 것이라고 지각하는 제품, 서비스, 정보, 심지어 의미 있는 타인 등을 의미한다. 소비자는 이 유인을 통해 자신의 욕구를 충족시키며, 동시에 자신의 현실상태와 이상상태 간의 차이를 좁힌다.
- 목표는 자극과 연결된다. 즉, 목표를 획득함으로써 동기과정이 종결되는 것이 아니라 새로운 자극의 출현이 동기과정을 다시 촉발시켜 순환하게 된다.

㉤ 인지과정

- 개인의 선택, 행위패턴 등은 개인의 사고와 학습의 결과 즉, 인지과정의 결과이다.
- 사람들은 개인의 사전학습(사전경험), 판단과정에 근거하여 목표 지향적 행동 및 목표를 선정한다. 즉, 과거에 자신에게 최대의 만족을 주었던 행동과 목표를 선정할 것이며, 선정할 때에도 자신의 판단에 의존하기도 한다.

(2) 욕구이론

① 매슬로우의 욕구위계이론

㉠ 정의

욕구위계는 인간욕구의 일곱 가지 기본수준을 제시하였는데, 생리적 욕구, 안전욕구, 소속/애정욕구, 자존심욕구(인정욕구), 지적 욕구, 심미적 욕구, 자아실현욕구로 낮은 수준(생물)의 욕구로부터 높은 수준(심리)의 욕구로 순서가 정렬되어 있다.

㉡ 특징

• 한 욕구가 나타나기 위해서는 바로 이전의 욕구가 어느 정도 충족되어야 한다.
• 각각의 욕구는 상호 독립적이고, 각각의 욕구 간에는 중복이 있으며, 어떤 욕구도 완벽하게 충족되지 않는다.

㉢ 욕구유형

• 생리적 욕구 : 가장 하단에 위치해 있는 기본적인 욕구로서, 인간의 생명을 단기적 차원에서 유지하기 위해 요구되는 것이다. 음식, 물, 공기 등에 대한 욕구이고, 만성적으로 충족되지 못했을 경우 우세해진다. 소비자 측면에서 볼 때, 생리적 욕구를 충족시키기 위해 식료품과 물을 구매하곤 한다.

• 안전욕구 : 장기적인 차원에서 인간의 생명을 유지하기 위해 요구되는 것으로, 삶의 안정성, 주거, 보호, 건강 등에 대한 욕구이고, 생리적 욕구가 어느 정도 충족되면 나타난다. 소비자는 안전욕구를 충족시키기 위해 저축, 보험가입, 교육, 직업훈련, 주택마련 등의 행위를 한다.

• 소속/애정욕구 : 타인과 온정적으로 관계를 형성·유지하고 싶어 하는 욕구로, 많은 광고가 이 욕구에 호소하는 전략(예 정, 사랑 등)을 구사한다. 소속/애정욕구를 충족시키기 위해 소비자는 화장품, 구강청결제, 면도용품, 다양한 선물, 보석, 애완동물 등을 구매한다.

• 자존심욕구(인정욕구) : 타인들로부터 인정받고, 자신이 중요한 인물이라고 느끼고 싶어 하는 욕구로서 권위, 지위, 자존심 등과 관련된다. 매슬로우는 많은 사람들의 욕구위계에서 가장 상위수준인 자아실현욕구가 나타날 정도로 자존심욕구를 충족시키지 못한다고 말한다. 소비자는 자존심욕구를 충족시키기 위해 컴퓨터와 음향기기 등 하이테크 제품, 고급승용차, 예술품 등을 구매한다.

• 지적 욕구, 심미적 욕구 : 지적 욕구는 지식탐구와 관련된 욕구이며, 심미적 욕구는 아름다움에 대한 욕구이다.

• 자아실현욕구 : 자신의 잠재력을 달성하려는 개인의 욕망으로, 자신이 성취할 수 있는 모든 것을 성취하려는 욕구이다. 자아실현의 욕구는 다른 사람에 의해서 또는 다른 방법으로 표현되기도 한다. 화가는 그림을 통해 자신을 표현하려 할 것이고, 운동선수는 자신의 종목에서 세계 최고가 되려고 할 것이다. 그러나 실제로 자아실현욕구를 달성하는 사람은 많지 않다. 소비자는 자아실현욕구를 충족시키기 위해 대학교의 평생교육과정 등록, 여가생활 등을 한다.

  ② 시사점 및 문제점
    • 매슬로우의 욕구위계이론은 개인의 욕구 대부분을 포함하는 포괄적 이론이다.
    • 욕구위계이론의 주요 문제점은 실증적으로 검증할 수 없다는 것이다. 즉, 상위의 욕구가 나타나기 바로 전에 이전 욕구가 얼마나 충족되어야 하는지 정확하게 측정할 방법이 없다.

② 맥클리랜드의 학습된 욕구이론
  ㉠ 정의
    • 맥클리랜드(McClelland)는 모든 사람들이 공통적으로 비슷한 욕구 계층을 갖고 있다고 주장한 매슬로우의 이론을 비판하며, 욕구는 학습된 것으로 개인마다 차이가 존재한다고 하였다.
    • 기본적으로 학습된 세 가지 욕구는 성취욕구, 친교욕구, 권력욕구를 말한다.
  ㉡ 욕구유형
    • 성취욕구 : 목표를 달성하기 위해 높은 기준을 세우고, 성공에 대한 강렬한 희망을 가지는 욕구로서 성취욕구가 높은 사람은 성공을 위해 노력하고, 문제해결에 책임을 지려는 경향이 강하다.
    • 친교욕구 : 사람들과의 관계를 중요하게 여기는 욕구로서, 사람들로 하여금 친구를 사귀고, 집단의 구성원이 되며 타인과 관계를 갖도록 동기화시킨다. 맥클리랜드는 친교욕구를 매슬로우의 위계이론에서 소속/애정욕구와 유사한 것으로 보았다. 친교욕구가 높은 사람은 성공하려는 것보다 타인과 함께 하려는 데 더 큰 의미를 부여하는 경향이 있다.
    • 권력욕구 : 타인에 대한 통제력을 획득하고 발휘하려는 욕구를 나타내며, 이 욕구는 타인에게 영향을 주고, 지시하며, 지배하려는 경향성을 보인다. 맥클리랜드의 주장에 따르면, 권력욕구는 두 가지 방향을 취할 수 있는데, 첫째는 긍정적인 방향으로 설득적이며 영적인 힘을 나타내며, 둘째는 부정적인 방향으로 타인을 지배하고 복종시키려는 욕망을 나타낸다.

2 제한된 범위의 동기이론

매슬로우의 욕구위계이론과 맥클리랜드의 학습된 욕구이론이 인간의 전반적인 동기수준을 밝히기 위한 이론이었다면, **제한된 범위의 동기이론은 인간 행동의 일부분을 설명하기 위한 것이다.** 제한된 범위의 동기이론으로는 반대과정이론, 최적자극수준유지 동기, 다양성추구 동기, 쾌락경험 동기, 자기조절초점, 행동자유에 대한 열망, 소비자 독특성 욕구, 귀인동기, 접촉욕구 등이 있다.

(1) 반대과정이론

  ① 서로 반대되는 두 개의 감정이 동시에 발생하지만, 처음에는 한 감정의 강도가 강해 반대 감정을 느끼지 못하다가 시간이 경과함에 따라 처음 감정의 강도는 약해지고 반대 감정의 강도는 강해짐으로써 반대 감정을 경험하게 됨을 설명하는 동기이론이다.

② 소비자 측면에서 볼 때, 반복되는 신용카드의 과도한 사용으로 인해 재정적 문제를 갖는 소비자 행동을 반대과정이론으로 설명할 수 있다. 신용카드로 물건을 구매할 때 긍정적 감정과 부정적 감정이 동시에 발생하지만, 긍정적 감정의 강도가 강해서 부정적 감정을 잘 느끼지 못한다. 그러나 카드 결제일이 다가오면 긍정적 감정의 강도는 약해지고, 부정적 감정의 강도가 강해지면서 소비자는 불편해진다. 또한 이러한 불편함을 해결하기 위해 긍정적 감정을 유발하는 또 다른 것을 구매함으로써 소비자 재정을 어렵게 만드는 악순환을 만드는 것이다.

(2) 최적자극수준유지 동기

① 최적자극수준유지 동기이론은 사람이 자극에 대한 자신의 최적수준을 유지하기 위해 동기화된다는 이론이다.

② 최적자극수준이란 생리적 활성화나 각성에 대해 개인이 선호하는 양으로, 매우 낮은 수준(예 수면)에서부터 매우 높은 수준(예 심한 긴장)으로까지 변할 수 있다. 사람들은 자신의 최적수준을 유지하기 위하여 투입되는 자극수준이 너무 높거나 낮을 때 그 수준을 맞추기 위해 행위와 환경을 조절하려고 한다. 예를 들면, 원하는 자극의 높은 수준을 유지하기 위해 번지점프를 기꺼이 하려는 행위, 회사를 다니는 것보다 위험을 즐기기 때문에 스스로 회사를 운영하려는 행위 등을 들 수 있다.

③ 소비자 측면에서 볼 때, 수면제를 통해 각성수준을 낮추는 것, 커피섭취를 통해 각성수준을 높이는 것, 래프팅·사냥·스포츠·놀이기구 등과 같은 레저활동을 통해 각성수준을 높이는 것, 자발적인 상표전환을 통해 일상의 변화를 주는 경우 등은 최적자극수준유지 동기로 설명할 수 있다.

(3) 다양성추구 동기

① 다양성추구란 자극에 대한 내적 욕구에서 발생하는 것으로, 최적자극수준의 개념과 같이 설명할 수 있다.

② 사람은 환경이 제공하는 자극수준이 최적수준 이하로 떨어지게 되면 싫증을 느끼게 되어 탐험, 진기함을 추구하는 등 자극적 투입을 필요로 하게 되고, 반대로 환경이 제공하는 자극수준이 최적수준 이상으로 올라가게 되면 사람은 다양성을 회피함으로써 투입을 감소시키거나 단순화시키는 등 적절한 상황을 추구하게 된다.

③ 소비자 측면에서 살펴보면 동일한 제품을 반복적으로 구매하여 싫증이 났을 경우, 새로운 상표를 선택하는 행위는 다양성을 추구하는 행위로 설명할 수 있다. 특히 다양성추구 행동은 개인차 특성 및 제품범주와 관련이 있다. 감정과 강하게 연합되어 있는 쾌락적 제품(예 음식, 음료수, 초콜릿 등)은 포만반응을 더 빨리 일으키기 때문에 실용적인 제품에 비해 다양성의 욕구를 더욱 증가시킨다.

(4) 쾌락경험 동기

쾌락소비(hedonic consumption)는 환상을 만들어 내고, 새로운 감각을 느끼며, 감정적 각성을 얻기 위해 제품과 서비스를 사용하려는 소비자 욕구를 말한다. 쾌락경험을 하고자 하는 인간의 열망은 최적자극수준을 유지하려는 욕구와 밀접하게 관련되어 있다.

① **감정경험의 열망**

　　㉠ 사람들은 사랑, 증오, 공포, 슬픔, 분노, 혐오 등과 같은 다양한 감정을 경험하고자 한다. 부정적인 감정을 추구하는 행위로는 번지점프, 공포영화, 엽기적인 행위 등을 즐기는 것이 있는데, 이는 소비자에게 쾌감을 주는 행위로 볼 수 있다.

　　㉡ 소비자가 제품을 선택할 때, 효용성을 따지기보다는 쾌락을 추구하는 것(감정경험의 열망)이 우세할 수 있다. 예를 들어, 남성이 여성에게 백송이 장미를 선물하는 것은 효용성 차원에선 이상할 수 있지만, 꽃의 상징적 가치로 보았을 때에는 충분히 이해가 되는 부분이다.

② **레저활동의 열망**

　　㉠ 레저는 다차원적이고 다양한 욕구를 수반한다. 예를 들어, 레저활동을 타인에게 보여주기 위해서 하는 경우도 있고, 행위 자체에서 오는 기쁨을 위해 또는 최적자극수준을 유지하기 위해 레저활동을 하기도 한다.

　　㉡ 레저활동을 보상으로 보고, 내적 만족에 대한 열망을 위해 레저활동을 한다.

　　　예 힘든 산행을 마치고, 뿌듯함을 느끼는 경우

　　㉢ 레저활동에 완전히 몰입하는 경우가 있다.

　　㉣ 레저활동이 개인의 자유의지로 행해지며, 행위를 통해 자유를 만끽한다. 이러한 이유로 레저활동을 하는 사람들은 강압이나 의무에 의해 행해지는 것은 레저가 아니라고 생각한다.

　　㉤ 레저활동을 환경, 자신에 대한 정복감을 위해 행하는 경우가 있다. 즉, 무언가를 성취하기 위해 자신을 시험하거나 환경을 정복하려고 한다.

　　㉥ 레저활동을 각성의 욕구를 위해 행하는 경우가 있다. 신기하고 복잡하고 위험한 레저활동은 개인의 각성수준을 일시적으로 증가시킬 수 있고, 쾌감을 느끼게 해준다.

(5) 자기조절초점

① 쾌락을 추구하는 것을 인간의 기본적인 동기로 설명하는 것을 넘어 사람들이 다른 전략을 사용하여 쾌락을 추구하고 고통을 회피하는지 밝히고자 한 이론이 자기조절초점 이론이다. 자기조절초점은 사람이 어떤 목표를 갖고 그 목표를 어떻게 충족시키는지 설명하는 개념이다.

② 자기조절초점은 촉진목표와 예방목표로 구분된다. 촉진목표는 원하는 목표의 성취, 열망과 같은 것, 예방목표는 책임, 의무, 안전과 같은 것이다.

③ 촉진동기는 만족스럽거나 바라던 결과를 얻기 위해 현재의 상황을 향상시키려는 목표를 지닌 상태이고, 예방동기는 불만족스럽거나 바라지 않는 결과가 발생하는 것을 막기 위해 현재의 상황을 유지하려는 목표를 지닌 상태를 말한다.

④ 촉진동기를 가진 사람은 자신의 목표달성을 위해 접근전략 수단을 사용하며, 예방동기를 가진 사람은 자신의 목표달성을 위해 회피전략 수단을 사용한다. 더불어 촉진동기를 지닌 개인은 긍정적 결과의 획득에 대한 열망을 나타내며, 예방동기를 지닌 개인은 손실에 대한 경계를 나타낸다.

(6) 행동자유에 대한 열망

① 행동자유에 대한 열망은 외부의 제약 없이 행동을 수행하려는 욕구이다. 소비자가 제품과 서비스 선택을 방해받을 때, 소비자는 반발한다. 이를 심리적 저항(psychological reactance)이라고 부른다.

② 소비자의 행동은 제품을 구매하도록 압력을 가하는 외부압력에 의해서 제약되며, 제품이 품절되거나, 제품가격이 인상되거나, 감당하기 어려운 경우 등의 위협은 소비자 선택을 하고자 하는 능력을 제한한다.

③ 심리적 저항이 나타나려면 세 가지 조건이 충족되어야 한다. 첫째, 소비자가 자유롭게 선택할 수 있다고 믿어야 한다. 단, 대안적 제품들이 이용 가능하지 않음으로써 자유선택을 할 수 없게 되는 경우에는 저항을 경험하지 않을 것이다. 둘째, 소비자가 자신의 자유가 위협받는다고 느껴야 한다. 셋째, 구매결정이 소비자에게 중요한 것이어야 한다.

(7) 소비자 독특성의 욕구

① 사람들은 타인과 구별되는 자신만의 독특함이나 고유함을 표현하고자 하며, 이러한 욕구를 외적 행동을 통해 드러내려고 한다.

② 독특성 욕구는 자신의 독특성이 위협을 받는 상황에서 유발된다. 타인과 자신을 구별하기 위해 소비행위를 하거나 소유물을 과시(예 시각적 또는 기능적으로 독특한 제품을 구매)함으로써 자신의 독특성을 충족시킬 수 있다.

(8) 귀인동기

① 귀인동기의 기본개념

㉠ 귀인동기는 행동의 원인을 밝히고자 하는 욕구로서 소비자가 왜 그 제품이 불만족스러웠는지, 광고모델이 왜 특정 음료를 광고하게 된 것인지, 판매원이 왜 특정 상품을 권하려고 했는지 등을 알고 싶어 하는 것이다.

㉡ 귀인이론에서는 행동의 원인이 행위자의 내부귀인(예 제품의 품질)에 의한 것인지, 외부귀인(예 가격의 할인, 리베이트 등)에 의한 것인지에 따라 결정된다고 본다. 내부귀인이란 행동의 원인을 행위자의 내부특성으로 돌리는 과정을 말하고, 외부귀인은 행동의 원인을 행위자의 외부특성으로 돌리는 과정을 말한다.

㉢ 만약 광고모델이 광고비 때문에 특정 상품을 권하는 것이라고 판단된다면, 소비자는 그 광고 메시지를 신뢰하지 않을 것이다. 즉, 소비자는 그 광고 메시지를 외적 요인(예 광고비를 받아서)에 기인한 것으로 볼 것이며, 이는 소비자 행동에 영향을 미치지 않을 것이다. 광고주가 이전에 제품을 소개하지 않았던 새로운 모델로서의 유명인을 찾는 이유가 이와 같은 이유 때문인 것이다.

② 증가–절감 규칙

㉠ 켈리(Harold Kelly)는 사람들의 행동이 행위자의 진정한 신념들의 표현에 기인한 것으로 또는 외부의 힘에 기인한 것으로 보고, 이러한 신념과 힘이 어떻게 결정에 영향을 미치는지에 관심이 있었다. 그는 증가규칙과 절감규칙의 두 가지 중요한 개념을 제안하였다.

ⓒ 절감규칙은 주어진 결과의 표면상 원인이 다른 그럴듯한 원인들의 존재로 인해 절감된다는 것이다. 예를 들어, 광고모델이 특정한 제품을 칭찬한 경우, 그 모델이 실제로 그 제품을 좋아해서 칭찬했을지라도 광고비를 받아서 또는 다른 그럴듯한 원인으로 인해 제품선호와 관련된 진짜 원인은 절감된다.

ⓒ 증가규칙은 사람이 환경압력과 반대로 행동할 경우, 관찰자는 행위자의 진정한 신념이 반영된 행동이라고 생각하는 것이다. 예를 들면, 자동차 영업사원이 고객에게 경쟁사 제품이 더 뛰어나다고 말했다면, 영업사원의 목표인 자사 제품 판매에 반하는 행동을 했기 때문에 소비자는 영업사원의 말이 진실이라고 판단하는 경우가 있다. 추가로 증가규칙은 영업사원의 예상치 못한 표현이 판매원에 대한 소비자의 신뢰를 높일 것임을 시사한다.

ⓔ 절감에 대한 대처방법은 환경압력에 반하고 있다는 인상을 주는 것, 즉 광고 메시지가 기업의 이익에 반하는 것처럼 느껴지도록 만드는 것이다. 만약 주류회사에서 '건강을 위해 술을 자제합시다.'라는 메시지를 제공한다면, 이 메시지는 그 기업에 대한 소비자의 신뢰를 증가시킬 수도 있을 것이다.

ⓜ 절감을 방해하는 강력한 방법은 제품을 영화, 드라마 등에 끼워 넣는 것으로, '제품삽입(product placement, PPL)' 광고를 통해 진실성을 강화할 수 있도록 노출하는 것이다.

③ 기본적 귀인 오류

㉠ 기본적 귀인 오류(fundamental attribution error, FAE)란 행동에 미치는 상황의 영향을 과소평가하고 개인의 어떤 사적인 특징이 행동을 일으키는 데 책임이 있다고 평가하는 오류를 말한다. 즉, 사람들은 다른 사람의 행동의 원인을 그 사람이 처한 상황의 조건보다는 그 사람의 성격이나 능력, 동기, 태도, 신념 등으로 돌리는 경향이 있다.

㉡ 예를 들어, 한 운전자가 신호등이 빨간불인데도 그냥 사거리를 지나쳐 버리는 다른 운전자를 보았을 때, 기본적 귀인 오류에 의하면 그 운전자가 성격이 난폭하다거나 운전이 서투르다는 추론을 한다는 것이다. 하지만 그 운전자는 환자를 태우고 병원에 가는 중일 수도 있으므로 추론이 틀릴 가능성도 있는 것이다.

④ 와이너의 귀인이론

㉠ 와이너(B. Weiner)의 귀인이론은 성공이나 실패의 원인을 원인의 소재, 안정성, 통제성의 세 차원에서 추론하는 과정을 말한다.

• 원인의 소재 : 행동의 진정한 원인이 행위자의 내적 요인(성격, 능력, 정서, 의도 등)에 의한 것인가 아니면 외적 요인(상황적 압력, 타인의 강요, 날씨, 운, 과제 난이도 등)에 의한 것인가를 확인하는 차원이다.

• 안정성 : 원인이 항상 같은지, 변화하는지를 의미한다. 내적 요인 중에서도 능력·지능·성격 같은 것은 안정적인 요인이며, 노력·감정·건강 같은 것은 변하는 요인이다. 외적 요인 중에서도 법·규칙 등은 안정적인 요인이며, 날씨·운 등은 변하는 요인이다.

• 통제성 : 그 원인을 통제할 수 있는지를 의미한다. 대개 능력은 통제가 어려운 것이나, 노력은 통제가 가능하다고 본다.

ⓛ 와이너의 귀인이론은 세 차원의 여덟 가지 가능한 조합을 제시하여 성공과 실패의 원인을 설명한다.

구분	내적 소재		외적 소재	
	안정적	불안정적	안정적	불안정적
통제 가능	정비 불량	조종사의 늦은 탑승	활주로 부족	관제사 실수
통제 불가능	조종사 능력 부족	갑작스러운 기계 고장	관제사 능력 부족	나쁜 날씨

▲ 비행기 출발 지연에 대한 귀인

ⓒ 소비자가 제품실패의 원인을 기업에 둔다면, 회사의 사업에 여러 장기적인 부정적 영향이 있을 것이고, 불운이나 우연에 둔다면, 기업에 미치는 부정적 영향은 일반적으로 적을 것이다.

(9) 접촉욕구

① 접촉욕구(need for touch, NFT)란 제품이나 다른 사물과의 접촉을 통해 정보를 수집하거나 즐기려는 욕구를 말한다. 접촉욕구는 개인차가 존재하는데, 어떤 소비자는 제품을 만져보지 않고 구매를 결정하고, 어떤 소비자는 구매를 결정하기 전에 많은 시간과 노력을 투자해 제품을 만져보고 구매를 결정하기도 한다.

② 접촉욕구는 수단적 차원과 자체적 차원, 두 가지 차원으로 구분된다. 수단적 차원은 제품에 대해 알 수 있는 확실하고 유일한 방법은 그것을 실제로 만져 보는 것이라는 생각과 같이 구매행동을 일으키게 하는 분석적 사고를 반영한다. 접촉을 통해 제품에 대한 정보를 얻거나, 접촉하는 것 외에서 얻을 수 있는 정보에 대한 접근을 가능하게 한다.

③ 자체적 차원은 물건을 만지는 것은 즐거울 수 있다는 생각이나 매장을 둘러볼 때 가급적이면 많은 제품을 만지길 좋아하는 것과 같이 접촉 자체가 쾌락적 의미를 가지는 것이다.

③ 감정

(1) 용어 및 개념

정서(emotion)는 기분(mood)에 비해 지속시간이 짧고, 선행사건이 분명히 지각되며, 대상이 뚜렷하고, 독특한 얼굴표정과 강렬한 생물학적 과정을 수반하며, 행동(준비성)에 변화를 가져온다.

기분은 일시적이지만 비교적 오랫동안 유지되며, 뚜렷한 선행사건을 지각하지 못하는 경우가 많고, 고유한 표현행동이나 생물학적 과정에 변화가 없으며, 판단 및 결정과 같은 인지과정에서의 변화를 초래한다.

(2) 정서의 구조

Izard는 사람들이 생활하면서 경험하는 기본정서를 10가지로 분류하였다.

정서경험에 대한 Izard의 분류	
1. 흥미(interest)	6. 혐오(disgust)
2. 기쁨(joy)	7. 멸시(contempt)
3. 놀람(surprise)	8. 공포(fear)
4. 분노(anger)	9. 부끄러움(shame)
5. 비탄(distress)	10. 죄책감(guilt)

출처 : Izard, C. (1977). Human emotion. New York : Plenum Press.

이 정서들은 감정반응의 두 가지 기본적인 양극차원에서 유래하였다. 첫 번째 차원은 '쾌락(pleasant)-불쾌(unpleasant)'이고, 두 번째 차원은 '흥분(aroused)-수동(passive)'이다. 2차원에 의해 형성된 4개의 사분면에, 기쁨ㆍ분노ㆍ안도ㆍ슬픔 등과 같은 특정한 정서가 놓일 수 있다.

① 강력한 정서의 경험

　㉠ 소비자는 강한 부정적 정서(예 분노, 격노)를 경험하기도 하고, 강한 긍정적 정서(예 기쁨)를 경험하기도 한다.

　㉡ 소비자는 TV광고, 인쇄광고를 통해서도 다양한 정서를 경험하지만, 정서의 강도는 비교적 낮은 편이다. 그러나 이러한 낮은 강도의 정서도 행동에 영향을 줄 수 있다.

② 경험하는 정서의 유형

　㉠ 소비자는 광고에 대한 반응을 두 가지 정서상태에 기반하여 나타내는데, 긍정적 정서상태, 부정적 정서상태가 그것이다. 이는 단일 메시지 또는 사건이 소비자로부터 좋고 나쁜 정서를 동시에 끄집어 낼 수 있다는 것을 시사한다.

　㉡ 예를 들어 의약품 광고의 경우, 초반에는 고통스러워하는 환자의 모습을 보여주다가 약을 투여한 후에는 환하게 웃는 환자의 모습을 보여준다. 이는 부정적 정서(두려움, 불안)와 긍정적 정서(기쁨, 즐거움 등)를 동시에 끄집어 내준다.

③ 감정강도에서의 개인차

　㉠ 감정강도는 감정을 유발하는 자극에 대해 개인이 경험하는 감정과 관련된 강도에서의 안정된 차이를 말하는 것으로, 소비자마다 각기 다른 감정강도를 가지고 있다.

　㉡ 감정강도가 높은 소비자가 낮은 소비자보다 감정을 유발하는 광고에 대해 더 강하게 반응한다. 또한 감정강도가 높은 소비자가 감정을 유발하는 광고에 대해 더 긍정적인 태도를 보인다.

(3) 감정과 정보처리

① 기분이 소비자의 지각, 판단, 사고, 기억 등의 인지과정에 영향을 준다.

② 정교화 가능성 모델(Pretty & Cacioppo, 1986)과 휴리스틱-체계 모델(Chaiken, 1980)은 메시지 처리능력과 동기가 낮을 경우 메시지 주장의 강도가 태도형성에 미치는 영향이 약화되는데, 이때 기분이 능력과 동기를 결정하는 요인이라고 말한다.

③ 쾌락연계성 모델(Wegener & Petty, 1994)은 사람들이 긍정적인 상태를 획득하거나 유지하기 위해 그들의 기분을 관리하려 한다고 주장한다.

④ 기분유지/전환 이론(Schaller & Cialdini, 1990)은 긍정적 기분 상태의 사람들은 그들의 기분을 유지시키기 위해 긍정적인 정보에 더 주의를 기울이도록 동기화되고, 부정적 기분 상태의 사람들은 그들의 기분을 향상시켜 주는 정보에 주의를 기울임으로써 기분을 전환하도록 동기화된다고 설명한다.

⑤ 위험판별 이론(Isen & Geva, 1987)은 긍정적 기분 상태의 사람들이 무조건 부정적인 메시지의 처리를 피하기보다는 메시지가 나타내는 손실이 현실적이고 클 때 또는 그것이 수용자에게 중요한 것일 때, 신중한 위험 관련 결정을 내림으로써 부정적인 정보를 주의 깊게 고려한다고 설명한다.

(4) 정서의 인지적 차원

① 정서의 평가유형

긍정적 감정과 부정적 감정의 하위유형들의 특징을 밝히려는 연구 중에 정서들의 평가유형을 잘 정의해주는 여섯 가지 인지적 차원이 있다. 이 차원들은 '확실성', '유쾌함', '주의적 행동', '통제성', '예상노력', '책임성' 등으로 모든 개별 정서를 정의해 준다. 예를 들어, 분노는 확실성, 통제성, 책임성 등 세 가지 중심차원에 의해서 다른 부정적 정서들과 구별된다. 즉, 분노는 부정적 사건에 대해 타인에게 책임이 있으며, 그 통제는 개인차원이라는 평가, 그리고 무엇이 일어나는지에 대해 확신할 수 있다는 평가에 기인한다. 수치심과 죄책감은 높은 자기 책임성과 자기 통제와 연합되어 있다.

② 여섯 가지 인지적 차원

㉠ 확실성 : 사람들이 그 상황에서 무엇이 일어나고 있는지에 대해 이해하고 확신하는 정도

㉡ 유쾌함 : 사람이 현재 갖고 있는 목표와 관련해서 자극들이 본질적으로 즐거운지, 그렇지 않은지 평가하는 것

㉢ 주의적 행동 : 자극에 대해 집중하는 정도 또는 자극을 무시하거나 피하는 정도

㉣ 통제성 : 사람이 그 상황을 통제하고 있다고 믿는 정도

㉤ 예상노력 : 사람이 그 상황에서 무엇을 해야만 하며, 어느 정도의 노력을 들여야 하는지 예상하는 정도

㉥ 책임성 : 그 상황에서 일어나고 있는 것에 대해 책임이 있다고 느끼는 정도

(5) 문화에 따른 정서

① 정서에 따라 초점을 두는 대상이 다른데, **대인관계 관여 정도가 높은 정서는 타자초점 정서이고, 대인관계 관여 정도가 낮은 정서는 자아초점 정서이다.**

② 자아초점 정서는 타인을 배제한 개인의 내적 상태나 속성과 연관되며, 개인적 인식, 경험, 표현요구와 일치하려는 경향을 가진다. 자부심, 행복, 좌절 등이 자아초점 정서에 해당한다.

③ 타자초점 정서는 사회적 상황에서의 타자나 가까운 타인(예 가족, 친구, 동료, 정치적·종교적 집단, 사회계급, 또는 개인의 자기규정에 중요한 이데올로기 국가적 실체)과 관련되며, 공감, 평화, 은혜 등이 타자초점 정서에 해당한다.

④ 초점정서는 문화적 지향에 따라 달리 경험되는데, 개인주의 문화권의 구성원일수록 자아초점 정서의 강도를 더 높게 판단하는 것으로 나타난 반면, 집단주의 문화권의 구성원들은 자아초점 정서의 강도를 더 낮게 판단하는 것으로 나타났다.

⑤ 자기 자신에 대해서만 생각하도록 한 사람들은 행복, 슬픔과 같은 자아초점 정서를 더 잘 느끼는 경향이 있는 반면, 가족이나 친구와 함께 있는 자신에 대해 생각하도록 한 사람들은 평화나 동요(agitation)와 같은 타자초점 정서를 더 잘 경험하는 경향이 있는 것으로 나타났다.

제4절 소비자 성격

성격이란 '개인의 환경에 대한 적응을 결정짓는 특징적인 행동패턴과 사고양식'으로 정의된다. 인간의 성격은 우리 눈으로 직접 볼 수 있는 것이 아니라 외부로 드러난 행동과 사고유형을 통해 역으로 우리가 추론하는 것이다. 일반적으로 성격은 크게 4가지 특징을 갖고 있다. 그리고 성격의 4가지 특징은 마케팅 전략 수립 시에 영향을 줄 수 있다.

일관성	개인의 행동은 어느 정도 일관성을 보여야 한다. 즉, 성격특성은 단기적인 것이 아니라 시간에 걸쳐 비교적 안정성을 보인다.
독특성	개인의 행동은 타인과 구별해 줄 수 있어야 한다. 즉, 어떤 성격특성은 모든 소비자가 공유할 수 있는 것은 아니다.
상황 간의 상호작용	개인의 성격과 상황 간의 상호작용을 말하는 것으로, 인간은 태어날 때부터 가지고 있는 선천적인 특성과 사회생활을 통해 얻게 된 경험들과 상호작용을 한다.
종합성 (총체성)	성격의 측정만으로 개인의 행동을 정확하게 예견할 수 없다. 상표의 선택은 개인차(성격), 상황, 제품 등 상호작용을 통해 이루어지게 되는 것이다. 즉, 성격과 구매 간의 단순한 자극-반응 연결은 존재하지 않는다.

1 정신분석학

성격에 관한 프로이트의 정신분석학은 인간행동을 이해하는 데 많은 영향을 주었는데, 그는 인간의 마음을 빙산에 비유하였다.

(1) 의식의 구조

① 의식

인간이 현재 인식하고 있는 것으로, 프로이트가 비유했던 빙산 중 물 위에 있는 작은 부분을 말한다.

② 전의식

지금 당장에는 마음에 있지 않지만 노력하면 의식에 떠올릴 수 있는 모든 정보이다(예 '작년 겨울방학에 무엇을 했는가?'라는 질문을 받으면 머리에 겨울방학 동안 한 내용들이 떠오르는 것).

③ 무의식

프로이트가 가장 중요하게 보았던 것으로 사고와 행동에 영향을 주는 충동, 욕구 그리고 접근 불가능한 기억의 저장고이다. 프로이트는 무의식을 물 아래에 있는 빙산의 매우 큰 부분으로 비유하였다.

(2) 성격구조

성격은 행동을 지배하는 세 가지 시스템인 원초아, 자아, 초자아로 구성되어 있으며 이것들은 서로 상호작용한다.

① 원초아(ld)

출생과 동시에 나타나는 것으로 성격의 가장 원초적인 부분이며 생물학적 충동으로 구성되어 있다. 여기에는 먹고, 마시고, 배설하려는 욕구, 고통을 피하고 성적 쾌락을 추구하려는 욕구 등이 있고 이러한 충동을 즉각적으로 만족시키려고 한다. 즉, 외적 환경에 관계없이 지속적으로 쾌락을 얻고 고통을 피하려고 한다. 이러한 원초아에서부터 자아(Ego), 초자아(Superego)가 발달한다.

② 자아

아이가 성장할 때 자신의 충동이 언제나 즉각적으로 충족될 수 없다는 것을 알게 되면서 자아가 발달하기 시작한다. 현실의 요구를 고려하는 것을 배우게 되는 것이다. 자아는 현실원리에 따르기 때문에 충동의 만족은 적절한 상황이 될 때까지 지연될 수 있음을 말해준다. 따라서 자아는 본질적으로 성격의 집행자로 원초아의 요구, 현실 그리고 초자아의 요구 간을 중재한다.

③ 초자아

초자아는 행위가 옳은지 그른지를 판단하는 성격으로 사회의 가치와 도덕에 관한 내면화된 표상이다. 초자아는 개인의 양심과 도덕적으로 이상적인 사람에 관한 이미지이다. 프로이트에 의하면 초자아는 아동 중기 동안 부모가 주는 상과 처벌에 대한 반응 그리고 동일시 과정을 통해 형성된다.

성격의 이러한 세 가지 자아는 종종 갈등을 일으킨다. 자아는 원초아가 원하는 충동적인 만족을 지연시키고, 초자아는 원초아와 자아, 두 자아와 모두와 싸운다. 이는 원초아와 자아의 행동에 도덕적 요소가 부족하기 때문이다. 잘 통합된 성격의 경우, 자아는 안정적이면서 융통성 있는 통제를 유지하고, 현실원리가 지배한다. 프로이트는 원초아의 전부와 자아와 초자아의 대부분이 무의식에 있고, 자아와 초자아의 작은 부분만이 의식적이거나 전의식이라고 제안하였다.

(3) 정식분석학과 마케팅 촉진전략

① 정신분석학은 인간의 행위에 숨어 있는 무의식적 동기를 확인하기 위하여 꿈, 환상, 상징 등을 강조하였고, 이는 마케팅에 많은 영향을 주었다. 즉, 소비자 무의식 동기에 소구할 수 있는 주제, 제품용기 등을 개발하려고 하였다.

② 정신분석학이 광고에 많이 활용되었던 것 중 하나가 '상징'이다. 예를 들어, 제품의 디자인과 용기 또는 광고 등에서 남성과 여성의 성적인 상징을 사용하는데 기다란 원통 모양은 남성 상징을, 동그랗고 빨아 들이는 모양은 여성 상징을 나타내어 성적인 에너지인 리비도(Libido)를 흥분시켜 판매를 촉진시켰다.

③ 상징 외에 공격적이고 파괴적인 행동을 하게 하는 '죽음에 대한 소망'도 있다. 주류회사 광고에서 얼음 조각에 죽음의 가면을 삽입하곤 하는데, 이는 지나칠 정도로 술을 마시는 사람들에게 죽음의 소망을 불러일으키고, 결국 이들이 자사 제품을 더 많이 소비하게 만드는 것이다.

❷ 소비자 성격척도

많은 소비자 연구에서는 특정한 구매행동을 직접적으로 측정해 줄 수 있는, 타당하고 신뢰도 높은 특질척도 들이 많이 있는데, 이러한 척도들은 시장세분화, 제품위치화, 효율적인 촉진소구 개발 등에서 마케터에게 도움이 될 수 있다.

(1) 자기감시

① 정의

사람은 사회활동과 대인관계에서 자신이 처해 있는 상황에 더 잘 적응하고 타인의 인정을 받기 위해 자신의 이미지를 조작하여 표현하려 한다. 자기표현을 관리하고 활용할 수 있는 범위가 사람마다 다르 기 때문에 이 차이를 측정하고 수량화하는 것이 자기감시이다.

② 자기감시가 높은 사람

㉠ 자신의 행동과 표현이 타인에게 어떻게 받아들여지는가에 민감하며 **자신의 언어적·비언어적 자기 표현의 감시수단으로 상황단서를 이용한다.**

㉡ 자신의 태도가 사회적·상황적으로 적합한가에 의해 형성되기 때문에 이러한 사람들은 제품을 사 용함으로써 얻게 되는 이미지에 대한 광고 내용에 주의를 기울인다. 예를 들어, 자기감시가 높은 사 람은 스포티하게 보이는 자동차 광고, 하얀 치아의 밝은 미소를 강조하는 치약광고 등에 반응한다.

㉢ 자기감시가 높은 소비자는 연상된 이미지의 광고문구를 선호한다.

③ 자기감시가 낮은 사람

㉠ 자기표현이 사회적으로 적절한가에 대한 사회적 정보에 대해 별로 주의를 기울이지 않으며, 자기표 현에 대한 기술도 다양하지 못하다. 따라서 이들의 자기표현은 그들의 정서상태와 태도에 의해 통 제 받게 된다.

㉡ 자신들의 가치표출을 중시하는 태도를 갖기 때문에 **제품의 품질을 강조하는 광고를 자신들의 내재 된 태도나 가치와 일치하다고 생각하고 해석한다.** 예를 들어, 스카치위스키의 맛이 좋다고 생각하는 사람들은 스카치위스키를 마시는 그 자체를 즐길 것이며 이러한 사람들은 특정 스카치 맛에 대한 정보를 제공하는 광고에 주의를 기울이고 더 반응적일 것이다.

㉢ 자기감시가 낮은 소비자는 물리적 특성에 관한 광고문구를 선호한다.

(2) 인지욕구

① 정의

인지욕구는 사람이 생각하는 것을 즐기거나 원하는 경향성에 대한 측정을 나타낸다. **인지욕구는 개인이 노력해서 정보를 처리하며 얻게 되는 내적인 즐거움에 초점을 두고 있다.** 인지욕구가 높은 사람은 본질적으로 생각하는 것을 즐기며, 낮은 사람은 힘든 인지적 활동을 피하는 경향이 있다.

② 인지욕구와 마케팅 광고에의 적용

㉠ 인지욕구가 높은 소비자는 제품과 직접적으로 관련된 정보(예 기능)가 많은 광고에 더 반응하고 주변적인 면(예 모델)에는 덜 반응한다. 반면에 인지욕구가 비교적 낮은 소비자는 광고의 주변적이거나 배경적인 면(예 매력적인 모델 또는 유명인)에 더 주의를 기울이는 경향이 있다.

㉡ 인지욕구가 높은 소비자일수록 상표에 대한 사전탐색을 더 많이 하고, 제품선택에 걸리는 시간이 더 길다고 생각하는 것으로 나타났고, 인지욕구가 높은 집단이 낮은 집단에 비해 자동차와 정장을 구매할 때 더 많은 속성을 고려하였다.

㉢ 인지욕구가 높은 집단이 낮은 집단에 비해 물리적 속성을 더 많이 고려하였고, 인지욕구가 낮은 집단이 높은 집단에 비해 심리적 속성을 더 많이 고려하는 경향이 나타났다.

㉣ 마케터가 사람의 인지욕구를 고려한다면 인지욕구가 낮은 소비자를 위해서는 광고를 더 반복할 필요가 있고, 인지욕구가 높은 소비자를 위해서는 반복횟수를 줄이는 대신 정보의 양을 늘리거나 광고시간을 더 늘릴 필요가 있는 것이다.

(3) 애매함에 대한 관용

① 정의

애매함에 대한 관용(Tolerance for Ambiguity)은 애매하거나 비일관적인 상황에 사람이 어떻게 반응하는지 다루는 것으로, **애매함에 대한 관용이 높은 개인은 비일관적인 상황에 긍정적인 방식으로 반응하지만, 애매함에 대한 관용이 낮은 개인은 비일관적인 상황을 위협적이며 바람직하지 않은 것으로 보는 경향이 있다.**

② 애매한 상황

㉠ 신기한 상황 : 사람이 정보를 전혀 갖고 있지 못하며 완벽하게 새로운 상황
㉡ 복잡한 상황 : 사람을 정보로 당황하게 하는 경향이 있는 매우 복잡한 상황
㉢ 해결할 수 없는 상황 : 반박적인 정보를 갖고 있는 상황

③ 애매한 상황과 마케팅 광고에의 적용

㉠ 새로운 제품을 구매할 때 소비자는 신기한 상황을 접하게 되고 애매함에 대해 관용이 높은 사람은 긍정적으로 반응할 것이다. 즉, 신제품을 도입할 때 애매함에 대해 관용적인 경향의 소비자층을 표적으로 해야 한다는 것이다.

㉡ 소비자가 제품을 선택하기 위해 필요한 정보를 탐색하는 데에도 영향을 준다. 선택과제가 복잡하고 신기할수록 애매함에 대해 관용이 높은 소비자는 더 많은 정보를 탐색할 것이다.

(4) 시각처리 대 언어처리

① 소비자가 정보를 처리하는 방식에 따라 시각처리자(Visualizers)와 언어처리자(Verbalizers)로 구분할 수 있다. 시각처리자는 시각적인 정보를 우선적으로 처리하고 언어처리자는 언어적 정보를 우선적으로 처리한다.

② 제품이 나타나는 광고에서 시각처리자는 그림 정보단서에 의해, 언어처리자는 언어 정보단서에 의해 영향을 받아 노출된 광고제품을 구매 고려군에 더 많이 포함시킨다.

(5) 분리 대 연결

① '분리 대 연결(Separatedness vs Connectedness)' 특질은 사람이 자신의 자기개념을 '독립성 대 상호 의존성'으로 지각하는 정보를 나타내는 특질이다.

② 분리특질이 강한 사람은 자신과 타인을 명확하게 구분하고 경계를 설정하지만, 연결특질이 강한 사람은 중요한 타인을 자신의 일부분 또는 확장으로 간주한다.

③ 분리특질이 강한 사람들은 분리 주제의 광고를 호의적으로 평가하고 연결 주제의 광고를 비호의적으로 평가하는 경향이 있다.

❸ 자기개념

(1) 정의

자기개념(Self-Concept)은 '자기 자신을 하나의 대상으로 나타내는 개인의 사고와 감정의 총합'으로 사람들이 자신의 자기개념과 일치되게 행동하려는 욕구가 있기 때문에 자기 자신에 대한 지각이 성격의 기본을 형성한다. 이러한 일관적인 행동은 사람들이 자기 자신에 관해 갖는 이미지에 의해 특정한 행동패턴으로 표출될 수 있다.

(2) 여섯 가지 형태의 자기개념

자기개념에 대한 중요한 결과는 사람들이 하나 이상의 자기개념을 갖는다는 것으로, 한 연구자는 여섯 가지 형태의 자기개념을 제시하고 있다.

> • 현실적 자기 : 개인이 자기 자신을 현실적으로 어떻게 지각하고 있는가?
> • 이상적 자기 : 개인이 자기 자신을 어떻게 지각할 것인가?
> • 사회적 자기 : 타인들이 현재 자신을 어떻게 지각하고 있는가?
> • 이상적·사회적 자기 : 타인들이 자신을 어떻게 지각할 것인가?
> • 기대된 자기 : 현실적 자기와 이상적 자기 사이의 어디엔가 놓이는 자기 이미지
> • 상황적 자기 : 특정한 상황에서의 자기 이미지

이외에도 확장된 자기(Belk, 1988), 가능한 자기(Morgan, 1993)와 같은 유형도 있다. 확장된 자기는 자기 이미지에 미치는 소유물의 영향을 의미한다. 즉, 개인이 소유한 물건을 통해 자신의 이미지를 드러내는 것을 말한다. 가능한 자기는 개인이 되고 싶어 하는 것, 될 수 있는 것, 되는 것이 두려운 것 등을 지각하는 정도를 말하는데, 자기개념의 어떤 유형보다도 더 미래지향적이다.

> ### ❗ 더 알아두기 🔍
>
> **자기개념의 다양한 유형**
> - 현실적 자기 : 개인이 자신을 현실적으로 지각하는 자기
> - 이상적 자기 : 개인이 자신을 이상적으로 지각하는 자기
> - 사회적 자기 : 타인들이 현재 자신을 어떻게 지각하고 있는가와 관련된 자기
> - 이상적/사회적 자기 : 타인들이 자신을 어떻게 지각할 것인가와 관련된 자기
> - 기대된 자기 : 현실적 자기와 이상적 자기 사이의 어디엔가 놓이는 자기 이미지
> - 상황적 자기 : 특정한 상황에서의 자기 이미지
> - 확장된 자기 : 자기 이미지에 미치는 개인 소유물의 영향을 포함하는 자기개념
> - 가능한 자기들 : 개인이 되고 싶어 하는 것, 될 수 있는 것 또는 되는 것이 두려운 것

(3) 자기개념과 상징적 상호작용주의

① 상징적 상호주의 개념

인간은 자신의 무언가를 활용하여 자신을 표현하고자 한다. 여기서 말하는 무언가란 바로 나 자신을 드러낼 수 있게 하는 하나의 상징물이다. 즉, **자신을 표현하기 위해서는 환경에서 개인과 상징 간의 상호작용이 필요한데 이를 상징적 상호작용주의(Symbolic Interactionism)라고 한다.** 상징적 상호작용주의에 근거하여 소비자는 상징적 환경에서 생활하며 자신을 둘러싸고 있는 상징들을 빈번히 해석한다 (Mead, 1934).

② 자기 이미지와 구매한 제품 간의 관계

소비자가 제품을 구매하는 일차적인 이유는 제품의 기능적 혜택이 아닌 제품의 상징적 가치 때문이고, 소비자의 성격이 제품에 의해 나타날 수 있다. 자기 이미지와 제품 이미지 간 일치를 보이는 제품으로는 자동차, 건강용 제품, 세탁용 제품, 레저용 제품, 의복, 식품, 장식제, 가구, 잡지 등을 들 수 있다.

③ 상징적 제품의 특성

ⓐ 가시성(Visibility) : 구매, 소비, 처분 등이 타인에게 즉각적으로 명백해야 한다.

ⓑ 변산도(Variability) : 어떤 소비자는 특정 제품을 소유할 자원을 가지고 있는 반면, 다른 소비자는 그 제품을 소유할 시간적 또는 재정적 자원을 가지고 있지 못한 경우로, 만일 모든 사람이 특정 제품을 소유하고 있고 또는 특정 서비스를 받고 있다면 그것은 상징으로 작용하지 않을 수 있다.

ⓒ 성격, 의인화(Personalizability) : 제품이 보편적 사용자에 대한 고정관념적 이미지를 나타내는 정도를 말한다.

고가의 벤츠 자동차는 자기개념을 전달하는 제품의 세 가지 특성을 충족시킨다. 벤츠 자체의 분명한 외형과 마크에 기인하여 사용 시 가시성을 가지며, 제한된 소비자만이 소유할 정도의 매우 높은 가격으로 인해 변산도를 가지고, 고가의 자동차에 투자할 소비자 유형에 관한 정보를 주기 때문에 의인화도 갖고 있다.

④ 제품의 상징적 특성에 대한 중요성

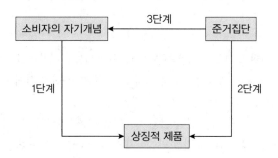

▲ 상징적 제품을 통한 타인으로의 자기 전달

1단계에서 소비자는 청중에게 자신의 자기개념을 전달할 수 있는 제품을 구매하며, 2단계에서 소비자는 청중이 구매된 제품의 상징적 특성을 지각하기를 원하고, 3단계에서 소비자는 준거집단이 구매된 제품과 동일한 상징적 특성들 중 어떤 것을 소비자 자신이 갖고 있는 것으로 보기를 원한다. 따라서 소비자는 자신의 자기개념의 다양한 면을 타인들에게 상징적으로 전달하기 위해서 제품을 구매하는 것으로 해석할 수 있으며, 소비자가 자신의 자기개념에 일치하는 제품과 매장을 선택한다는 개념이 '자기 일치성' 또는 '이미지 일치가설'이다.

(4) 자기 일치성 측정

자기 일치성을 측정하는 방법은 크게 2가지로 나뉘고 있다.

① 전통적인 방법

㉠ 자기 일치성을 구성하고 있는 개념인 상표성격과 자기 이미지를 각각 측정하여 두 개념에서 일치성을 유추하는 방법이다. 이를 위해 아커(Aaker, 1997)에 의해 개발된 상표성격 척도가 주로 사용된다.

㉡ 미리 정해진 성격(이미지) 차원에서 측정을 하기 때문에 관련 없는 차원이 포함될 수도 있다는 단점이 있으며, 각 성격(이미지) 차원에서의 차이 값을 모두 포함해야만 하는 문제점이 있다. 그러나 성격(이미지) 차원별 일치성 효과를 볼 수 있다는 장점이 있다.

② 서지 등(Sirgy et al. 1997)에 의해 소개된 방법

㉠ 전통적인 방법의 문제점을 해결하기 위해 제시된 방법으로, 소비자에게 직접적으로 해당 제품(상표)이 자신의 자기 이미지와 일치하는가를 묻는 방식이다.

㉡ 소비자의 전반적이며 포괄적인 일치성을 측정하기 때문에 보다 긍정적인 연구결과를 얻을 수 있다는 장점이 있다. 그러나 성격(이미지) 차원별 효과를 볼 수 없는 단점이 있다.

(5) 자기개념과 신체이미지

신체이미지는 자신의 신체에 관한 개인의 주관적인 평가를 의미하고 자기개념에서 상당한 부분을 차지한다. 전반적인 자기개념처럼 반드시 정확하지 않을 수 있다. 즉, 자신이 느끼는 것과 겉으로 보이는 것이 다를 수 있다. 이러한 개인의 경향에 근거하여 실제 자기와 이상적 자기 사이의 차이를 만들어서, 결과적으로 그 차이를 좁히기 위해 제품과 서비스를 구매하려는 욕구를 불러일으키는 마케팅 전략들을 종종 볼 수 있다.

① 신체만족

  ㉠ 자신의 신체에 관한 느낌을 신체만족(Body Cathexis)으로 나타낼 수 있다. 신체만족이란 사람에게 있어서 어떤 대상 또는 생각의 감정적 느낌을 의미하며 자신의 신체 중 특정 부위들은 자기개념에서 중추적인 역할을 한다.

  ㉡ 한 연구에서는 자신의 신체에 관한 젊은 성인의 느낌을 다루었는데, 응답자들은 그들의 모발과 눈에 가장 만족하였지만, 허리에 가장 만족하지 못한 모습을 보여주었고, 이러한 느낌은 혼수품 사용과도 관련되었다.

  ㉢ 자신의 신체에 만족한 사람들은 헤어컨디셔너, 헤어드라이어, 색조화장, 치아 미백제 등과 같은 치장용품을 보다 빈번히 구매하였다.

② 이상적인 미

  이상적인 미란 외모에 대한 특정 모형으로, 남녀 모두에게 있어서 이상적인 미는 의복스타일, 화장, 헤어스타일, 피부색조(예 창백한 vs 그을린) 그리고 체형(예 작은 몸집, 투사형, 관능적 등)뿐만 아니라 신체적 특징(예 크거나 작은 가슴 등)을 포함할 수 있다(Solomon, 1999). 타인에게 보이는 신체이미지에 대한 만족은 자신의 문화에서 중요시하는 이미지와 얼마나 일치하느냐에 영향을 받는다.

(6) 문화에 따른 자기의 이해

집단주의 성향을 강하게 지닌 아시아 문화는 개인들이 기본적으로 서로 연결되어 있다고 생각하기에 타인과의 조화로운 상호의존을 강조한다. 반면, 서구 문화에서는 개인들 사이의 연결에 큰 가치를 두지 않으며, 타인으로부터 독립하여 자신의 독특한 속성을 발견하고 표현하는 것을 규범적 과제로 삼고 있다.

① 자기해석

  자기가 타인과 분리되어 있거나 연결되어 있다고 생각하는 정보를 자기해석이라 하는데, 집단주의 문화권과 개인주의 문화권에서는 각각 상호의존적 자기해석과 독립적 자기해석이 전형적인 자기관점으로 나타난다.

  ㉠ 상호의존적 자기해석

    외적, 공적 특성을 강조하는 유동적이고 가변적인 자기로 정의할 수 있고 자신을 주변 사회관계의 부분으로 볼 것을 요구한다. 상호의존적 자기해석에서 자기는 적당한 사회관계 속에 놓일 때 가장 의미 있고 완전하게 된다.

ⓒ 독립적 자기해석

사회적 맥락과 분리된 자기로 정의할 수 있고 타인의 사고, 느낌 등을 참조하기보다 자신만의 사고, 느낌 등을 참조하여 조직되고 행동하는 개인으로서 자신을 해석해야 할 것이다.

자기에 대해 독립적 해석을 하는 사람들 역시 사회적 환경에 반응을 보이나 이들의 반응은 자기의 내적 속성을 표현할 최상의 방법을 결정하기 위한 전략일 경우가 많다. 타인이 갖는 중요성의 정도와 수준은 자기해석에 따라 다르게 된다.

❹ 라이프스타일과 사이코그래픽스

소비자들 간의 개인차를 확인하는 방법 중 하나는 사이코그래픽 분석(psychographic analysis)에 의해 그들의 생활양식(lifestyle)을 알아내는 것이다. 사이코그래픽 분석이란 소비자의 심리나 정신을 나타내는 '사이코(psycho)'와 윤곽, 도식, 묘사를 나타내는 '그래픽(graphic)'을 합친 개념으로 소비자가 생활하고, 일하며, 즐기는 방식에 의해 소비자를 세분화하려는 소비자 연구의 한 형태이다.

(1) 소비자 라이프스타일

라이프스타일은 사람들이 어떻게 살아가고, 그들의 돈을 어떻게 소비하며, 그들의 시간을 어떻게 배분하는지 등으로 표현된다. 따라서 라이프스타일은 소비자의 명백한 행동과 관련되며, 성격은 보다 내면적인 관점으로부터 소비자를 설명한다(Anderson & Golden, 1984).

① 라이프스타일 특징

> • 생활양식, 생활행동, 가치관, 태도 등의 복합체이다.
> • 라이프스타일은 가시적이다.
> • 라이프스타일은 생동감이 있고 실제적이다.
> • 라이프스타일은 특정 개인으로부터 사회 전체에 이르기까지 매우 다양하다.
> • 다양한 생활 요소들을 통해 라이프스타일을 분석할 수 있다.
> • 라이프스타일은 개인의 가치를 반영하는 표현 양식이다.

② 라이프스타일과 구매의사결정 과정

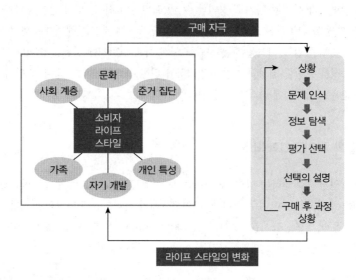

출처 : Hawkins, D. I., Coney, K. A., & Best, R. J.(1980). Consumer behavior, Business Puplication Inc., p.360.

③ 라이프스타일 분석 방법

　㉠ 거시적(macro) 방법 : 한 국가의 사회 전체 또는 지역사회 전체 라이프스타일 동향을 파악하려는 것이 목적인 방법이다.

　㉡ 미시적(micro) 방법 : 개인의 가치관이나 생활 욕구 패턴을 분석하여 사회적 동향을 파악하거나 예측하는 방법이다.

분류	객관적 자료에 의한 분석	주관적 자료에 의한 분석
거시적 분석	사회 지표 분석	사회 심리와 소비자 수요 분석(Katona, G)
	생활의 질 지표 분석	사회적 경향의 모니터 분석(Yankelovich, D) - 라이프스타일 변수에 의한 조사 결과에 계량적 방법에 따라 몇 개의 사회적 경향을 추출하는 방법(시계열 분석)
	인구 통계적 요인의 추세 분석	사회 추세 예측 조사(VALS) - 가치관, 라이프스타일의 변화 방향의 예측이나 생활의 질 측정
미시적 분석	인구 통계적 및 사회 경제적 요인에 의한 세분화 분석 (직업, 소득, 연령 및 주거지 등에 의함)	AIO법 - Wells와 Tigert에 의해 개발된 것으로 라이프스타일 변수를 명세화, 표준화하였음
		Psychographics approach - 개인의 심리적 경향과 요구 패턴 등에 의한 소비자 분류

출처 : 김원수, 마케팅 정보 시스템론(서울 : 박영사, 1990), p.434 재구성

▲ 라이프스타일 분석 방법

(2) 사이코그래픽 분석

사이코그래픽 분석이란 **소비자가 생활하고 일하며 즐기는 방식에 의해 소비자를 세분화**하려는 소비자 연구의 한 형태로 소비자들 간의 개인차를 확인하기 위한 방법이다.

사이코그래픽은 소비자의 심리적(사이코) 구성을 기술(그래프)하려는 아이디어를 내포하고 있다. 사이코그래픽의 목적은 기업이 고객을 더 잘 이해하고 용이하게 접근하기 위해 세분화된 소비자 집단을 묘사하는 데 있다. 사이코그래픽 연구는 소비자의 생활양식, 성격, 인구통계학적 특성 등으로 구성된 양적 연구이다.

① AIO 개념

AIO[Activity(활동), Interest(관심), Opinion(의견)]는 소비자의 라이프스타일을 알아내기 위해 소비자의 활동, 관심, 의견 등을 드러내는 질문이다. 활동 질문은 소비자가 무슨 일을 하는지, 무엇을 구매하는지, 시간을 어떻게 사용하는지와 관련된다. 관심 질문은 소비자의 선호도와 우선순위에 초점을 맞춘다. 그리고 의견 질문은 세계, 지역, 도덕, 경제 그리고 사회적인 일들에 관해 소비자의 의견과 느낌을 묻는 질문이다.

② AIO의 사례

항목	질문
활동 질문	• 당신은 적어도 한 달에 두 번 어떤 야외 스포츠에 참여합니까? • 1년에 얼마나 많은 책을 읽습니까? • 얼마나 자주 쇼핑매장을 방문합니까? • 당신은 휴가 동안 외국에 가 본 적이 있습니까? • 얼마나 많은 클럽에 속해 있습니까?
관심 질문	• 운동, 교회, 일 중에 가장 관심 있는 것은 무엇입니까? • 새로운 음식을 시식하는 것은 얼마나 중요합니까? • 살면서 출세하는 것은 당신에게 얼마나 중요합니까? • 토요일 오후 2시간 동안 당신의 아내와 보내는 것과 혼자 산책하는 것 중 어떤 게 더 좋습니까?
의견 질문 (응답자가 동의 또는 비동의하게 함)	• 중국 사람들은 우리와 비슷하다. • 여자들은 낙태에 대한 자유선택권을 가져야 한다. • 공기업에 너무 많은 돈이 지불된다. • KBS는 정치와 무관해야 한다. • 우리는 핵전쟁에 대비해야 한다.

(3) 밸스 사이코그래픽 목록

사이코그래픽 목록 중 가장 잘 개발됐다고 평가받고, 기업에서 인기 있는 목록은 밸스(Values and Life-styles, VALS) 분류 목록이다. 밸스 목록 중 널리 사용되고 있는 두 가지를 살펴보자. 밸스 또는 밸스1로 불리는 첫 번째 목록은 동기와 발달심리학이론(특히, 매슬로우의 욕구위계이론)에 기초를 두었고 밸스2 목록은 소비자 구매패턴을 측정하기 위해 특별히 고안되었다.

① 밸스1(VALS1), 최초의 밸스 목록

㉠ 밸스1의 분류

밸스1은 이중위계라고 부르는 일련의 단계를 통해 소비자가 이동한다고 보았다. 이중위계는 사람들의 일반적인 4가지 범주를 포함하는데 이는 욕구추동적(Need-Driven)인 사람, 외부지향적인 사람, 내부지향적인 사람 그리고 통합된 사람이다.

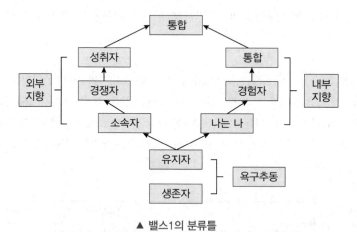

▲ 밸스1의 분류틀

집단	특성
욕구추동적 집단 (Need-Driven Group)	• 생존자(Survivors) : 가난하고 나이가 많고 건강이 좋지 않으며 교육수준이 낮다. • 유지자(Sustainers) : 역시 가난하지만 자신이 가난하다고 생각하지 않으며, 희망을 포기하지 않는다. 생존자보다 젊고 종종 소수인 유지자는 생존자보다 더 자기확신적이고 더 많이 계획하고 미래에 대하여 더 기대를 갖는다.
외부지향적 집단 (Outer-Directed Group)	다른 사람이 그들에 대하여 어떻게 생각하는지에 초점을 맞추고 그들의 삶이 가시적이고 실체적이며 물질적이도록 조절한다. − 소속자(Belongers) : 미국의 중산층으로, 대부분이 백인이고 중간소득을 가지며 중년층이거나 그보다 나이가 많다. 그들은 가족, 교회 그리고 관습을 소중히 여긴다. − 경쟁자(Emulators) : 성취자를 모방함으로써 앞으로 나아가려고 맹렬히 노력한다. 매우 야망적이지만 돈을 저축하기보다는 소비한다. − 성취자(Achievers) : 부유하고 소득이 높고 자영업의 전문가로, 정치적 설득에서 보수적이고 공화주의자이다.
내부지향적 집단 (Inner-Directed Group)	그들은 내부에 초점을 맞추고 강렬한 관여 과제를 찾는다. − '나는 나' 집단(I-Am-Me Group) : 젊고 미혼이고 정서, 느낌, 관점에 있어서 큰 변화가 특징적이다. 열성적이고 대담하고 새로운 생각과 소유물을 찾는다. − 경험자(Experientials) : 명분, 쾌락, 운동과 같은 활동에 깊게 관여한다. 독립적이고 자기신뢰적이며 혁신적이다. 적당한 소득의 20대 후반이다. − 사회의식형(Societally Conscious) : 소수의, 성공적이고 성숙하고 사회적 논점과 관련해서 자유로운 집단이다. 성취자의 내부지향적 특성을 지닌다.

통합 집단 (Integrated Group)	인구의 2%를 구성하며 자기실현적 인간에 가깝다. 내부지향적 성격과 외부지향적 성격의 가장 좋은 특징을 함께 맞추어 다루는 성숙하고 균형 잡힌 사람들이다. 통합적인 사람들이 밸스 집단 중 가장 높은 소득을 가지고 있음에도 불구하고 적은 수로 인해 성공적인 표적시장으로 정하는 것이 어렵다.

▲ 밸스에 의해 분류된 집단 특성

ⓛ 밸스1의 분석 예시

미국의 쇠고기 산업에서 쇠고기 소비의 감소로 문제에 직면했을 때, 경향을 이해하기 위하여 밸스의 범주에 따라 소비자를 분류하고, 그들의 쇠고기, 양고기, 생선, 그리고 기타 주요 요리의 소비를 분석하는 조사를 진행하였다. 8개의 밸스 집단에 따른 쇠고기, 양고기, 생선, 닭고기, 그리고 칠면조의 소비자수를 제공한다.

구분	쇠고기	양고기	생선	닭고기	칠면조
생존자	64	21	62	69	41
유지자	77	54	111	93	62
소속자	98	96	90	97	75
경쟁자	102	62	111	107	63
성취자	115	125	108	107	155
나는 나	90	174	119	90	110
경험자	95	36	79	100	85
사회의식형	109	160	121	108	154

주) 평균 100인 지수에 근거함. 응답자들은 지난 일주일 동안 그들이 먹은 음식을 지적함

출처 : Thomas, T, C., & Crocker, S. (1981). Values and lifestyles–New psychographics. Menlo Park, CA: SRI.

▲ 쇠고기와 생선 소비에 대한 밸스 분석

위 결과를 가지고 추측해 보자면 생존자와 유지자는 가난하기 때문에 여유가 없어서 어떤 고기도 많이 소비하지 않는다. 반면 성취자, 사회의식형은 신선한 생선을 포함해서 모든 유형의 고기를 많이 소비한다. 이러한 차이는 소득차이에서 오는 것으로 추측할 수 있다.

② 밸스2(VALS2)

㉠ 밸스2의 분류

밸스2의 목표는 소비자 태도와 구매행동 간의 구체적인 관계를 확인하는 것이다. 밸스2 목록은 미국 인구를 그들의 자기정체성과 자원에 기초해서 8개의 집단으로 나누었다.

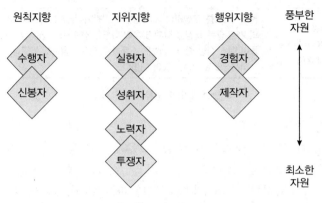

▲ 밸스2의 분류틀

- 첫 번째 차원인 자기정체성의 경우, 밸스2 연구자들은 세 가지 다른 소비자 지향을 확인하였다. 원칙지향적인 사람들은 그들의 감정, 그들에게 일어난 사건 또는 타인의 인정보다는 그들의 신념에 따라 구매선택을 한다. 지위지향적인 사람들은 그들의 구매를 타인들이 인정할 것인지에 기초하여 구매선택을 한다. 마지막으로 행위지향적인 사람들은 활동, 다양성, 그리고 위험추구 등의 욕구에 기초해서 구매결정을 한다.
- 두 번째 차원인 자원의 경우, 연구자들은 소비자의 재정적, 물질적 자원뿐만 아니라 그들의 심리적이고 신체적인 자원 또한 포함시킨다. 풍부한 자원을 가진 사람들은 그 분류틀의 끝에 있고, 최소한의 자원을 가진 사람들은 다른 한쪽 끝을 차지한다.

집단	특성
실현자 (Actualizers)	원칙과 행위에 초점을 두며 자원이 풍부함. 취향, 독립심, 특성 등을 능동적으로 표현하며 기꺼이 돈을 지출함. 대학교육을 받았고 인구의 8% 정도이며 연령 중앙치는 43세, 평균수입은 연 58,000달러임
수행자 (Fulfilleds)	원칙에 초점을 두며 자원이 풍부함. 자신의 이미지를 중요시하지 않으며 성숙하고 자기만족적이며 지식을 충분히 갖고 있음. 일반적으로 나이가 든 자녀들이 있는 기혼자임. 대학교육을 받았고 인구의 11% 정도이고 연령 중앙치는 48세, 소득 중앙치는 연 38,000달러임
신봉자 (Belivers)	원칙에 초점을 두며 자원이 빈약함. 전통적이며 도덕적이고 가족과 교회에 국한된 예측 가능한 생활양식을 갖고 있음. 국산제품에 충성을 보이며 비혁신적임. 고등학교를 졸업했고 인구의 16% 정도이며 연령 중앙치는 58세이고, 평균소득은 연 21,000달러임
성취자 (Achievers)	지위에 초점을 두며 자원이 풍부함. 성공과 경력지향적임. 위험회피 경향이 강하며 권위와 현상을 중시함. 이미지를 매우 중시하여 고가의 과시적 자동차를 구매함. 대학교육을 받았고 인구의 13% 정도이며 평균연령은 36세, 평균수입은 연 50,000달러임
노력자 (Striver)	지위에 초점을 두며 자원이 빈약함. 충동적이고 트렌드에 민감하며 자신의 행위에 대해 사회적 승인을 추구함. 돈이 성공을 의미함. 약간의 대학교육을 받았으며 인구의 13% 정도임. 연령 중앙치는 34세이고, 소득 중앙치는 연 25,000달러임
경험자 (Experiencers)	행위에 초점을 두며 자원이 풍부함. 젊고 열정적이며 운동과 위험을 즐김. 독신이며 충동적인 구매자이고 교육과정을 아직 끝내지 못함. 인구의 12% 정도이며, 평균연령은 26세이고, 평균소득은 연 19,000달러임

제작자 (Makers)	실용적 행위에 초점을 두며 자원이 빈약함. 보수적이고 실용적이며 자영업에 종사하고 가족을 중시함. 인구의 13% 정도이고 연령 중앙치는 30세이며 고등학교 교육을 받음. 평균소득은 연 30,000달러임
투쟁자 (Strugglers)	가난하고 교육을 받지 못했으며 자원이 거의 없고 순간의 삶에 매달림. 조심스럽지만 충성스러운 구매자이고 인구의 14% 정도임. 연령 중앙치는 61세이고, 고등학교 교육을 받음. 평균소득은 연 9,000달러임

▲ 밸스2 소비자 세부집단에 대한 기술

(4) 가치목록(List of Values, LOV) 척도

가치목록의 목표는 사람들의 지배적인 가치를 평가하는 것이다(Kahle, Beatty, & Homer, 1986). 가치목록에 의해 평가된 3가지 범주의 9가지 가치는 다음과 같다.

내부지향가치	자기실현(Self-Fulfillment)
	흥분(Excitement)
	성취감(Sense of Accomplishment)
	자기존중(Self-Respect)
외부지향가치	소속감(Sense of Belonging)
	존경받음(Being Well-Respect)
	안전(Security)
대인관계지향가치	재미와 즐거움(Fun and Enjoyment)
	타인과의 따뜻한 관계(Warm Relationship with Others)

(5) 소비생활양식 목록

소비생활양식 목록은 유사한 소비패턴을 가진 소비자를 집단으로 묶기 위해 소비자의 실질적인 지출패턴이 사용되는 행동적 세분화 접근법을 도입하였다.

기능주의자 (Functionalists)	필요한 때만 돈을 소비함. 평균 교육수준·평균 소득을 가지며, 대부분이 기능직임. 자녀가 있는 기혼자이며 55세보다 적은 경향이 있음
양육자 (Nurturers)	젊음. 낮은 소득을 가짐. 자녀양육, 초기 세대를 꾸려 나감. 가족의 가치 등에 초점을 둠. 평균 이상의 교육수준을 가짐
열망자 (Aspirers)	지위유지 제품(예 집)에 평균 이상의 돈을 지출함으로써 고품격 삶을 즐기는 데 초점을 둠. 9개의 집단들 중에서 총지출이 가장 많지만 소득수준에서는 4번째임. 고전적인 '여피(Yuppie)' 특성을 지님. 교육수준이 높고 사무직이며 기혼이나 자녀는 없음
경험자 (Experientials)	오락, 취미 등에 평균 이상의 돈을 지출함. 평균 교육수준을 가지나 사무에 종사하여 평균 이상의 소득을 가짐
성공자 (Succeeders)	확고한 세대를 구축함. 중년이며, 높은 교육수준을 가짐. 9개 집단 중에서 가장 높은 소득을 가짐. 교육과 자기발전 에 꽤 많은 돈을 지출함. 일과 관련된 경비를 평균 이상으로 지출함

도덕자 (Moral Majority)	교육기관, 정치적 대의명분, 교회 등에 많은 돈을 지출함. 자녀가 출가함으로 인해 빈 둥지 단계임. 9개 집단 중에서 두 번째로 소득이 많음. 부부 중 한쪽만 돈을 벎
노후 (The Golden Years)	은퇴했지만 세 번째로 소득이 많음. 집을 리모델링하는 데 관심이 많음. 노동절약 제품과 오락에 많은 돈을 지출함
유지자 (Sustainers)	은퇴를 하고 가장 나이가 많은 집단. 필수품과 술에 소득의 많은 부분을 지출함. 교육수준이 낮으며 두 번째로 소득이 낮음
생존자 (Subsisters)	사회경제적 지위가 낮음. 평균 이상이 사회복지에 의존함. 대부분이 가족 중에서 한쪽만 돈을 벎. 평균 이상이 소수집단임

출처 : Foumier, S., Antes, D., & Beaumier, G. (1992). Nine consumption lifestyles. In J. F. Sherry, Jr., & B. Stemthal (Eds.), Advances in Consumer Research, 19, 329~337.

(6) 사이코그래픽스 제한점

① 소비자의 구매행동에 대하여 성격 또는 사이코그래픽스에 의해서만 설명할 수 있는 양이 적다.

② 사이코그래픽스의 소비자 분류방식은 구매과정을 지나치게 단순화시켜 소비자를 정확히 파악하지 못할 수 있다는 위험이 있다.

제5절 소비자 태도, 태도변화, 설득 커뮤니케이션

1 태도특성/구성요소/모형

태도(Attitude)란 어떤 대상에 대한 개인의 호의적 또는 비호의적인 성향(Predisposition)을 나타내는 내적 감정의 표현을 말한다. 태도는 직접 관찰이 어렵기 때문에 말이나 행동을 통해 추론해야 한다. 예를 들어, 소비자가 ○○음료를 일관되게 구매하고 지인들에게 그 ○○음료를 권한다는 것을 질문을 통해 알았다면, 그 소비자가 ○○음료에 대한 긍정적인 태도를 갖고 있음을 알 수 있다.

(1) 태도특성

① 특정한 소비자 또는 마케팅 개념과 대체 가능

㉠ 소비자 맥락에서 제품범주, 상표, 서비스, 광고, 가격 또는 매장 등과 같이 특정한 소비자 또는 마케팅 개념으로 대체할 수 있다.

㉡ 예를 들어, 소비자에게 다양한 자동차에 대한 사용자의 태도를 조사한다고 할 때, 태도 대상에는 제네시스, K5, 그랜저, 소나타, QM6 등이 포함될 수 있다.

② 학습성

    ㉠ 태도의 학습은 제품에 대한 경험, 타인을 통해 얻은 경험, 광고 노출을 통해 형성된다. 여기에서 태도는 대상에 대한 호의 또는 비호의적인 평가를 나타낸다.

    ㉡ 동기적 특질을 지닌다.

③ 일관성

    ㉠ 태도는 비교적 일관성을 갖는다.

    ㉡ 그러나 소비 환경은 종종 변화하며, 소비자의 태도와 행동에 영향을 미치기 때문에 소비자 태도는 영구적이지 않고 변화할 수 있다.

④ 상황변수의 영향

    ㉠ 태도와 행동 간의 관계에 영향을 주는 사건이나 환경을 말하며, 소비자로 하여금 자신의 태도와 일치되지 않는 방식으로 행동하게 만들 수 있다.

    ㉡ 다른 상표를 구매하는 일이 상표에 대한 불만족일 수도 있지만 특정한 상황변수(예 품질, 가격인상 등)에 의해 영향을 받은 것일 수도 있다.

(2) 태도의 기능

① 효용성기능(Effectivity Function)

    효용성기능은 사람들로 하여금 즐겁거나 보상적인 대상을 얻게 하고 불쾌하거나 바람직하지 않은 대상을 피하도록 함으로써 보상을 극대화하고 불쾌감이나 처벌을 극소화하려는 효용주의 개념을 나타낸다(양윤, 2011). 예를 들어, 빠른 진통 약화와 안전성이 가장 중요하다고 생각하는 소비자는 이를 충족시키는 상표에는 호의적이지만 그렇지 않은 상표에는 비호의적일 것이다.

② 자기방어기능(Ego Defensive Function)

    자기방어기능은 사람들로 하여금 불안과 위협에서 벗어나 자아를 보호하게 해 주는 기능으로, 프로이트의 정신분석학적 접근에서 유래하였다. 예를 들어, 구강청결제 등과 같은 제품을 구매할 때 타인과 만남 시 나타날 수 있는 에티켓 문제에 대한 상황을 피하기 위해 구매를 할 수 있다. 이러한 구매는 소비자의 자신감, 사회적 수용 등과 관련하여 나 자신을 방어해 줄 수 있는 것으로 이러한 상표에 긍정적인 태도를 갖게 되는 것이다.

③ 가치표현기능(Value Expressive Function)

    가치표현기능은 소비자 자신의 가치 또는 자기개념을 표현해 주는 제품을 구매하는 것이다. 이 기능도 자기방어기능과 같이 프로이트의 정신분석학적 접근에서 유래했지만, 자기방어기제보다는 개인 중심적 가치와 개념을 표현하도록 유도하였다. 예를 들어, 소비자가 아이폰을 구매하는 것은 자신을 '얼리어답터', '혁신적인 사람'의 모습에 가치를 두는 것이라고 볼 수 있다.

④ 지식기능(Knowledge Function)

지식기능은 사람들이 조직화되지 않고 혼란스러운 것을 이해하도록 돕고 의미를 부여하도록 하는 것이다. 예를 들어, 소비자가 카페에 들어갔을 때 조용한 분위기에 깔끔하게 꾸며진 장식을 보고 긍정적으로 느꼈다면 이러한 태도를 발전시켜 다음에 다른 카페에 갔을 때 그 태도에 근거하여 해석하고 선택할 것이다.

(3) 태도의 구성요소

① 태도의 3가지 구성요소

ㄱ 인지요소

- 태도는 개인의 인지와 관련된다. 즉, 태도 대상과의 직접적인 경험과 다양한 출처로부터의 관련된 정보의 결합에 의해 얻어지는 지식과 지각을 포함한다. 이러한 지식과 지각은 신념의 형태를 취한다. 인지요소에서의 신념은 '대상-속성 신념', '속성-편익 신념', '대상-편익 신념' 형태로 나타날 수 있다.
- 대상-속성 신념은 대상이 특정 속성을 갖고 있다는 지식을 의미한다. "제네시스(대상)는 4륜구동(속성)이다."를 예로 들 수 있다.
- 속성-편익 신념은 특정 속성이 특정 편익을 제공할 것이라는 소비자의 지각을 의미한다. "4륜구동(속성)은 진흙길과 같은 비포장도로를 달릴 수 있다(편익)."를 예로 들 수 있다.
- 대상-편익 신념은 특정 대상(예 제품, 상표 등)이 특정한 편익을 제공할 것이라는 소비자의 지각을 말한다. "제네시스(대상)는 진흙길과 같은 비포장도로를 달릴 수 있다(편익)."를 예로 들 수 있다.

ㄴ 감정요소

- 특정 제품이나 상표에 대한 소비자의 감정이 태도의 감정요소를 나타낸다. 이러한 감정은 평가 차원으로 태도 대상에 대한 개인의 전반적인 평가를 반영한다. 즉, 개인이 특정한 태도 대상을 좋아하거나(호의) 싫어하는 것(비호의)으로 평가하는 정도를 의미한다.
- 소비자 태도 대상에 부여하는 감정반응은 보통 신념에 근거하지만 개인 또는 상황요인으로부터 영향을 받을 수도 있다.

ㄷ 행동요소

개인이 태도 대상과 관련하여 특정한 방식으로 행동할 가능성 또는 경향성을 나타낸다. 행동요소에 실제 행위가 포함될 수 있지만 보통 소비자의 구매의도로 다루어지고 있다.

예 당신이 6개월 내에 ○○ 상품을 구매할 가능성은 어떻게 됩니까?

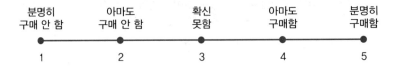

② 태도의 구성요소의 위계

태도의 구성요소들은 구매과정에 따라 그 위계가 달라지는데 이를 효과의 위계라 한다. 다시 말해 효과의 위계는 신념, 감정, 행동이 발생하는 순서가 구매과정에 따라 달라짐을 나타낸다.

구매과정	효과의 위계
고관여	표준학습위계 : 신념 – 감정 – 행동
저관여	저관여위계 : 신념 – 행동 – 감정
경험/충동	경험위계 : 감정 – 행동 – 신념
행동영향	행동영향위계 : 행동 – 신념 – 감정

㉠ 표준학습위계
- 소비자가 어떠한 대상에 신념을 먼저 형성한 뒤 그 다음 대상에 대한 감정을 갖고 행동을 일으키는 과정이다.
- 구매결정에서 관여가 증가할 때 소비자는 제품에 대하여 확장적인 정보를 탐색하고 그 결과로 제품 대안에 대해 많은 신념을 형성한다. 그에 따라 소비자는 대안을 비교·평가하는 데 많은 시간을 쏟게 된다. 이러한 문제해결과정을 통해 소비자는 자신의 확고한 태도를 형성하는 것이다.
- 요약하면 소비자가 구매결정에 높게 관여할 때, 확장적 문제해결을 하면서 표준학습위계를 따르게 되는 것이다.

㉡ 저관여위계
- 저관여위계는 소비자가 사전에 감정을 갖지 않고 제품을 구매한다고 가정한다. 이러한 경우 소비자가 제품에 관한 신념을 먼저 형성하고 구매를 하며 구매 후 제품에 대한 태도를 형성한다.
- 소비자의 관여수준이 낮을 때 소비자는 확장적인 문제해결을 하려는 동기가 없다. 대신 소비자는 피상적인 방식으로 소수의 제품 대안을 고려하고 이에 따라 대안에 관한 제한된 수의 신념을 형성하는 제한된 결정과정을 사용한다.
- 소비자가 대안을 자세히 평가하지 않기 때문에 이들이 대안에 대한 태도를 형성하지 못한다. 따라서 저관여 상황에서 소비자가 제품 또는 서비스를 구매하고 사용해 본 후 그들이 제품에 관해 어떻게 느끼는지를 회상할 때 태도가 형성된다.

㉢ 경험위계
- 경험적 관점에서 보면 소비자는 어떤 감정이나 흥분을 얻으려는 욕구 때문에 행동을 한다. 이러한 경우 효과위계는 감정이나 태도로부터 시작한다. 예를 들어, 놀이공원에 간다고 했을 때 놀이공원에 가는 이유로는 짜릿하고 신나는 감정을 느끼기 위해 가는 목적이 가장 클 것이다. 만약 그 이유를 누군가가 묻는다면, 몇 가지 신념을 말할 수는 있지만, 감정보다는 훨씬 덜 결정적일 것이다.
- 경험위계는 강력한 감정반응으로 시작하고 이러한 감정에 근거한 행동을 하고 마지막으로 행동을 정당화하기 위한 신념을 형성한다. 대표적인 예가 충동구매이다. 충동구매에서 강력한 긍정적 감정이 먼저 생기고 뒤따라서 구매행위가 생긴다.

ⓔ 행동영향위계

행동영향위계는 강력한 상황 또는 환경적 힘이 소비자로 하여금 **제품에 관하여 감정 없이도 제품을 구매하게 할 수 있다고 제안한다.** 예를 들어, 마트에 가서 사람들이 세일하는 상품을 보고 구매하는 모습을 보고 감정 없이 구매하는 행동은 행동영향위계에 근거한 것이다.

(4) 태도모형

① 균형이론

　ⓐ 개념

사람들은 일상생활 속에서 균형/일관성을 유지하려는 경향이 강하다. 균형과 일관성을 유지하려는 과정에서 태도가 형성되고 변화한다. 이러한 가정을 하는 이론이 균형이론이다.

균형이론은 하이더(Heider, 1958)에 의해 제안된 이론으로, 사람들이 태도와 타인과의 관계 사이에서 균형을 유지하려는 동기가 있다고 가정하였으며, 관찰자(O), 타인(P), 특정의 태도 대상(X) 사이의 인지적인 관계를 다룬다. 소비자 맥락에서 봤을 때 O는 소비자, P는 광고모델, X는 상표라고 볼 수 있다.

　ⓑ 균형이론의 인지요소

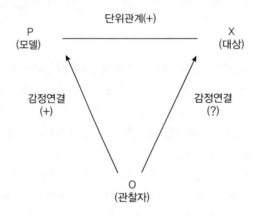

▲ 균형이론에서 인지요소들 간의 인지체계

- 세 개의 인지요소들 간에 '단위관계'와 '감정연결(태도)'이라고 하는 연결이 요소들 간 결합을 시켜준다. 균형이론에서는 긍정적인 감정은 +로, 부정적인 감정은 −로 표현한다.
- 단위관계는 O가 P와 X가 서로 연결된다고 지각할 때 발생한다. P와 X 간의 관계도 긍정적일 수도 있고 부정적일 수도 있다.
- 소비자 맥락에서 단위관계를 형성할 수 있는 다양한 방법이 있다. 가장 널리 사용되는 방법으로 첫째는 광고제품에 대하여 잘 알려진 전문가를 선정하는 것, 둘째는 모델과 장기간 독점계약을 하는 것, 셋째는 모델이 광고제품을 대중 앞에서 일관되게 사용하는 것이다.
- 균형이론은 인지체계를 균형/불균형 상태로 구분한다. 균형상태는 O−P, P−X, O−X 간의 부호 (+/−)의 교적이 +를 이루는 상태이며, 교적이 −이면 불균형 상태이다.

• 불균형 상태는 균형 상태로 변화하고자 하는데 변화가 일어나는 방법은 3가지이다. O-P, P-X, O-X 중 하나에 변화를 일으키는 것이고, 최소한의 노력으로 균형이 회복되도록 변화가 일어난다.

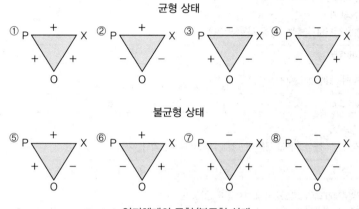

▲ 인지체계의 균형/불균형 상태

② 다속성모형

다속성 태도모형은 선별된 제품 속성이나 신념에 의해 태도를 알아낸다. 특히 사회심리학자 피쉬바인 (Fishbein)이 제안한 모형이 가장 대표적이다.

㉠ 대상태도모형(Attitude-Toward-Object Model)

• 대상태도모형은 제품이나 특정 상표가 갖고 있는 속성에 대한 개인의 신념과 속성에 대한 개인 평가의 함수로 태도가 나타남을 보여주는 모형이다.

• 소비자는 긍정적인 속성들의 적절한 수준을 갖고 있다고 평가한 상표에 대해서는 호의적인 태도를 가지지만, 바람직한 속성들이 부적절한 수준을 갖고 있거나 부정적인 속성들이 있다고 느낀 상표에 대해서는 비호의적인 태도를 갖는다.

$$A_O = \sum_{i=1}^{n} b_i e_i$$

• A_O = 특정한 대상에 대한 태도
• b_i = 태도 대상이 속성 i를 갖고 있다는 신념의 강도
• e_i = 속성 i에 대한 평가
• n = 소비자가 대상에 대해 고려하는 속성 신념의 수

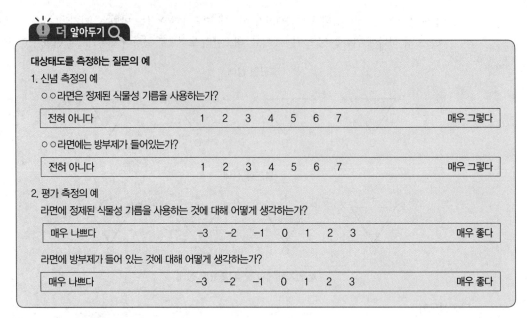

더 알아두기

대상태도를 측정하는 질문의 예

1. 신념 측정의 예

○○라면은 정제된 식물성 기름을 사용하는가?

전혀 아니다	1 2 3 4 5 6 7	매우 그렇다

○○라면에는 방부제가 들어있는가?

전혀 아니다	1 2 3 4 5 6 7	매우 그렇다

2. 평가 측정의 예

라면에 정제된 식물성 기름을 사용하는 것에 대해 어떻게 생각하는가?

매우 나쁘다	-3 -2 -1 0 1 2 3	매우 좋다

라면에 방부제가 들어 있는 것에 대해 어떻게 생각하는가?

매우 나쁘다	-3 -2 -1 0 1 2 3	매우 좋다

ⓛ 행동태도모형(Attitude-Toward-Behavior Model)

행동태도모형은 대상과 관련 있는 행위에 대한 개인의 태도를 나타내며, 대상태도모형보다는 실제 행동에 더 밀접히 관련된다. 예를 들어, 고가의 자동차를 구매하려는 행위에 관한 태도(행동태도)를 아는 것이 고가의 자동차를 구매하는 것 자체에 대한 태도(대상태도)를 아는 것보다 구매행위에 대한 예측을 더 잘 할 수 있다.

$$A_{beh} = \sum_{i=1}^{n} b_i e_i$$

- A_{beh} = 특정한 행위를 수행하는 것에 대한 전반적인 태도
- b_i = 특정한 행위가 성과 i를 산출할 것이라는 신념의 강도
- e_i = 성과 i에 대한 평가
- n = 현저한 성과의 수

ⓒ 합리적 행위모형(Theory of Reasoned Action)

- 합리적 행위모형은 행동의도모형으로도 불리는데, 대상태도모형과 행동태도모형이 행동을 잘 예견하지 못하는 것을 보완한 것으로, 행동을 더 잘 설명하고 예견하기 위해 설계된 구조에 태도 요소를 포괄적으로 통합하였다. 즉, 행동태도모형에 개인의 주관적 규범과 행동의도를 결합한 태도모형이다.

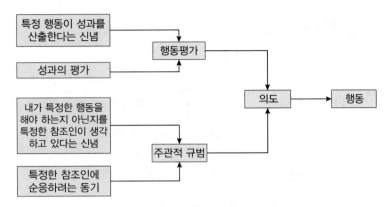

▲ 합리적 행위모형의 단순화 패턴

- 의도 : 행동에 대한 최상의 예견원이다. 소비자 연구자가 행동 예견에만 관심이 있다면, 구매의 도 척도를 사용하여 의도를 직접적으로 측정할 수 있다. 반면, 구매의도에 기여하는 요인들을 이 해하는 데 관심이 있다면, 의도를 야기하는 여러 요인들(예 행동태도, 주관적 규범) 등을 살펴볼 것이다.
- 행동태도 : 구매에 대한 전반적인 호의도 측정을 통해 감정으로도 알 수 있다.
- 주관적 규범 : 소비자가 수행하려고 고려 중인 특정 행위에 대해 관련된 타인(가족, 친구, 동료 등)이 어떻게 생각할 것인지에 관한 소비자의 감정을 평가함으로써 직접적으로 측정될 수 있다. 즉, 관련 타인들이 예견된 특정 행위를 호의적으로 보는지 아니면 비호의적으로 보는지를 측정 하면 된다.
- 타인에게 귀인하는 규범적 신념 : 규범적 신념이란 특정한 참조인물이 내가 특정한 행동을 해야 하는지 아닌지에 관한 신념을 의미하는 것으로, 타인에게 귀인하는 규범적 신념은 주관적 규범 의 근거가 된다.
- 개인의 동기 평가 : 타인의 반응에 순응하려는 동기를 의미한다.

ⓔ 계획된 행위모형(Theory of Planned Action)
- 계획된 행위모형은 합리적 행위모형에 행동통제력이 지각된 행동통제를 결합한 태도모형으로, 불완전한 통제 하에 있는 행동을 예견할 때, 행동의 통제 관련 요소가 고려되어야 한다는 것이 제안되었다.
- 행동이 일어나기 위해서는 그 행동을 수행하려는 개인의 동기와 성공적인 수행을 위한 능력에 관한 고려가 필요하다는 것이다.

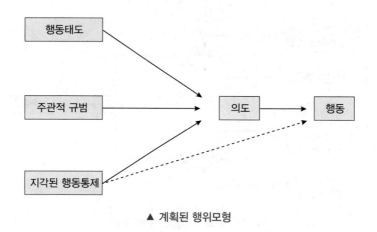

▲ 계획된 행위모형

- 합리적 행위 모형에 새로 첨가된 행동통제(Perceived Behavioral Control)는 행동수행의 용이성 또는 난이도에 관한 개인의 지각을 의미한다. 지각된 통제는 행동의도를 결정하며 아울러 행동에도 직접적으로 영향을 미칠 수 있다.
- 지각된 행동통제는 사람이 어떤 행위를 수행하길 원할 때 그 행위를 할 수 있다고 자신이 지각하는 능력으로 측정하는데, 두 가지 요소가 포함된다. 한 가지 요소는 행동통제에 대한 신념이고, 또 하나는 행동수행에 대한 특정 통제요인의 지각된 강도이다.
- 행동통제에 대한 신념 : 소비자가 행동으로 옮길 수 있다는 신념으로, 예를 들어, BMW 자동차를 구매하고자 하는 소비자에게는 그 자동차를 실제로 구매할 수 있다는 신념(행동통제 신념)이 있어야 구매행동이 나타날 수 있다.
- 행동수행에 대한 특정 통제요인의 지각된 강도 : 행동을 제약하는 상황적 요인으로, 행동의도와 행동 간의 연결에는 상황적 제약(행동수행에 대한 특정 통제요인)이 고려되어야 한다. 예를 들어, BMW 자동차를 구매할 수 있다는 신념이 있더라도, 소비자의 재정상태가 좋지 않다면, 구매는 이루어지지 않을 것이다.

❷ 설득에 의한 태도변화

설득이란 출처가 전달내용을 수신자에게 보내어 소기의 목적을 달성하려는 의사소통 행위로 수신자의 신념, 태도, 행동에 영향을 미치려는 명백한 시도이다. 설득과정은 일반적으로 출처, 수신자, 메시지 세 요인을 포함하며 이 요소로 인하여 소비자 태도에 변화가 나타나는 것이다. 태도변화와 관련된 이론들을 몇 가지 살펴보고자 한다.

(1) 정교화 가능성 모형

① 개념

정교화 가능성 모형은 소비자가 정보를 처리하는 당시의 관여도에 따라 소비자가 기울이는 정교화 노력의 정도에 의해 결정되며 소비자의 태도는 최소 두 개(중심경로와 주변경로)를 통한 정보처리 결과로 형성된다.

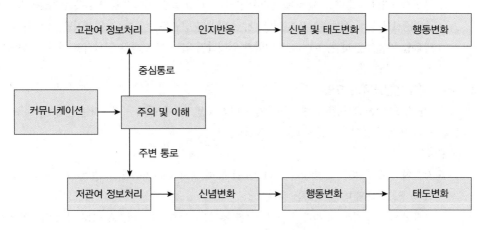

▲ 정교화 가능성 모형

② 처리경로에 따른 태도변화

㉠ 중심경로를 통한 태도변화

- 신념과 태도의 변화가 중심경로를 통해 이루어질 때, **소비자는 메시지(전달내용)에 주의를 기울인다.** 소비자는 메시지를 더욱 심사숙고하며 자신의 태도와 비교한다.

- 만일 소비자가 메시지를 처리할 수 있다면, 그들은 메시지와 관련된 많은 인지반응을 신출할 것이다. 인지반응이란 소비자가 메시지를 처리한 결과로 생기는 호의적이거나 비호의적인 생각을 말한다. 이러한 인지반응이 메시지를 지지하거나 지지하지 않는 정도에 부분적으로 의존하여 소비자는 신념을 변화시킬 수 있다. 만일 신념이 변화되면 그 다음으로 태도가 변화될 수 있다.

- 신념과 태도가 중심경로처리에 의해 변화될 때, 그 변화된 태도는 비교적 오래 지속되고, 행동을 예측할 수 있게 해주며, 새로운 설득에 대응하는 저항력을 지닌다.

- 설득이 중심경로를 통해 일어날 때, 소비자는 메시지를 평가하기 위해 중심단서를 사용한다. 중심단서란 메시지의 주장의 질과 직접적으로 관련되는 지지 자료 및 아이디어를 말한다.

ⓛ 주변경로를 통한 태도변화
- 태도변화가 주변경로를 통해 이루어질 때, **소비자는 메시지의 논지를 주의 깊게 고려하지 않기 때문에 인지반응이 일어날 가능성은 현저하게 낮아진다.**
- 대신에 소비자는 메시지를 수용할지 아니면 기각할지 결정하기 위해 주변단서를 사용한다. 주변단서는 메시지 출처의 매력과 전문성, 메시지 주장의 수, 메시지가 제시되는 맥락에 영향을 주는 긍정적이거나 부정적인 자극(예 즐거운 음악) 그리고 그림 이미지 등과 같은 요인들을 말한다.
- 주변경로를 통해 정보처리가 일어날 때, 소비자의 신념은 변화할 수 있겠지만, 소비자의 태도가 변화할 가능성은 낮다. 비록 태도변화가 일어날지라도, 그 변화는 일시적일 것이고 행동을 예측해 주지 못할 것이다.

③ 처리 경로에 영향을 주는 요인
소비자가 정보를 중심경로를 통해 처리할지 아니면 주변경로를 통해 처리할지는 관여, 인지욕구, 처리능력, 메시지 논지 등의 요인들에 의해 결정된다.
ⓛ 관여
- 저관여 상황의 경우, 소비자는 주변경로를 통해 정보를 처리하며, 주변단서는 중심단서보다 신념과 행동변화에 더 큰 영향을 준다.
- 고관여 상황의 경우, 소비자는 중심경로를 통해 정보를 처리하며, 중심단서가 소비자의 신념, 태도, 행동에 더 큰 영향을 준다.
ⓛ 인지욕구
- 인지욕구가 높은 소비자는 제품과 직접적으로 관련된 정보(예 기능속성)가 많은 광고에 더 반응적이지만, 광고의 주변적인 면(예 모델)에는 덜 반응한다고 지적하고 있다.
- 인지욕구가 낮은 소비자는 광고의 주변적이거나 배경적인 면(예 매력적인 모델 또는 유명인)에 더 주의를 하는 경향이 있다.
- 인지욕구가 높은 소비자는 중심경로를 통해 중심단서를 처리할 것이지만, 인지욕구가 낮은 소비자는 주변경로를 통해 주변단서를 처리할 것이다.
ⓒ 처리능력
- 소비자가 아무리 메시지를 처리하려는 동기가 높더라도, 소비자가 메시지를 처리할 능력이 없으면 중심경로 처리가 아니라 주변경로 처리를 할 수밖에 없다. 즉, 소비자의 능력이 어떤 경로를 통해 정보를 처리할지 결정하는 변수로 작용한다.
- 제품의 복잡한 속성을 담고 있는 메시지를 이해할 수 있는 능력이 있고, 제품정보와 관련된 메시지 주장이나 논지의 취약점을 평가할 수 있는 능력이 있어야 중심경로 처리가 가능하다.
ⓐ 메시지 논지
- 메시지의 논지 또는 주장이 논리적이고 탄탄하며 강력하게 구성되어 있다면, 소비자는 중심경로 처리를 한다.
- 그러나 메시지의 주장이 비논리적이고 부실하다면, 소비자는 주변경로 처리를 한다.

(2) 다속성 모형

태도형성을 위한 다속성 모형에 근거가 되는 개념들이 소비자의 신념, 태도, 행동을 바꾸기 위해 적용될 수 있다.

① 대상태도모형

㉠ 태도형성의 세 가지 요인
- 첫째, 소비자가 대상을 평가하기 위해 사용하는 현저한 속성이다.
- 둘째, 특정한 속성에 대한 소비자의 평가(예 좋다 vs 나쁘다)이다.
- 셋째, 특정 대상이 특정 속성을 지니고 있으리라는 소비자의 신념 등이다.

㉡ 소비자의 태도를 변화시키기 위한 세 가지 기본 전략
- 제품 속성에 대한 소비자의 평가를 바꾸려는 시도이다. 예를 들어, ○○자동차의 타임벨트는 다른 브랜드 자동차와 달리 금속체인으로 되어 있는데, 소비자가 이 점에 대해 부정적인 평가를 하고 있다면 금속체인에 대한 장점을 강조함으로써 긍정적인 평가로 바꾸도록 하는 것이다.
- 새로운 속성을 추가하는 것으로, 이는 소비자가 생각하지 못했지만 그들의 태도에 영향을 줄 수 있는 속성을 소개하는 것이다. 예를 들어, ○○자동차의 타임벨트가 금속체인으로 되어 있다는 것을 모르는 소비자에게 이 점을 부각시키는 것이다.
- 제품 속성에 대한 소비자의 신념을 변화시키는 것이다. 예를 들어, 라면에 방부제가 들어있다는 소비자의 잘못된 신념을 광고에서 생산과정이나 성분분석 결과를 보여줌으로써 바꿀 수 있다.

② 합리적 행위 모형

합리적 행위 모형은 행동태도모형에 주관적 규범 및 행동의도를 첨가한 모형이다. 이 모형은 태도변화를 위한 두 가지 전략을 제안하였다.

㉠ 행동결과에 대한 소비자의 지각에 영향을 주는 것이다. 예를 들어, 금연을 위한 공익광고에서 흡연의 처참한 결과를 생생하게 보여줌으로써 담배에 대한 소비자의 생각을 바꾸는 것이다.

㉡ 주관적 규범에 관한 것으로 소비자의 행동의도에 미치는 타인의 영향력을 중요시하는 것이다. 예를 들어, 금연광고에서 흡연자로 인해 괴로워하는 가족을 보여주는 경우이다.

③ 행동에 따른 태도변화

사람은 자신의 행동과 태도 간 일관성을 유지하려는 동기를 가지고 있다. 따라서 자신의 행동에 맞게 태도를 변화시킨다.

(1) 저항과 부조화

소비자가 상표를 선택해야 할 때, 구매에 관해 불안감을 느낄 수 있고, 구매결정에 있어서 갈등을 경험하며, 구매 후에는 올바른 선택을 했는지 의심한다. 구매 전후로 소비자가 느끼는 이러한 부정적인 감정은 저항과 부조화라는 심리과정으로 인해 생기는 것이다.

① **구매결정 전 저항**

  ○ 개념

    • 두 가지 선택대안이 모두 긍정적 특성을 가지고 있는 경우, **소비자가 포기한 선택대안에 관한 소비자의 감정이 더욱더 긍정적으로 나타나는 현상을 말한다.**

    • 소비자가 두 개 이상의 상표들 간에 선택을 해야만 할 때, 소비자는 어떤 것을 포기해야만 하고, 이는 소비자의 행동자유를 위협하는 것이기에 심리적 저항을 유발하는 것이다. 특히 선택이 소비자에게 중요하고 높은 재정적 및 사회적 위험을 내포하고 있다면 더 큰 저항을 유발할 수 있다.

② **구매 후 인지부조화**

  ○ 개념

    • **소비자가 자신이 구매한 상표를 좋아하지 않았다는 것과 자신이 그 상표를 구매했다는 것, 두 가지 요소들이 갈등을 일으켜서 만들어 낸 불쾌한 감정상태를 말한다.**

    • 즉, 소비자가 자신이 구매한 상표를 좋아하지 않았다는 것과 자신이 그 상표를 구매했다는 것의 인지요소들 간의 비일관성으로 인해 불쾌한 감정이 만들어져 부조화 상태가 생성된다.

  ○ 인지부조화를 줄이기 위한 행동

    • 제품을 반환하거나 불평을 함으로써 자기개념과 제품 간의 연결을 끊는다.

    • 구매와 관련된 자료들을 탐색하여 제품에 대한 새로운 정보를 수집한다.

    • 선택한 제품을 긍정적으로 재평가하고 선택하지 않은 제품을 부정적으로 재평가한다.

  ○ 인지부조화에 영향을 주는 요인

    • 두 개 이상의 선택대안이 전반적인 선호도에서 유사하게 평가되어야 한다.

    • 두 개 이상의 선택대안이 비록 유사하게 평가되더라도, 특정한 속성에서 차이가 있는 것으로 지각되어야 한다.

    • 소비자는 자유롭게 선택을 해야 한다.

    • 소비자가 구매결정에 개입해야 한다.

    • 소비자가 구매에 높게 관여해야 한다.

    • 소비자의 경향성에 따라 부조화의 경험에서 차이가 생긴다.

  ○ 구매 전후의 저항과 부조화의 효과

    • 구매결정 전 저항이 대안들에 대한 선호를 한 데로 모이게 할 수 있다.

    • 구매 직후, 선택하지 않은 대안이 선호되는 구매자의 부조화가 나타날 수 있다.

    • 구매 후 시간이 경과하면, 부조화를 감소시키기 위해 구매한 제품에 대한 구매자의 선호가 증가하고, 구매하지 않은 제품에 대한 선호가 감소한다.

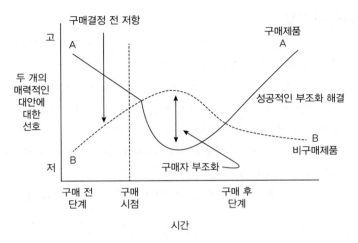

▲ 구매 전후의 저항과 부조화의 효과

ⓜ 저항과 부조화의 마케팅에의 적용

소비자가 상표선택에 어려움을 가질 때마다, 소비자는 부조화를 경험할 것이다. 판매원은 이를 의식하고 저항과 부조화의 부정적 영향을 최소화하기 위한 조치를 취해야 한다. 예를 들어, 구매제품의 뛰어난 속성을 강조한다거나, 소비자의 구매결정을 지지하는 정보를 제공하는 등의 방법이 있다.

(2) 비위맞추기 전략

비위맞추기(ingratiation) 전략이란 개인이 자기 자신을 타인에게 더 좋게 보이도록 하기 위해 수행하는 자기 서비스 전략으로, 타인에 대한 통제력을 획득하기 위한 조작적이고 계산적인 방법이다.

기법	내용
소비자와 유사하게 보이기	사람들은 자신과 유사한 사람을 좋아하기 때문에 노련한 아첨꾼은 타인의 태도, 의견, 관심을 재빨리 파악하여 자신의 태도, 의견, 관심을 타인에게 맞추려고 한다.
소비자의 욕구에 동조하기	사람들은 자신의 욕구나 소망에 동조해 주고 인정해 주는 사람을 좋아하기 때문에 타인에게 이러한 방법으로 보상을 줌으로써 아첨꾼은 상대방에게 있어서 자신의 중요성을 증가시킨다.
칭찬 또는 선물주기	아첨꾼은 상대방에게 칭찬을 하거나 선물을 줌으로써 상대방에 대한 통제력을 가질 수 있다.
좋아함을 표현하기	사람들은 자신을 좋아하는 사람을 좋아한다. 사람들은 진심 어린 애정을 갖고 자신을 설득하려는 사람을 볼 때, 그 사람이 날 정말로 좋아하는 것으로 생각하여 그 사람을 좋아하게 된다.
충고 구하기	아첨꾼은 상대방에게 충고를 구함으로써 상대방이 존경받고 있다고 느끼게 만든다.
상대방의 이름 기억하기	누군가가 자신의 이름을 기억해 준다는 것은 기분 좋게 만든다. 따라서 아첨꾼이 이러한 방법을 통해 타인이 자신의 요청을 들어주게 만든다.

▲ 비위맞추기 기법

(3) '문 안에 발 들여놓기' 기법

① '문 안에 발 들여놓기' 기법(the foot-in-the-door technique)은 처음에 작은 요구를 수락하게 되면 어느 정도 시간이 경과한 후 두 번째 좀 더 큰 요구를 거부하지 못하고 수락하게 만드는 설득기법이다.

② 여기에서 중요한 것은 첫 번째 요구와 두 번째 요구 사이에 시간 간격이 있다는 것이다. 이 기간에 사람들은 자신이 왜 이러한 행동을 했는지에 관해 생각을 한다. 이는 시간 간격 사이에 첫 번째 요구를 수락한 것의 행동에 대한 자신의 인상을 형성하게 된다. 즉, 이 기법은 자기지각 기제에 근거해 작동한다.

③ 상대방이 요구를 수락하였을 때 상대방에게 자기 이미지를 분명히 확인시켜주는 것이 효과적이고, 사소한 요구의 경우에는 덜 나타나게 된다.

④ 처음에 수락한 것이 강요, 권유 등 상황적 원인이 아닌, 자발적으로 이루어졌다는 인식을 했을 때 나타난다.

(4) '머리부터 들여놓기' 기법

① '머리부터 들여놓기' 기법(the door-in-the-face technique)은 처음의 매우 큰 요구를 거절한 직후 두 번째의 작은 요구는 거절하지 못하고 수락하게 만드는 설득 기법이다.

② 여기에서 중요한 것은 첫 번째 요구는 매우 커야 한다는 것이다. 즉, 당연히 요구를 거절할 정도로 커야 한다. 두 번째 요구가 실질적으로 원하는 것이며, 첫 번째 요구와 비교해 볼 때, 분명히 이성적으로 작아 보여야 한다.

③ 두 번째 요구는 첫 번째 요구가 거절당한 직후 제시되어야 한다.

④ 상호성 규범은 만일 누군가가 당신을 위해 무엇을 한다면, 당신은 그 대가로 무언가를 해 줘야만 하는 것을 말하는 것으로, 이 기법의 논리적 기제라고 할 수 있다.

(5) '10원만이라도' 기법

① '10원만이라도' 기법(the even-a-penny-will-help technique)은 요청의 마지막 부분에 아주 적은 금액이나 시간도 소중하다는 어구를 추가하는 설득기법이다.

② 예를 들어, 돈을 기부하는 자선행사에서 주로 사용되는데, 불우이웃을 돕고자 모금활동을 할 때 "10원도 괜찮습니다."라는 메시지를 들었을 때 10원 이상을 낼 것이다. 사람들은 자선상황에서 규범적으로 적절한 무엇이든지 제공하려고 하기 때문이다.

4 설득 커뮤니케이션 모델

커뮤니케이션이란 설득자가 사람들이 바람직한 방향(예 투표, 구매, 기부, 매장방문 등)으로 움직이도록 설득하기 위해 사용하는 도구이다. 커뮤니케이션은 다양한 형태를 취하는데, 언어적일 수도 있고, 시각적일 수도 있고, 후각과 촉각을 통해서도 이루어질 수 있다. 이러한 커뮤니케이션을 효율적으로 하기 위하여 영향을 주는 다양한 요인들에 대해 살펴보자.

(1) 커뮤니케이션 모델

① 공식적인 과정

　㉠ 출처가 설득 메시지를 매체를 통해 전달하고, 이 메시지를 1차 수신자가 받아들이며, 1차 수신자는 이 메시지에 대한 피드백을 출처에게 제공한다.

　㉡ 출처(예 기업)가 설득 메시지(예 광고)를 TV, 라디오, 신문, 잡지, 인터넷 등의 대중매체를 통해 내보내고, 소비자가 이 메시지를 수용한 다음, 메시지 처리 결과에 대한 피드백을 출처에게 제공하는 것이다.

　㉢ 공식적인 과정에서는 출처가 메시지와 매체를 통제할 수 있으며, 이를 통해 수신자에게 영향을 미칠 수 있다.

　㉣ 소비자는 일반적으로 공식적인 과정에서의 메시지를 신뢰하지 않는 경향이 있다.

② 비공식적인 과정

　㉠ 출처의 설득 메시지를 수용한 1차 수신자는 대중매체와는 성격이 다른 매체를 통하여 1차 수신자의 주관적 경험과 견해로 각색된 메시지를 2차 수신자에게 전달하며, 2차 수신자는 이 메시지를 수용하고 처리한 결과에 대한 피드백을 출처에게 제공한다.

　㉡ 비공식적인 과정에서는 출처가 매체와 메시지를 직접적으로 통제하기 어렵기 때문에 2차 수신자에게 영향을 미치기 힘들다.

　㉢ 비공식적인 과정에서는 긍정적인 내용뿐만 아니라 부정적인 내용도 포함되어 있는데, 이러한 부정적인 메시지는 소비자에게 큰 영향을 미치게 된다.

　㉣ 소비자는 일반적으로 비공식적인 과정에서의 메시지(예 구전)를 신뢰하는 경향이 있다.

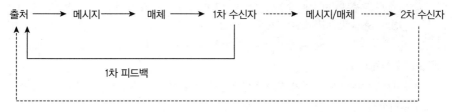

▲ 커뮤니케이션 모델

5 출처와 메시지 특성

(1) 출처

출처는 커뮤니케이션의 개시자로, 메시지를 전달하는 개인 또는 대상이다. 설득에 영향을 줄 수 있는 출처의 주요 특성에는 신뢰성, 신체매력, 호감 등이 있다.

① 출처의 신뢰성

출처의 신뢰성은 출처가 전문적 지식을 가지고 있으면서 진실하다고 수신자가 지각하는 정도를 의미한다. 출처의 전문성과 진실성이 증가할수록, 수신자는 출처가 신뢰할 만하다고 지각할 가능성이 더 커진다.

㉠ 출처의 전문성
  • 출처의 전문성은 출처가 전달하려는 주제에 관해 갖고 있는 지식의 정도를 말한다.
  • 예를 들어, 칫솔광고에서 칫솔의 특성을 치과의사가 설명하는 경우가 일반 유명인이 설명하는 경우보다 더 신뢰되는 경우가 있다.

㉡ 출처의 진실성
  • 출처의 진실성은 출처가 편파적이지 않고 정직하게 정보를 제공한다고 수신자가 지각하는 정도를 말한다.
  • 출처의 전문성과 진실성은 상호 관련되어 있다. 즉, 출처가 전문성이 낮다고 지각되더라도 진실하다고 느껴지면 그 출처는 수신자에게 영향을 줄 수 있고, 반대로 전문성이 높은 출처라도 진실성이 의심되면 설득효과는 떨어지게 된다.
  • 출처행동의 원인을 밝히려는 귀인은 진실성에 영향을 준다. 예를 들어, 돈 때문에 설득 메시지를 전달하는 것으로 인지하게 되면, 그 출처의 진실성은 실질적으로 낮아진다.

> **💡 더 알아두기 🔍**
>
> **신뢰성이 높은 출처가 소비자에게 미치는 영향**
> • 신뢰성이 높은 출처는 소비자에게서 더욱 긍정적인 태도변화를 일으킨다.
> • 신뢰성이 높은 출처는 소비자에게서 행동변화를 더 많이 일으킨다.
> • 신뢰성이 높은 출처는 신체적이거나 사회적인 위협을 포함한 공포소구를 사용하려는 광고인의 능력을 증가시킨다.
> • 신뢰성이 높은 출처는 메시지에 대한 반박을 억제한다.

② 출처의 신체매력

신체적으로 매력적인 출처가 그렇지 않은 출처보다 신념을 변화시키는 데 더 성공적이다.

㉠ 조화가설
  제품의 두드러진 특성이 출처의 두드러진 특성과 일치해야 한다는 것을 말한다. 향수는 이성을 유혹하기 위해 사용되기에, 신체적으로 매력적인 모델이 향수광고에는 적합하다. 그러나 커피는 일반적으로 사람들을 각성시키는 특성을 갖고 있으므로, 커피를 광고할 때 신체적인 매력을 가진 모델은 커피와 연합하지 않을 수 있다.

ⓒ 성적 소구

- 성적 광고는 소비자의 주의를 끌며, 광고회상을 증가시키고, 소비자의 광고태도를 개선한다.
- 그러나 지나치게 성적으로 노골적인 광고는 역효과를 가져올 수 있다.
- 성적 소구에 적절한 제품이 있다.
- 성적 소구는 광고에 대한 주의를 유도하고 관찰자의 흥분수준을 증가시킨다.
- 성적 소구는 주의분산으로 인해 상표와 광고 메시지에 대한 소비자의 인지과정을 약화시킨다.
- 성적 암시 누드모델은 이성에게 더 잘 소구된다.

③ 출처호감

㉠ 출처호감은 소비자가 정보출처에 대해 갖는 긍정적이거나 부정적인 감정을 말한다.

㉡ 출처를 관찰하는 청중의 욕구를 출처가 충족시켜 준다고 인식되는 정도, 출처가 청중을 유쾌하게 만드는 정도, 출처가 청중의 신념과 유사한 신념을 가지고 있거나 유사하게 행동하는 정도는 출처 호감에 영향을 줄 수 있다.

④ 수면자 효과

㉠ 수면자 효과란 신뢰성이 낮은 출처도 시간이 지나면 설득효과를 갖는 현상을 말한다.

㉡ 소비자는 메시지 자체를 잊기보다 메시지 출처를 더 빨리 잊는다. 그러나 메시지 출처를 다시 부각시키면 수면자 효과는 나타나지 않는다.

㉢ 수면자 효과의 원인은 시간경과에 따른 분리로 볼 수 있다. 즉, 소비자는 메시지와 메시지 출처를 분리하여 메시지 내용만을 기억에 남겨 둔다는 것이다.

㉣ 수면자 효과는 메시지 자체의 처리가 중요함을 시사한다. 신뢰성이 높은 출처의 경우, 일시적으로 메시지의 영향력을 높일 수는 있지만, 메시지가 처리되지 않으면 신뢰성이 높은 출처의 설득력은 지속되지 못한다. 반면에 메시지가 처리되면 그 설득력은 지속성을 가질 수 있다.

㉤ 신뢰성이 낮은 출처라서 메시지를 들었을 때 거부하였더라도 메시지가 체계적으로 처리되면 수면자 효과는 나타날 수 있다.

(2) 메시지 특성

메시지의 내용과 구성은 수신자에게 영향을 준다. 메시지 내용은 청중에게 아이디어를 전달하기 위해 사용되는 전략으로, 감정소구를 사용할 것인지 이성소구를 사용할 것인지 결정하는 것이다. 메시지 구성은 메시지의 물리적 구조를 말하는 것으로, 정보를 어느 위치에 제시할 것인지 또는 정보를 얼마나 반복할 것인지 등을 결정하는 것이다.

① 메시지 내용

㉠ 메시지 틀

- 메시지 틀이란 메시지의 긍정적 또는 부정적 구성형식을 의미한다. 즉, 메시지의 이득 또는 손실의 틀로 위치할 수 있다.
- 이득의 틀 메시지는 어떤 대안을 채택할 경우 얻게 되는 편익이나 긍정적인 결과를 강조하고, 손실의 틀 메시지는 대안을 채택하지 않을 경우 얻게 되는 부정적인 결과나 놓치는 편익을 강조한다.

   ⓒ 수사학적 표현
- 수사학적 표현은 운, 곁말, 과장, 은유, 풍자, 인상적인 구 등을 포함하는 것으로 광고물, 포장, 홍보 등과 관련된 모든 마케팅 메시지와 관련이 있다.
- 광고에서는 주로 역설과 은유가 사용된다. 역설은 반박적인, 잘못된, 또는 불가능한 것으로 보이지만, 어느 면에서는 사실인 진술을 말한다.
- 은유는 부수적인 의미를 제공하려는 목적을 위해 하나의 대상을 또 다른 것으로 대체한다. 예를 들면, 일회용 반창고 광고 중 "당신 아이의 새로운 보디가드에게 안부를 전하세요."라는 광고카피에서, 보디가드는 일회용 반창고에 대한 은유이고, 부수적인 의미는 상처에 대한 강력한 보호를 말한다.

   ⓒ 메시지 복잡성
- 메시지의 복잡성은 메시지에 너무 많은 정보가 있을 때 나타나는 것으로, 메시지가 너무 복잡하면 수신자는 그 메시지를 이해할 수 없고, 설득되지 않는다.
- 메시지는 가급적 단순·명료하게 전달해야 효과적이다.

   ⓔ 결론 제시하기
- 결론 제시하기는 전달자가 청중에게 결론을 제시하느냐, 안 하느냐이다.
- 이 문제는 메시지의 복잡성과 청중의 관여에 의존한다. 만약 메시지가 비교적 복잡하거나 청중이 메시지 주제에 관여되지 않는다면, 결론을 제시하는 것이 좋다.
- 청중의 관여가 높으며, 메시지 내용이 강력하고 메시지가 복잡하지 않다면, 메시지에서 결론을 생략하여 청중이 그 결론을 추론하게 하는 것이 좋다.

   ⓜ 비교 메시지
- 비교 메시지는 전달자가 자신의 장단점을 경쟁자의 장단점과 비교하는 메시지이다.
- 이 접근방법은 경쟁사 제품에 비해 자사 제품의 우월성을 주장하기 위해 사용된다.
- 비교광고는 시장점유율이 낮다거나 새로운 상표가 선두 상표와의 지각된 차이를 줄이는 데 있어서 효과적일 수 있다.
- 시장점유율이 중간수준인 상표는 유사한 수준의 다른 상표와 비교해야 할 때 간접비교광고를 사용해야 한다.
- 상표 간의 차별화를 위해서는 중요한 속성들에서 비교가 이루어져야 한다.
- 일반적으로 선두 상표는 비교광고를 피하는 것이 좋다.
- 비교광고의 효과는 소비자의 광고처리 유형과 인지욕구에 따라 달라진다.

   ⓗ 일방메시지 대 양방메시지
- 일방메시지는 장점만 제공하는 메시지이고, 양방메시지는 장점과 단점을 모두 제공하는 메시지이다.
- 양방메시지는 소비자에게 공정한 것으로 보일 수 있고, 메시지와 출처에 대해 반박할 가능성을 낮출 수 있다. 특히 청중이 비우호적일 때, 반대주장이 있음을 알 때, 경쟁사가 반박할 가능성이 있을 때 효과적이다.

- 양방메시지는 면역효과에 근거한다. 면역효과란 경쟁사의 공격이 있기 전에 미리 자사의 사소한 단점을 소비자에게 제시하여 경쟁사의 공격에 대한 저항력을 높이려는 기법을 말한다.
- 일방메시지는 청중이 우호적일 때, 청중이 경쟁자의 반박주장을 들으려 하지 않을 때, 청중이 특정한 논점에 관여하지 않을 때, 또는 청중의 교육수준이 높지 않을 때 효과적일 수 있다.

Ⓐ 공포소구

- 공포소구는 소비자가 특정한 제품을 사용하지 않거나 어떤 행동을 변화시키지 않으면 불행한 상황에 놓일 것임을 지적하는 메시지이다.
- 공포소구는 특정한 행동을 하지 않음으로써 발생하는 부정적인 결과를 메시지 속에 제시하여 공포를 야기한다.
- 긍정적 소구는 권고안을 채택할 경우 얻게 될 물리적, 심리적 혜택이나 긍정적 결과를 강조하는 형식이다.
- 부정적 소구는 권고안을 채택하지 않을 경우 입게 될 물리적, 심리적 손실 및 부정적 결과를 강조하는 것이다.

> **더 알아두기** 🔍
>
> **효과적인 공포소구 조건**
> - 공포를 일으키는 문제에 대처하고 해결하기 위한 구체적인 방법을 제공하라.
> - 방법을 따르면 문제가 해결될 것이라는 지침을 제공하라.
> - 이미 상당한 위협을 느꼈거나 위협에 노출된 청중에게는 높은 수준의 공포를 피하라.
> - 자존감이 낮은 청중에게는 높은 수준의 공포 메시지를 피하라.
> - 공포의 유형과 소비자의 개인차를 고려하라.

Ⓞ 유머소구

- 유머는 기대와의 불일치 또는 기대로부터의 일탈에 의해 생긴다. 광고에서의 유머는 긍정적인 효과뿐만 아니라 부정적인 효과도 가질 수 있다.
- 유머의 긍정적인 효과로 첫째, 소비자의 기분을 좋게 하여 설득 메시지에 대한 반박주장을 떠올리지 못하게 할 수 있다. 둘째, 유머는 소비자의 주의를 유도하여 광고에 대한 회상과 이해를 높인다. 셋째, 유머는 소비자의 광고에 대한 호감을 증가시킨다.
- 유머의 부정적인 효과로 첫째, 메시지에 대한 주의를 분산시킴으로써 이해도를 낮춘다. 둘째, 처음에는 재미있지만 반복되면 싫증이 난다. 즉, 유머는 생명이 짧다. 셋째, 청중에 따라 반응이 다를 수 있기 때문에 기대하지 않았던 부정적인 효과를 가질 수 있다.
- 유머소구의 효과와 관련된 부수적인 요소가 있다. 첫째, 유머는 제품 또는 서비스와 관련되어야 한다. 둘째, 유머의 효과는 특정 상표에 대한 소비자의 사전평가에 의해 조절된다. 이는 유머와 사전평가 사이에 상호작용이 있음을 의미한다.

ⓩ 생생한 정보 대 추상적 정보

- 생생하고 구체적인 정보를 갖고 있는 메시지는 주의를 끌 뿐만 아니라 유지시키며, 수신자에게 상상하도록 자극한다. 이는 장기기억에 더 잘 저장될 뿐만 아니라 더 잘 인출되기도 한다.
- 메시지를 생생하게 만드는 요인은 세 가지이다. 첫째, 개인적 관련성이다. 개인적 관련성을 갖는 메시지는 수신자의 관여수준을 높이며, 관여수준이 증가할 때 메시지의 영향력 또한 증가한다. 둘째, 구체성이다. 구체적인 메시지는 사람, 행위, 상황에 관해 상세하고 세부적인 정보를 제공한다. 셋째, 수신자와의 근접성이다. 수신자와 시간적으로, 공간적으로 그리고 감각적으로 가능한 한 근접하는 메시지는 생생하다.

ⓩ 강의 대 드라마

- 강의광고는 광고모델이 정보를 알려주고 설득하려고 시도한다는 점에서 청중에게 직접 말하는 광고이고, 드라마광고는 둘 이상의 인물이 제품에 관해 서로 얘기를 주고받는 만화 또는 미니드라마 형태의 광고를 말한다.
- 강의기법은 매우 압축된 형태로 정보를 제시한다. 딱딱하고 지루할 수 있으며 반박주장을 빈번히 불러일으킨다. 반대로 드라마기법은 감정이 내포된 이야기를 만들어 냄으로써, 그리고 제품 사용의 의미를 변형함으로써 청중의 흥미를 자극할 수 있다.
- 일반적으로 드라마기법이 응답자에게서 더 큰 감정과 더 적은 반박주장을 불러일으킨다. 또한, 광고에 대한 응답자의 감정이입을 유도할 뿐만 아니라 응답자로 하여금 광고가 진실하다고 더 느끼게 만든다.
- 드라마광고의 한 가지 단점은 긴 시간을 필요로 한다는 것이다. 정보광고는 광고시간이 길수록 소비자의 태도와 구매의도는 덜 호의적이다.

② 메시지 구성

㉠ 초두효과와 최신효과

- 초두효과는 메시지에서 처음에 제시된 정보의 영향력이 크게 나타나는 것을 말하고, 최신효과는 메시지에서 마지막에 제시된 정보의 영향력이 크게 나타나는 것을 말한다.
- 시간의 경과에 따라 초두효과가 더 효과적이다.
- 메시지를 정교하게 처리할 때(예 고관여) 초두효과가 발생하는 경향이 있다.
- 초두효과는 인쇄광고와 같은 시각적 자료보다 라디오광고와 같은 언어적 자료에서 더 강하게 나타난다.
- 메시지의 중간에 제시되는 정보의 회상이 상대적으로 가장 나쁘다.

ⓒ 반복효과
- 반복효과는 정보를 반복하게 되면 메시지에 대한 학습을 증가시켜 긍정적인 반응을 유발한다는 것이다.
- 지나친 반복은 메시지에 대해 부정적이게 만들 수 있다(광고싫증). 이러한 이유로 인해, 광고인은 동일한 광고를 계속해서 반복제시하지 않고, 동일한 메시지를 전달하는 일련의 다른 광고물을 만든다. 즉, 변경된 광고를 통해 메시지가 반복될 때 긍정적인 인지반응의 수는 증가하고, 부정적인 인지반응의 수는 감소한다.

제 6 절   소비자 구매결정과 평가

1 소비자 구매결정과정의 일반적인 모형

소비자 구매결정과정(의사결정과정)은 일반적으로 '문제인식 → 정보탐색 → 대안평가 → 구매 → 구매 후 평가'의 5단계로 이루어지며, 이는 소비자 구매결정 유형 중 확장적 의사결정 유형에 해당한다. 그러나 개인마다 제품에 대한 동기, 관여도에 차이가 있고, 환경적인 제약이 다르게 적용되기 때문에 5단계가 모든 소비자에게 동일하게 적용되는 것은 아니다. 따라서 제한적/습관적 의사결정 유형에서는 중간과정이 부분적으로 생략되기도 한다.

| 문제인식 | ▶ | 정보탐색 | ▶ | 대안평가 | ▶ | 구 매 | ▶ | 구매 후 평가 |

▲ 소비자 의사결정과정의 5단계

2 소비자 결정의 대안적 관점

(1) 전통적인 결정 관점

전통적인 결정 관점은 소비자 구매행동에 대한 합리적인 정보처리접근을 강조하였다. 1970년대 이전까지 소비자는 각 단계마다 높은 수준의 정보처리가 이루어짐을 강조하였으나, 1970년대 이후 연구에 의하여 소비자가 구매 전 항상 높은 수준의 결정과정을 거치는 것이 아니라는 것을 인식하였다. 즉, 고관여와 저관여에 따라 소비자 결정이 다를 수 있음을 제안하였다(Herbert Krugman).

① 고관여 결정과 저관여 결정

고관여 결정	• 문제인식 → 광범위한 탐색 → 확장된 대안평가 → 복잡한 선택 → 획득평가 • 고관여 위계 : 소비자는 대상에 대한 신념을 먼저 형성하고, 그 다음에 대상에 대한 감정을 가지며, 마지막으로 대상과 관련되는 행동(예 구매행동)을 일으킴
저관여 결정	• 문제인식 → 제한적 탐색 → 최소한의 대안평가 → 단순한 선택 → 획득평가 • 저관여 위계 : 소비자가 제품에 관한 신념을 먼저 형성하고, 이어서 구매를 하며, 구매 후에 제품에 관한 태도를 형성함

② 마케팅전략

전략	고관여 결정	저관여 결정
촉진전략	• 숙련된 판매원 활용 • 복잡하고 자세한 광고 메시지 사용	• 대중적인 광고에 중점 • 반복적인 메시지 사용 • 매력적인 모델 사용 • 단순한 광고 메시지 사용
유통전략	• 제한적인 유통체계 사용 • 유통업자가 뛰어난 서비스를 제공하도록 훈련	광범위한 유통전략 사용
가격전략	• 프리미엄 가격 부과 • 빈번한 세일의 제한 • 소비자와의 가격 흥정	• 저가 제품 유지 노력 • 가격 고려군에 포함되기 위한 쿠폰과 유인책 사용

(2) 경험적 관점

경험적 관점에서는 소비자가 이성적인 주체일 뿐만 아니라 감정적인 주체라고 인식한다. 다시 말해, 경험적 관점은 사람들이 감각, 느낌, 이미지 그리고 제품이 드러내는 감정 때문에 다양한 제품을 소비한다고 가정한다.

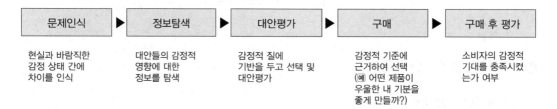

▲ 소비자 의사결정 5단계 : 경험적 관점의 도식

마케팅으로 접근할 때, 경험적 관점에서는 기능적인 소비재보다 연예나 예술, 레저 제품 등에 맞춰지는 경향이 있다.

경험적 관점은 제품이 소비자에게 상징적인 의미를 전달하는 것을 인식한다. 예를 들어 꽃, 보석, 향수 등과 같은 제품은 기능보다는 제품이 갖고 있는 의미 때문에 구매하는 경우가 많은데, 이것이 경험적 관점에서의 소비 결정이다.

① 충동구매

학자	정의
Rock(1987)	사전에 문제를 인식하지 않았거나 매장에 들어가기 전까지 구매의도가 없었음에도 이루어진 구매행동
Burroughs(1994)	결과를 고려하지 않은 채 무언가를 즉각적으로 구매하려는 갑작스럽고, 강력하며, 끊이지 않는, 무계획적인 행위
양윤(2016)	사전에 구매계획도 없고 결과도 고려하지 않은 채 제품을 즉각적으로 구매하는 행위

ㄱ 충동구매와 무계획구매
- 공통점 : 사전에 계획 없이 구매가 이루어진다.
- 차이점 : 무계획구매는 매장에서 제품을 보고 그 제품이 필요해 이루어지는 구매이지만, 충동구매는 구매결과에 대한 고려 없이 이루어진다.

ㄴ 충동구매의 특성
- 소비자가 제품에 우연히 접했을 때, 제품에 대한 정보를 총체적으로 처리할 때, 그리고 매우 강한 긍정적인 감정으로 반응할 때 일어나는 경향이다(Burroughs, 1994). 이러한 긍정적인 감정이 제품이나 서비스를 경험하려는 욕구로 이끌며, 결국 구매로 이어지게 된다.
- 자기통제와 접촉욕구가 충동구매에 영향을 준다. 소비자의 자기통제가 강할수록 충동구매경향성이 낮고, 소비자의 자기통제가 약할수록 충동구매경향성이 높다. 반대로 접촉욕구가 높을수록 충동구매경향성이 높고, 접촉욕구가 낮을수록 충동구매경향성이 낮다. 단, 자기통제가 약할 경우, 접촉욕구에 관계없이 충동구매경향성이 매우 높고, 자기통제가 높을 경우 접촉욕구가 약할 때보다 강할 때 충동구매경향성이 높은 경향이 있다.
- 충동구매경향성이 높은 소비자가 정보탐색에서 위험을 더 추구하며, 쇼핑을 통해 정보를 더 많이 탐색하고, 아울러 제품정보를 지속적으로 탐색하는 경향이 있다(양윤, 강승숙, 2002).

ㄷ 충동구매의 원인
- 제품요인 : 새로운 제품이거나 제품이 특이하고 색다를 경우 소비자는 그 제품에 흥미를 가지게 되어 구매로 연결될 가능성이 있다.
- 구매환경적 요인 : 매장 내 진열, 음악, 판매자의 친절 등이 구매를 자극하는 요인이 된다.
- 소비자 개인적 요인 : 소비자의 긍정적 또는 부정적인 일시적 기분, 취미 등에 의해 충동구매가 나타난다.
- 제품요인과 구매환경은 마케팅 요소로 활용할 수 있다. 제품수명주기나 세일 등 가격의 영향, 성능, 디자인 또는 색상의 영향력, 희귀성 등과 같은 제품 관련 마케팅과 매장 분위기, 판매원 교육 등의 구매환경 마케팅이 소비자의 충동구매를 일으키게 하는 요인으로 작용한다.

ⓔ 충동구매의 유형

부정적 기분 회피형	부정적 기분에서 벗어나기 위한 충동구매
주변 권유형	점원이나 친구의 부추김에 의해 일어나는 충동구매
이미지 일치형	제품디자인이나 색상 또는 소비자 이미지와의 일치성 여부에 의해 일어나는 충동구매
무계획형	제품에 대한 특별한 생각 없이 일어나는 충동구매
긍정적 기분 유지형	긍정적인 기분을 유지하고 싶은 마음에서 일어나는 충동구매
기호 관여형	취미나 평소 관심에 의해 일어나는 충동구매
제품속성 관여형	가격이나 제품의 효용성으로 인해 발생하는 충동구매

② 다양성 추구 구매

ⓐ 사람들은 그들의 적절한 자극수준을 유지하려고 하는데, 그 수준이 너무 낮아지거나 너무 높아지면, 사람들은 그 수준을 조정하려 한다(최저자극이론). 따라서 기존 상표에 만족하면서도 자발적으로 새로운 상표를 구매하는 것이다. 이를 다양성 추구 구매라 한다.

ⓑ 상표전환은 소비자가 자신의 삶에 새로운 것을 끌어들임으로써 자극수준을 증가시키기 위해 사용하는 방법이다. 예를 들면, '코카콜라'를 항상 마시던 사람이 특별한 이유 없이 '펩시콜라'를 마시는 것이다. 최근에는 마트, 편의점, 의류매장 할 것 없이 이러한 소비경향으로 인하여 유사 상품들이 많이 쏟아져 나오는 것을 볼 수 있다. '아이시스', '에비앙', '삼다수', '맑은 샘물' 등 상표가 다른 같은 종류의 상품들을 진열해놓으면, 고객들은 다양성 추구를 위하여 그 날의 자극수준에 따라 구매를 하게 된다.

③ 행동영향 관점

행동영향 관점에서 접근할 때에 보통 소비자의 행동과 그러한 행동에 영향을 주는 환경적인 요소를 확인하는 데 관심을 두는 경향이 있다. 또한, 구매 후에 사용하는 상황이나 커뮤니케이션 상황이 구매에 연결되는 것도 행동영향 관점이라고 볼 수 있다.

ⓐ 환경적 요소와 구매행동

• 매장의 지리적 위치, 내부 환경, 구조, 향기, 조명 등은 소비자 선택에 영향을 미친다. 예를 들어, 길거리를 거닐다가 빵을 굽는 냄새가 맛있게 난다면 즉시 들어가 구매하는 경우가 있다.

• 음식점에서 조명의 영향을 조사한 한 연구에서, 연구자들은 사람들이 카페 또는 음식점에 앉을 때, 비교적 어두운 공간에 앉고, 조명이 점점 낮아질수록 서로 가까이 앉아 낮은 목소리로 대화하는 것을 발견하였다. 따라서 음식점이 친밀하며 아늑하고 조용한 환경을 제공하고 싶다면, 조명을 낮추는 것이 필요하다.

ⓛ 소비상황(구매 후 사용하는 상황)

집에서 혼자, 손님 접대 시, 직장에서 혹은 여행 중의 상황과 같이 매우 다양한 사회적·물리적 상황이 있을 수 있으며, 또한 소비하는 시간에 따라 선호가 달라지기도 한다. 예를 들면, 손님을 접대할 때는 와인을 마시고, 평소에는 맥주를 마실 수도 있으며, 커피는 아침에만 마시고, 우유나 주스는 다른 시간대에 마실 수도 있다. 즉, 소비상황에 따라 구매행동이 달라질 수 있다.

ⓒ 커뮤니케이션 상황

인적 매체(예 판매원)와 비인적 매체(예 광고나 상점의 진열)를 통해 제공되는 정보가 소비자 구매를 유발할 수 있다. 아무리 소비자들이 똑똑해지고, 정보가 풍부해졌다고 하더라도 신제품이 나왔을 경우에는 구매를 망설이게 되는 경우가 발생할 수 있다. 이때, 판매원의 정확한 설명과 안내, 또는 진열대 위에 놓여 있는 브로슈어는 소비자의 구매행동에 가장 큰 영향을 미칠 수 있다.

🔦 더 알아두기 🔍

소비자 의사결정의 유형 및 과정

유형	내용	예시
습관적 의사결정 (Routinized Problem Solving, RPS)	• 소비자가 반복적으로 구매를 할 때 이루어지는 것 • 거의 의식적인 노력 없이 선택하는 의사결정 • 주로 제품에 대하여 저관여일 때 이루어짐 • 상표 전환이 거의 이루어지지 않음	비누, 치약, 휴지 등
제한적 의사결정 (Limited Problem Solving, LPS)	• 확장적 의사결정에 비해 동기수준이 낮은 것으로 적은 정보탐색과 대안을 평가하는 것 • 제품에 대해 저관여 수준이며, 잘못된 구매로 인한 인지위험이 적을 때 나타남 • 제품 관련 대안이 비슷하거나 정보처리의 시간이 제한적일 경우에 해당됨	• 간단한 주방기구나 내의류, 식료품 등 구매 • 진열제품의 가격, 품질 등을 비교 후 하나의 제품을 구매하는 경우
확장적 의사결정 (Extended Problem Solving, EPS)	• 소비자가 의사결정의 전체 단계를 거쳐 구매를 결정하는 것 • 제품에 대해 고관여되어 잘못된 구매에 의한 인지된 위험이 있음 • 선택하고자 하는 대안이 세분화되어 있음 • 시간적 압박이 적은 경우	• 고가품 구입(예 승용차, TV, 냉장고 등) • 사회적 평가(예 결혼준비, 주택구입 등) • 구매를 되돌리기 어려운 경우

출처 : 소비자 의사결정 유형에 따른 의사결정과정(김동기 외, 2012)

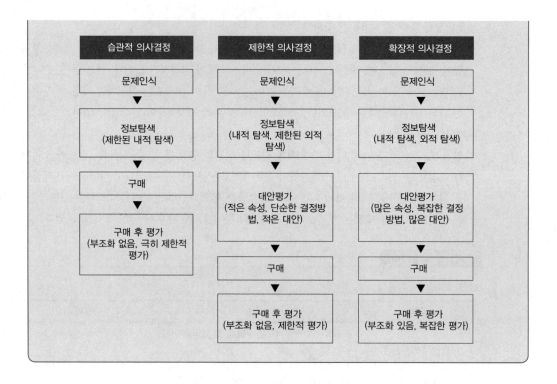

③ 문제인식

(1) 개념

문제인식이란 소비자가 해결해야 할 문제 또는 충족이 필요한 욕구를 인식하는 것으로, 현재 상태와 그렇게 되길 바라는 이상적인 상태가 불일치할 때 일어난다.

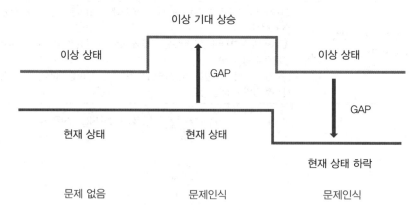

(2) 문제인식의 요인

요인	내용
내적 요인에 의한 문제인식	• 생리적 욕구 : 식욕과 갈증으로 인해 음식과 음료를 찾게 되는 것 • 제품 고갈 또는 성능 저하 : 사용하던 화장품을 다 쓴 경우 등 • 상황적 변화 : 자녀 출산, 입학 등과 같은 가정생활 주기상의 변화, 사회적 지위의 변화, 재정적 상 태의 변화 등
외적 요인에 의한 문제인식	• 가족/준거집단 • 기업의 마케팅 전략(광고, 판촉활동 등) • 다른 구매 결정(예 새 집으로 이사를 간 후 새로운 물건에 대한 필요성을 인식하는 경우)

4 정보탐색

소비자는 문제를 확인한 후에는 해결할 수 있는 제품에 대한 정보를 획득하기 위해 탐색을 하게 된다. 소비
자 정보탐색이란 구매 불확실성을 감소시키기 위해 필요한 정보를 찾는 모든 과정으로, 정보출처에 따라 내
적 탐색과 외적 탐색, 소비자의 탐색목적에 따라 구매 전 탐색과 지속적 탐색으로 구분할 수 있다.

(1) 내적 탐색

① 의의

내적 탐색은 문제의 해결책에 대한 정보를 소비자의 장기기억에서 탐색하고 인출하는 과정이다. 소비
자의 기억 속에는 자신의 구매경험이나, 마케팅 활동 노력 등에 의해 능동적 혹은 수동적 과정을 거친
정보가 저장되어 있으며, 이러한 정보는 필요한 시점에 회상하여 활용할 수 있다. 일반적으로 과거의
구매결과가 만족스러웠거나, 반복적으로 구매하는 경우, 그리고 신제품 개발이 느리고 제품변화가 크
지 않은 경우에 내적 탐색에 의존할 가능성이 높다. 문제가 광범위하고 고관여일 경우 상표대안들의
정보를 장기기억에서 활발하게 탐색하는 반면, 단순하고 저관여일 경우 내부탐색이 제한적이다. 또한
문제가 경험적 구매와 관련될 경우 내부탐색 동안에 자신의 감정을 참조하지만, 행동영향과정과 관련
될 경우 탐색과정이 일어났다고 보기 어렵다.

② 장기기억에서 인출하는 상표범주

소비자가 내부탐색을 할 때, 장기기억에서 문제를 해결할 상표 즉, 브랜드를 인출한다. 다음 그림은 기
억에서 인출되는 상표를 분류한 것이다. 내부탐색은 장기기억으로부터 모든 제품과 상표를 인출하고,
제품과 상표를 고려군, 비활성군, 부적절군으로 분류한다.

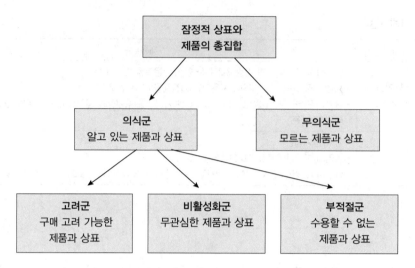

▲ 소비자가 내부탐색 동안 기억에서 인출하는 상표범주

㉠ 의식군 : 소비자 자신이 알고 있는 모든 제품과 상표로, 의식군에 포함된 제품과 상표는 이용가능한 모든 잠재적 상표와 제품의 일부이다.

고려군 (활성화군)	• 구매 고려 가능한 제품과 상표 • 고려군은 소비자가 더 많은 정보를 외부탐색을 통해 획득할 때 확장됨 • 소비자의 고려군이 증가할 때 매장탐색이 확장되는 경향이 있고, 이는 상표 전환을 유도함 • 고려군의 크기를 증가시킬 수 있는 요인 : 높은 교육수준, 더 큰 가족크기, 더 큰 의식군, 다른 상표가 다른 상황에서 사용될 수 있다는 인식 등
비활성화군	무관심한 제품과 상표
부적절군	수용할 수 없는 제품과 상표

㉡ 무의식군 : 모르는 제품과 상표로 소비자가 상표를 의식하지 못하면 상표를 구매 대안으로 고려하지 않기 때문에, 기업은 자사 상표가 모든 소비자의 의식군의 일부분이 되길 원한다.

(2) 외적 탐색

① 의의

외적 탐색은 외부출처로부터 정보를 획득하는 과정으로 특정한 구매와 관련된 환경적 자료 또는 정보를 획득하기 위해 주의, 지각, 노력을 기울이는 정도를 말한다.

더 알아두기

외적 탐색에서 수집하는 정보유형
• 이용 가능한 대안 상표
• 상표들을 비교하기 위한 평가준거
• 다양한 평가준거의 중요도
• 신념 형성에 필요한 정보
 – 상표가 갖고 있는 속성
 – 다양한 속성이 제공하는 편익

② 외적 탐색 행동의 측정 지표

　㉠ 소비자가 방문하는 매장의 수

　㉡ 소비자가 제품에 대해 의견을 나누는 친구의 수

　㉢ 소비자가 조언을 청하는 구매 도움자의 수

　㉣ 소비자가 제품에 관해 이야기하는 매장 점원의 수

　㉤ 소비자가 보거나, 듣거나, 읽는 광고물의 수

③ 외적 탐색에 영향을 주는 요인

경제학적 관점	결정관점
• 탐색으로 인한 한계이득이 한계비용을 초과하는 한 소비자는 탐색을 함 • 탐색비용에 영향을 주는 요인 중에는 매장의 물리적 근접성, 자동차 기름 값, 소비자의 시간에 대한 가치 등이 있음 • 소비자가 외적 탐색에서 이득을 얻도록 만드는 요인은 다양한 제품이 시장에 있거나 제품들이 차별화되어 있다면, 소비자는 철저한 외적 탐색으로 이득을 얻으리라 기대할 수 있음	• 소비자는 고관여 상태에 있고 확장적인 문제해결을 할 때에만 외적 탐색을 함 • 제품 위험과 관련된 요인 : 재정적 위험, 기능적 위험, 심리적 위험 등 • 소비자 특성과 관련된 요인 : 소비자 지식과 경험, 성격, 인구통계학적 특성 • 구매상황과 관련된 요인 : 구매를 위해 이용 가능한 시간의 양, 소비자의 내면 선행 상태, 상황의 사회적 위험 등

④ 결정 관점 요인들

　㉠ 제품위험과 관련된 요인 : 제품과 관련하여 지각된 위험이 클수록 소비자는 확장적인 문제해결과 탐색을 더 할 것이다(Dedler, Gottschalk, & Grumert, 1981). 연구자들은 소비자가 일반적으로 서비스의 위험수준이 제품보다 더 높다고 지각하기 때문에 제품보다 서비스에서 더 확장적인 탐색을 하는 경향이 있음을 발견하였다(Murray, 1991).

　　• 지각된 위험(Perceived Risk)
　　　– 있을 수 있는 부정적인 결과들과 그러한 부정적인 결과들이 발생할 가능성에 대한 평가에 기초한 행위과정의 전반적인 부정성에 대한 소비자의 지각
　　　– 일반적으로 소비자는 너무 심하다고 지각한 위험을 피하려고 함
　　　– 일부 소비자는 자신의 활동수준을 최적화하기 위해 능동적으로 위험을 추구하기도 함

- 종류

재정적 위험	구매로 인해 소비자의 재정이 위태로울 수 있는 위험
기능적 위험	제품이 기대한 대로 작동하지 않을 위험
심리적 위험	제품이 소비자의 자기 이미지를 낮출 수 있는 위험
신체적 위험	제품이 소비자의 신체에 해를 줄 수 있는 위험
사회적 위험	제품으로 인해 친구나 지인들로부터 비난을 받을 수 있는 위험
시간위험	구매결정이 너무 많은 시간을 필요로 할 수 있는 위험
기회상실위험	어떤 행동을 취함으로써 소비자가 자신이 정말 좋아하는 무언가를 할 수 있는 기회를 잃어버릴 수 있는 위험

- 지각된 위험의 감소방법
  - 상표충성 : 과거에 만족을 주었던 동일한 상표를 일관되게 구매
  - 상표 이미지에 의한 구매 : 품질을 인정받은 전국적인 상표를 구매
  - 매장 이미지에 의한 구매 : 소비자 자신이 신뢰하는 매장에서 구매
  - 확장적인 정보탐색
  - 가장 비싼 상표 구매
  - 재정적 위험을 감소시키기 위해 가장 싼 상표를 구매
  - 구매를 지연하거나 철회

ⓛ 소비자 특성과 관련된 요인
- 자신이 정보추구자라고 생각하는 소비자는 다른 사람들보다 더 확장적인 외부탐색을 한다(Kelly, 1968).
- 개방성, 자신감, 인지욕구와 같은 성격특성 또한 외부탐색의 양을 증가시킨다(양윤, 1996 ; Locander & Hermann, 1979).
- 소비자가 제품범주에 대한 경험이 적을수록, 정보탐색행동이 더 증가한다(Swan, 1969).
- 소비자의 특정한 제품범주에 대한 경험이 늘수록, 정보탐색행동은 감소한다.
- 제품범주에 대한 지식이 증가할 때, 전반적인 탐색 노력은 감소한다.
- 정보탐색을 위한 시간가용성이 증가할 때, 탐색 노력은 증가한다.
- 구매 관여가 증가할 때, 전반적인 탐색 노력은 증가한다.
- 쇼핑에 대한 태도가 호의적일 때, 전반적인 탐색 노력은 증가한다.

ⓒ 상황과 관련된 요인
- 시간제약, 피곤, 지루함, 병과 같은 상태가 외부탐색을 하려는 소비자 능력에 영향을 준다.
- 제품 대안의 수가 많을수록 외부탐색은 오래 걸린다(Lehmann & Moore, 1980).
- 유사하게 특정한 제품을 판매하는 매장이 많고 물리적으로 근접할 때, 소비자는 외부탐색을 연장하는 경향이 있다(Cort & Dominquez, 1977).

(3) 구매 전 탐색

구매 전 탐색을 하는 경우 정보를 획득한 후의 구매를 하기 위한 탐색으로, 문제인식 단계를 거친 후 문제해결을 위해 정보를 탐색하는 것이다. 구매 전 탐색의 동기는 현 시점에서 보다 나은 구매를 하기 위한 결정이다. 노트북이 고장 나서 구매하기 위해 알아보는 행동이 구매 전 탐색이다. 구매 전 탐색의 동기는 현재 알고 있는 제품구매보다 더 나은 구매를 하기 위한 결정이다.

(4) 지속적 탐색

지속적 탐색이란 제품구매가 목적이 아니라 제품에 대한 관심에 근거해 소비자가 정보를 탐색하는 과정으로, 정보적 목적과 함께 오락적 목적이 더 관련되어 작용한다. 지속적 탐색의 동기는 미래의 잠재적인 구매를 준비하는 정보수집과 동시에 정보탐색 경험 자체의 재미나 즐거움의 추구이다. 예를 들어, 패션에 관심이 있어 지속적으로 '패션잡지'를 구독하거나, 홈쇼핑을 시청하는 경우이다. 사람들은 특정 제품에 깊이 관여되어 있거나, 그들이 미래 사용을 위해 정보를 축적하려 하기 때문이거나, 단순히 정보탐색으로부터 즐거움을 얻으려할 때 지속적 탐색이 일어난다. 지속적 탐색의 동기는 미래의 잠재적인 구매를 준비하는 정보수집과 탐색 자체의 재미의 추구이다.

5 대안평가

- 대안평가(Alternative Evaluation)란, 소비자가 문제해결(욕구충족)을 위해서 정보를 탐색하고, 각 제품의 장단점들을 비교분석하여 소비자의 요구에 부합하는 특정 대안을 선택하는 과정이다.
- 대안 비교 시 소비자는 고려 중인 대안들에 대한 신념, 태도, 의도 등을 형성한다.
- 대안평가는 소비자가 구매대안을 비교하기 위해서 전반적인 평가를 내릴 때 발생한다.
- 소비자는 대안평가 단계에서 위험을 평가한다. 위험 지각은 부정적인 결과가 나타날 가능성과 그러한 결과의 부정적인 정도를 소비자가 판단하는 것에 기초한다.
- 대안평가는 가능성 판단(일어나게 될 가능성 추정)과 가치 판단(좋고, 나쁨)으로 구성된다.

(1) 대안평가와 효과의 위계

효과의 위계	대안비교 방식
고관여 위계	속성에 대한 신념 비교, 감정반응 비교
저관여 위계	속성에 대한 제한된 수의 신념 비교
경험적 위계	감정반응 비교
행동영향 위계	행동 전에 발생하는 내적 비교과정 인식 안 됨

① 관여도

　㉠ 관여도란 **관심의 강도, 흥미의 정도, 개인의 중요도의 정도**를 말하는 것으로 소비자의 관여 수준은 소비자 특성, 제품 특성 등에 따라 다르고, 특히 같은 사람에게 있어서도 똑같은 제품이 상황에 따라 고관여가 되기도 하고, 저관여가 되기도 한다.

ⓛ 마케팅의 관점에서 볼 때 관여도는 제품, 브랜드, 목표, 또는 행동과 관련된다. 관여도가 높을 때 소비자는 제품의 사용에 의한 혜택을 극대화하고 위험을 극소화할 의도를 가지고 행동한다.

ⓒ 관여도는 특정 대상(제품, 서비스 혹은 판촉내용 등)이 욕구, 목표 그리고 가치를 만족시킬 수 있다고 인식될 때 활성화된다. 따라서 수단-목적의 관점에서 제품과 상표에 대한 관여도는 소비자의 제품 지식이 그들이 추구하는 가치와 목적에 대하여 가깝게 관련될수록 소비자는 그 제품과 상표에 더욱 관여되는 것이다.

② 고관여 상품과 저관여 상품

　　㉠ 고관여 상품(High involvement production)
　　　　• 소비자가 구매과정에 많은 시간과 노력을 투입하며 깊게 관여하는 상품
　　　　• 값이 비싸며, 구매결정이 소비자에게 중요한 의미를 가지며, 잘못 구매 시에 대한 위험 지각이 큰 상품
　　　　• 구매결정과정과 정보처리과정이 복잡한 상품

　　㉡ 저관여 상품(Low involvement production)
　　　　• 깊게 생각하지 않고 간단하며 신속하게 구매결정을 하는 상품
　　　　• 값이 싸고, 구매중요도가 낮으며, 상표 사이의 차이도 별로 없고, 잘못 구매 시 위험지각도가 낮은 상품
　　　　• 구매결정과정과 정보처리과정이 간단하고 신속한 상품

행동적 차원	고관여 관점	저관여 관점
정보탐색	소비자가 능동적으로 제품 및 상표정보를 탐색한다.	소비자의 제품 및 상표정보 탐색은 제한되어 있다.
인지적 반응	소비자는 불일치하는 정보에 저항하고 반박주장을 펼친다.	소비자는 불일치하는 정보를 수동적으로 받아들여 제한된 반박의견만을 가진다.
정보처리과정	소비자는 정보처리과정을 철저하게 지킨다.	소비자는 정보처리과정을 대충 지나간다.
태도변화 반복	• 태도변화는 어렵고 드물다. • 설득을 위하여 메시지의 수보다 메시지의 내용이 중요하다.	• 태도변화는 빈번하나 일시적이다. • 메시지의 빈번한 반복이 설득을 유도할 수 있다.
인지적 부조화	구매 후 부조화가 일반적이다.	구매 후 부조화현상이 적다.

(2) 가능성 판단

가능성 판단이란 사람들이 제품의 품질을 추정할 때 그 제품이 품질에 영향을 줄 속성을 갖고 있을 가능성을 판단하는 것이다. 소비자는 제품의 가능성을 추정할 때 정확한 확률로 추정하는 것이 아니라 여러 가지 간편한 방법을 사용한다.

① 대표성 간편법

대표성 간편법은 **특정 제품과 모집단 간의 유사한 정보를 살펴봄으로써 확률을 판단하려는 것이다**. A제품이 B제품과 유사하면 A가 B에 속한다고 생각한다. 예를 들어, 기업이 시장에서 유명 상표와 비슷한 이름과 용기를 가진 유사제품을 출시하려는 것은 그 제품이 유명 상표와 같은 기능을 발휘할 것임을 소비자에게 확신시키려는 것이다.

> **⊙ 더 알아두기** Q
>
> **가능성 판단 : 휴리스틱**
> 〈대표성 간편법〉
> ① 어떤 사건이 전체를 대표한다고 보고 이를 통해 빈도와 확률을 판단하는 것을 말한다.
> ② 매우 효율적인 의사결정 방법이기는 하지만 사람들이 겉으로 드러난 두드러진 속성을 활용하는 경우가 많기 때문에 판단 오류를 유발시킬 가능성도 크다.
> ③ '복사기하면 제록스, 피로에는 박카스, 검색은 구글' 등과 같이 특정 브랜드가 제품군을 대표하는 정도를 나타내는 브랜드 전형성은 대표성 휴리스틱과 동일한 역할을 한다. 소비자들이 구매 시에 무조건 원조나 최고급, 최첨단 제품을 찾는 것도 대표성 휴리스틱이다.
>
> > 〈사례〉
> > 미결정 씨는 다양한 정보를 탐색한 후 S브랜드 자동차를 사기로 마음먹고 동료에게 자신의 결심에 대해 말했다. 그런데 동료는 "그 제품은 사지 않는 게 좋을 거야. 6개월 전에 친한 친구가 그 차를 샀는데 많은 문제들 때문에 고생했대. 처음에는 기름이 샜고, 다음에는 시동이 걸리지 않았으며, 그 다음에는 오디오에 문제가 생겼대. 그동안 다섯 번 정도 정비소에 차를 맡겼을 걸."이라고 말했다. 이 말을 들은 미결정 씨는 S브랜드 자동차를 사지 않기로 결심했다.

> **⊙ 더 알아두기** Q
>
> **간편법의 부산물, 소수의 법칙**
> 소수의 사람들이 표집이 매우 적을 때조차도 전집을 실제로 대표한다고 강하게 믿는 경향성을 말한다. 소수집단의 의견이 너무 생생하여 그러한 의견이 전체 표적시장을 대표한다고 가정한다. 예를 들어, 한 친구가 음식점에서 머리카락을 발견했던 경험을 생생하게 설명한다고 했을 때, 본인이 경험해보지 않았음에도 불구하고 그 음식점이 청결하지 못하다는 신념을 형성하게 되는 것이다.

② **가용성 간편법**

가용성 간편법은 **사람들이 특정 사건을 얼마나 쉽게 회상하느냐에 의해 사건의 확률을 판단하려는 것이** 다. 따라서 사람들이 특정 사건을 쉽게 회상할수록 그들은 그 사건이 더 자주 발생할 것이라고 생각한 다. 가용성 간편법을 보여준 고전적인 연구가 있다. 연구에 참여한 응답자들에게 남성의 이름과 여성 의 이름이 적힌 목록을 주고 남성·여성 비율이 높은 목록을 판단하도록 요청하였다. 목록의 절반인 남성은 유명인이었고, 다른 목록의 절반에서는 여성이 유명인이었다. 실제로 두 목록이 동일한 수의 남성과 여성의 이름을 갖고 있었다. 한 가지 다른 점이 있다면 목록에 있는 남성과 여성이 얼마나 유명 한가였다. 그 결과, 목록이 유명한 남성들의 이름을 갖고 있을 때 응답자들은 목록에 남성들이 더 많이 있었다고 판단하였고, 반대로 유명한 여성들의 이름을 더 많이 갖고 있을 때 응답자들은 목록에 여성 들의 이름이 더 많이 있었다고 판단하였다. 유명한 사람들의 이름이 더 쉽게 회상되었기 때문에 응답 자의 평가는 가용성 간편법에 의해 영향을 받았던 것이다(Tversky & Kahneman, 1973).

광고의 중요한 목표는 소비자로 하여금 기억에서 제품정보를 쉽게 이용할 수 있게 만드는 것이다. 타 사 상표가 특정 속성에서 긍정적으로 평가되더라도 자사 상표를 긍정적인 속성과 연합하는 데 있어 더 성공적이라면 소비자는 자사 상표에 대한 속성에 대한 평가도 타사보다 더 긍정적일 것이다.

❗ 더 알아두기 🔍

가능성 판단 : 휴리스틱

〈가용성 간편법〉

① 가용성(이용가능성) 간편법은 저장된 기억으로부터 바로 떠오르는 회상 용이성에 따라 판단하는 것이다. 이것은 구체적 인 예가 얼마나 쉽게 기억으로 인출되는지를 근거로 판단하는 소비자의 성향을 의미한다.

② 소비자가 광고에서 자주 접하거나 최근에 접한 제품을 사는 경향이나, 언론매체에서 자주 접하는 내용은 실제보다 더 많 이 발생한다고 생각하는 경향이 이에 속한다.

③ 가용성 간편법을 발생시키는 요인 중 하나는 쉽게 이미지화되어 떠오를 때이다. 미디어나 친구, 가족, 권력자 등에서 초래된 정보와 깊은 인상이 남은 일(현저성) 등은 기억에 남기 쉽고, 정보의 신뢰성으로 인해 사건의 발생 확률이 높다고 판단한다.

> 〈사례〉
> BMW의 장점 1개를 답하게 한 그룹과 BMW의 장점 10개를 답하게 한 그룹에게 BMW에 대해 어떻게 생각하는지를 물었을 때, 장점 1개를 답하도록 한 집단의 평가가 더 호의적이었다.

위와 같이 회상용이성이 높을수록 평가가 호의적이므로 소비자는 브랜드에 대해 전달받은 많은 메시지보다 마음을 사로잡 을 수 있는 확실한 메시지 하나에 선호가 증가할 수 있다.

사용성 휴리스틱은 사람들이 사회적인 정보를 전달하는 방식이나 학습하는 방식에 영향을 줄 수 있다. 입수하기 쉬운 정보 는 사람들에게 전달되기 쉽고, 이에 따라 어떤 생각이나 판단이 사회에 넓게 확신될 수 있기 때문이다. 따라서 이 휴리스틱 의 함정을 피할 수 있는 방법은 판단을 위한 정보의 폭을 넓히는 것이다.

③ 기점과 조정(Anchoring and Adjustment) 간편법

기점과 조정 간편법은 **이전 판단에 근거하여 현재의 판단을 유도**하려는 간편법으로, 첫 번째 값을 기점으로 하여 최종 답을 얻기 위해 기점을 중심으로 조정하는 것을 말한다. 사람에게는 배의 닻(Anchor)과 같은 역할을 하는 임의의 값이 있는데, 이러한 마음의 닻이 판단의 기준이 되는 것이다. 임의의 값은 과거 경험, 현재 가용 가능한 정보 등이 될 수 있다. 예를 들어, TV를 구매하기 위하여 매장을 돌아다닐 때 300만 원짜리 제품을 보았다고 가정해보자. 소비자는 제일 먼저 보았던 300만 원 TV를 기준(가격, 성능, 서비스 등 포함)으로 다른 제품을 보게 될 것이다. 기점과 조정 간편법의 문제점은 출발점이 판단을 왜곡할 수 있다는 것이다. 처음부터 출발점이 다르면 위아래로 조정을 해도 조정이 불충분해 잘못된 답을 가져올 확률이 높다. 또한 처음부터 기준점을 잘못 잡으면 판단의 오류가 일어나기 쉽다.

❗ 더 알아두기 🔍

가능성 판단 : 휴리스틱

〈기점과 조정 간편법〉

불확실한 사건에 대해 예측할 때 처음에 어떤 기준점(닻)을 설정하고, 그 다음 단계로의 조정을 통해 최종적인 예측지를 확정하는 것이다. 사람들은 어떤 판단이나 결정을 내릴 때 자신이 알고 있는 관련 정보나 수치를 가장 먼저 떠올린다. 그리고 임의의 초깃값을 기준으로 값을 적당히 조정한다.

> 〈사례〉
> 정가는 3만 원, 판매가격은 2만 5천 원이라고 적어 놓으면 상대적으로 판매가격은 소비자에게 싸게 인식된다. 또한 소비자는 2만 5천 원짜리 제품을 산다고 생각하는 것이 아니라 3만 원짜리 물건을 2만 5천원에 샀다는 심리적 만족까지 얻게 된다.

재미있는 심리학 이야기

더 호감이 가는 사람은 누구인가요?

A : 지적이다 – 근면하다 – 충동적이다 – 고집스럽다 – 질투심이 많다
B : 질투심이 많다 – 고집스럽다 – 충동적이다 – 근면하다 – 지적이다

A, B 순서는 다르지만, 같은 내용을 서술하고 있다. 하지만 대부분 사람들은 위 내용을 보고 A에게 호감이 간다고 대답할 것이다. 처음 접한 정보를 기준으로 뒤에 오는 정보를 판단하기 때문에(기점과 조정) 긍정적인 서술이 먼저 온 A에 대한 호감도가 더 높게 나타날 것이다.

(3) 가치 판단

앞으로 무언가 일어날 가능성을 판단하는 것 외에도, 소비자는 자신이 내릴 결정의 잠정적 결과의 좋고 나쁨을 평가한다. 한 대상의 속성들이 좋다/나쁘다고 말하는 인식이 그 대상에 대한 소비자의 태도에 영향을 미칠 것이다. 이 태도에 영향을 미치는 것은 소비자가 대안에 어떤 가치를 정하느냐이고, 소비자가 앞으로 발생할 결과와 자신의 기억 사이에 형성되었던 연합의 좋음-나쁨과 어떻게 연결하느냐이다.

① 조망이론

결과의 좋고 나쁨에 대한 개인적 평가는 그 결과의 준거점과 관련된다는 이론이다. 즉, 주어진 결정 틀 (Decision Frame)과 관련되어 인식된 맥락이 결정과정의 결과에 영향을 준다고 가정한다. 이 이론은 자극의 심리적 가치가 실질적 가치와 다르며 이것이 사람들로 하여금 득과 실에 다르게 반응하도록 만든다고 주장한다. 한 대안의 좋고 나쁨에 대한 개인의 심리적 평가는 그 대안의 가치에 대한 객관적이거나 실질적인 평가와 반드시 일치하지 않는다.

㉠ 가치함수

가치함수는 득과 실에 대한 실질적 가치 그리고 행동과정으로부터 초래할 수 있는 득과 실에 대한 심리적 가치 사이의 관계로 정의된다. 다시 말해, 가치함수는 잠정적 결정의 결과와 관련된 즐거움과 고통을 반영하는 것으로, 득과 실의 실질적 가치와 심리적 가치 간의 관계에 대한 함수이다. 한 대안의 좋고 나쁨에 대한 심리적 판단이 실질적인 평가와 반드시 일치하지 않음은 가치함수에 잘 나타나 있다.

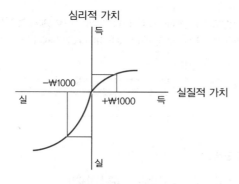

▲ 조망이론에서의 가치함수

더 알아두기 🔍

조망이론에서의 가치함수

가치함수는 4가지 중요한 속성을 갖고 있다.

- 상대성 : 동일한 값도 득과 실로 분리되어 나타날 수 있다. 예를 들어, 컵의 물이 반 정도 있을 때 "반이나 남았다(득)"/ "반밖에 안 남았다(실)"로 분리될 수 있다.
- S자 모양의 함수 : 득이나 실이 증가함에 따라서 그것이 가지는 심리적 가치는 감소한다. 그리고 어느 지점부터는 심리적 가치의 증가는 둔감해진다. 실질적 가치에서의 득과 실의 증가에 따라서 심리적 가치도 비례적으로 증가하는 것은 아니다. 예를 들어, 처음 100만 원이라는 보너스를 받았을 경우 심리적 가치는 크겠지만, 이후에 더 큰 금액을 받았다고 해도 처음보다는 심리적 가치의 증가가 크지 않을 것이다.
- 실의 회피 : 실의 함수는 득의 함수보다 더 가파르기 때문에 같은 양의 득과 실이라도 득보다 실에서 더 큰 영향을 가진다. 즉, 실이 득보다 더 큰 가중치를 갖는다.
- 심리적 가치와 실질적 가치와의 불일치 : 심리적 가치는 실질적 가치와 반드시 일치하지는 않는다. 예를 들어, 물가를 10% 인상했을 때 일반 소비자가 느끼는 심리적 가치는 실질적 가치인 10%보다 더 클 수 있다.

재미있는 심리학 이야기

득과 실의 판단

1. 실이 득보다 더 큰 가중치를 갖는다.

   동전 게임을 한다고 가정해보자. 당신은 동전게임에 참여하겠는가?
   - 동전을 던져서 앞면(그림)이 나오면 15만 원 획득
   - 뒷면(숫자)이 나오면 10만 원 손실

   대부분의 사람들은 게임에 참여하지 않는다. 그 이유는 사람들이 이득보다 손실에 더욱 민감하게 반응하고 최종 결과에 대해 가치를 두기보다는 현재의 위치에서 이익인지 손실인지에 더욱 가치를 두기 때문이다(손실회피 경향, Loss-Aversion).

2. 사람들이 득의 영역에 있을 때는 일반적으로 보수적인 행동을 하는 경향이 있다.

   예 도박에서 돈을 많이 획득한 사람이 마지막이 올수록 몸을 사리는 경향

3. 사람들이 실의 영역에 있을 때에는 일반적으로 위험을 추구하는 행동을 하는 경향이 있다.

   예 도박에서 돈을 많이 잃은 사람들이 마지막에 남아 있는 돈을 모두 거는 경우

4. 동일한 결정이 득 또는 실의 영역, 어느 쪽에서든지 내려질 수 있다.

ⓒ 결정틀

결정틀이란 동일한 결정문제가 제시되는 형태를 말한다. 예를 들면, 컵의 물이 반 정도 있을 때 반이 라는 물의 양도 "반이나 남았다(득)"라는 것과 "반밖에 안 남았다(실)"라는 것처럼 득과 실로 분리될 수 있다. 이는 문제의 표면적 제시 형태에서의 변화가 판단과 결정에 영향을 준다는 것이고 이를 결정틀 효과라 한다. 결정틀은 소비자 선호에 영향을 미칠 뿐만 아니라 제품의 가격변화에 따른 소비자 반응을 알아보는 데 적용이 가능하다. 보통 판매촉진 전략(예 리베이트)에 적용되는 경우가 많다.

② **시간틀과 득실의 판단**

　㉠ 미래에 발생할 득과 실의 가치

　　결정이 내려진 시점과 그 결정에 의한 득 또는 실이 현실화되는 시점 사이의 시간 간격이 가치판단에 영향을 미친다. 즉, 소비자는 100만 원을 1년 기다려서 받기보다 지금 받으려 할 것이지만, 소비자는 100만 원을 지금 지불하기보다 1년 후에 지불하려 할 것이다(Mowen & Mowen, 1991). 다시 말해, 소비자는 자신의 득을 현 시점에서 챙기고 실을 뒤로 미루려고 한다. 따라서 시간에 의해 득과 실의 가치는 현 시점에서 극대화되고 미래에 감소하기에 소비자는 현 시점에서 득을 챙기고 실을 지연시킨다. **예** 신용카드(지금 구매-나중 지불계획), 대출(지연-지불효과) 등

　㉡ 간발의 차이

　　무언가가 실제로 일어난 때와 무언가가 일어날 수 있었던 때 사이의 시간 차이도 좋고-나쁨에 대한 소비자 판단에 영향을 미친다. 백화점에서 마음에 드는 제품을 보고 나서 잠깐 다른 매장에 들렀다 다시 돌아갔을 때 방금 전 팔렸다는 얘기를 들으면 평소보다 더 강한 감정반응을 보일 것이다. 소비자는 어떠한 기회를 넉넉한 시간의 차이로 놓친 것보다 바로 앞에서 놓쳤을 때 더 강한 감정반응을 보이게 된다. 예를 들어, 장기기증 광고를 보면 한 달 차이로 장기기증을 받지 못하여 죽은 환자의 이야기보다 일주일 차이로 장기기증을 받지 못하여 죽은 환자의 사례가 사람의 감정을 이끌어내는 데 더 효과적이다.

　㉢ 소비자의 자기통제

　　소비자의 자기통제는 현재에는 기쁨을 주지만 미래에는 근심을 줄 구매를 피하는 사람의 능력을 말한다. 마약중독자들은 마약이 주어졌을 때 충동을 견디지 못한다. 이런 사람들에게 있어서 마약을 얻는 기쁨은 압도적이고, 이후에 발생할 손실은 시간적으로 먼 일이기 때문에 자기통제를 억제하지 못하고 충동을 견디지 못하는 것이다.

　㉣ 쿠폰만기일과 상환

　　쿠폰만기일 직전에 쿠폰 상환은 크게 증가한다. 쿠폰만기일이 한참 남아 있다면 소비자는 쿠폰을 사용하지 않아서 생기는 손실을 절감한다. 그러나 만기일이 다가옴에 따라 쿠폰을 상환하지 않아 생기는 손실은 크게 지각되며 이로 인해 쿠폰 사용이 증가한다.

③ **기억과 가치판단**

　소비자는 구매를 결정하는 과정에서 과거 유사한 사건에서 의미를 찾곤 한다. 이러한 의미 기억은 다양한 대안들의 좋고 나쁨에 영향을 미친다. 의미에는 두 가지 유형의 의미가 있다.

　㉠ 공적 의미 : 외부 관찰자 또는 사회적인 문화에 부여되는 것으로 예를 들면, 빨간색 셔츠는 2002년 월드컵을 열정적으로 응원했던 '붉은악마' 응원단의 의미가 있다.

　㉡ 사적 의미 : 개인이 갖고 있는 사적 기억으로 소비자들마다 본인이 겪어 온 상황에 따라 다른 의미를 갖게 된다. 사적 의미의 한 유형으로 향수(Nostalgia)를 들 수 있다. 어떤 상황을 보고 과거의 경험과 기억으로 인하여 긍정적으로 바라볼 수 있고, 부정적으로 바라볼 수 있다. 예를 들어, 초콜릿을 보고 어떤 이는 밸런타인데이에 연인에게서 고백 받았던 행복한 추억을 떠올리는가 하면, 어떤 이는 초콜릿을 잘못 먹고 급체했던 기억을 떠올릴 수 있다.

더 알아두기

전망이론(조망이론, Prospect Theory)

전망이론(조망이론)은 불확실한 상황에서 행하는 인간의 판단과 선택을 설명하는 이론이다. '사람은 변화에 반응한다'는 것이 카너먼과 트버스키(Kahnneman & Tversky, 1979)가 창시한 전망이론의 출발점이다. 전망이론은 사람들은 이득보다 손실에 더 민감하고 기준점을 중심으로 이득과 손실을 평가하여 이득과 손실 모두 효용이 체감한다고 가정하는 이론이다.

전망이론에 따르면, 각 선택대안에 따른 선호도가 일정해야 한다고 보는 기대효용이론과 달리 실제 선택대안이나 문제 상황이 어떻게 표현되는지에 따라 달라지는 선호도 역전현상이 나타난다.

1. 가치함수

전망이론은 주류경제학의 효용함수에 대응하는 가치함수를 가진다. 기대효용이론의 효용함수에 해당하는 가치함수는 이득과 손실의 영역에서 각 대안의 선택으로 발생될 이득과 손실에 대해 사람들이 주관적으로 느끼는 가치를 반영한다. 가치함수는 비선형적인 형태를 갖는데, 판단기준점인 원점을 준거점으로 하여 이익 상황에서는 오목한 형태를, 손실 상황에서는 볼록한 형태를 가진다. 다음 특징은 전망이론에서 상정한 모든 가치함수에 공통된 사항이다.

(1) 준거점 의존성

각 선택대안의 가치는 준거점과 비교하여 이득과 손실로 구분된다. 준거점은 다양한 상태에서 생각해 볼 수 있는데, 금전이나 건강의 경우 현재의 상태가 준거점이 될 수 있고, 사회규범, 타인의 행동에 대한 기대, 요구수준이나 목표도 준거점이 될 수 있다. 준거점의 결정에서도 주관성이 작용하는데, 동일한 선택대안들에 대한 표현방식을 다르게 하면 준거점도 변하며 그 결과로 대안에 대한 선호와 선택이 달라질 수 있다.

> 〈사례〉
> 물건을 사고 카드로 결제하려고 하는데 판매원이 현금결제 시에는 9만 5천 원, 카드결제 시에는 10만 원이라고 한다. 이 금액의 차이는 현금결제의 할인인가? 카드결제의 수수료인가?

현금과 카드결제 간에 가격차이가 있을 때 소비자는 기준점에 따라 현금결제를 하면 할인을 받는다고 생각할 수 있고, 카드결제 시에는 할증 수수료가 붙는다고 생각할 수 있다.

(2) 민감도 체감성

손익의 작은 변화가 비교적 큰 가치 변동을 가져온다. 그러나 이익이나 손실의 가치가 커짐에 따라 작은 변화에 대한 가치의 민감도는 감소한다. 이러한 특성이 바로 민감도 체감성이며 가치함수의 기울기가 점점 완만해지는 것으로 나타난다.

> 〈사례〉
> 마트에 쇼핑을 하러 갔을 때 제품가격이 3만 원에서 3만 3천 원으로 인상된 경우와 30만 원에서 30만 3천 원으로 인상된 경우 중 어느 쪽이 더 많이 올랐다고 느끼는가?

액수가 커짐에 따라 변화에 따른 민감도가 감소하는데 동일한 3천 원의 가격이 인상되었지만, 전자가 후자보다 더 많이 올랐다고 인식하는 경향이 있다.

(3) 손실회피성

손실은 금액이 똑같은 이익보다도 훨씬 더 강하게 평가된다. 일반적으로 사람들이 손실에서 경험하는 불만족은 이익에서 느끼는 만족보다 2배 이상 크다고 한다. 따라서 기업은 전망이론을 활용하여 이익은 나누고 손실을 합하는 전략, 손실보다는 이익이 클 경우에는 합하고 손실이 클 경우에는 나누는 전략 등을 행한다.

2. 보유효과(endowment effect)와 현상유지 심리

(1) 보유효과

보유효과는 사람들이 어떤 물건이나 상태(재산뿐 아니라 지위, 권리, 의견 등도 포함)를 실제로 소유하고 있을 때 그것을 지니고 있지 않을 때보다 그 자체를 높게 평가하는 것을 말한다. 보유효과는 2가지 의미에서 손실회피성을 구체적으로 드러낸다.

첫째, 소유하고 있는 물건을 내놓는 것(매각)은 손실로, 그것을 손에 넣는 일(구입)은 이익으로 느끼는 것이다.

둘째, 물건을 구입하기 위해 지불하는 금액은 손실로, 그것을 팔아서 얻는 금액은 이익으로 취급한다. 하지만 손실 회피성에 따라 어느 쪽이라도 이익보다는 손실 쪽을 크게 평가하게 된다. 따라서 손실을 피하기 위해 가지고 있는 것을 팔려고 하지 않고 실제로 소유하고 있는 물건에 대한 집착이 생기는 것이다.

> 〈보유효과에 관한 카너먼 등의 실험〉
> 실험참가자를 3개 그룹으로 나누어 첫째 그룹에 머그컵을 주면서 초콜릿 바와 교환해도 된다고 했다. 둘째 그룹은 첫째 그룹과 반대로 초콜릿 바를 주면서 머그컵과 교환할 수 있는 기회를 주었다. 또 셋째 그룹은 2가지 물건 중에서 자신이 좋아하는 것을 선택하도록 했다. 실험 결과, 첫째 그룹의 89%는 머그컵을 선호했으며, 둘째 그룹에서는 90%가 초콜릿 바를 선택했다. 셋째 그룹은 거의 반반의 비율로 선택했다. 이 연구결과는 보유효과가 강하게 작용하고 있다는 것을 나타내는데, 이러한 효과는 친숙함, 익숙함과 관련되며 기업들은 소비자에게 시험사용기간을 제안하여 보유효과를 이용하기도 한다.

물건을 산 뒤 마음에 들지 않으면 현금으로 돌려주겠다는 기업체의 현금반환보증판매나 자동차업계의 시승, 테스트기간, 시험사용 등은 이러한 보유효과를 이용한 것이라 볼 수 있다.

(2) 현상유지 심리

현상유지 심리는 현재 상태에서 변하는 것을 회피한다는 의미로 '관성'이 작용하고 있는 것이다. 인간의 손실회피 성향은 관성효과를 초래하고, 이에 따라 현재 자신이 소유하고 있는 것에 보다 애착을 느끼게 된다. 이러한 손실회피 성향이 판단과정에서 현재 자신이 가지고 있는 생각이나 소유물에 더 집착하게 만들어 현실에 안주하는 현상유지 심리를 초래할 수 있다. 많은 기업들이 고객체험단 활동과 체험마케팅을 통해 이러한 현상유지 심리를 이용한다. 제품체험을 통한 보유효과의 발생으로 인해 소비자들은 제품 반환 시에는 상실감을 느끼게 되고 체험한 구매자에게 할인혜택을 준다면 구매확률은 높아지게 된다.

(4) 다양한 정보의 통합방식

정보통합 이론은 최종 판단에 도달하기 위해 정보가 처리되는 방식에 대한 양적인 기술을 제시한다. 다시 말해, 정보통합 이론은 개인이 많은 정보들을 단일의 전반적인 판단으로 결합하는 통합과정이다.

① **가산모형** : 각각의 속성이 갖는 선호의 가치를 합산하여 제품에 대한 선호도를 판단한다.

② **평균화모형** : 각각의 속성이 갖는 선호의 가치를 합산하여 평균을 내어 제품에 대한 선호도를 판단한다.

③ 소비자의 제품에 대한 전반적인 평가는 평균화모형에 의해 더 적절히 설명되는 것으로 나타났다(양윤, 1992 ; 1998). 즉, 좋은 속성과 적당히 좋은 속성 두 가지를 함께 제공하는 것이 좋은 속성 하나만을 제공하는 것보다 제품에 대한 소비자의 전반적인 평가를 떨어뜨린다는 것이다.

⑥ 소비자 선택과정

소비자는 모든 대안을 평가한 후 그 대안들 중에서 상표, 서비스, 매장을 선택한다. 더 나아가 서로 비교하기 어려운 대안으로도 소비자는 선택을 한다. 이러한 선택을 하는 과정과 관점에 대해 알아보자.

(1) 보상규칙

보상규칙은 **한 속성에서의 높은 평가가 또 다른 속성에서의 낮은 평가를 보상하는 방식**이다. 이러한 유형의 평가과정에서 한 상표의 속성들의 모든 정보가 상표에 대한 전반적인 판단으로 결합된다. 여기에서 중요한 점은 어떤 특정한 속성에서의 낮은 평가로 인하여 대안 상표가 거부되지 않는다는 점이다. 예를 들어, 소비자가 자동차를 구매한다고 가정할 때 구매하고자 하는 상표의 자동차를 가속성에서 낮게 평가하더라도 다른 속성에서 높게 평가할 수 있다. 이때 낮은 평가의 속성이 있다고 하더라도 선택은 전반적인 평가에 의해 이루어지기 때문에 소비자는 그 희망 상표를 선택할 수 있다. 어떤 속성에서의 높은 평가가 다른 속성에서의 낮은 평가를 보상할 수 있기에 보상모델이라고 한다.

판단기준			대안상표			
속성(a)	가중치(w)	기준치(c)	상표A	상표B	상표C	상표D
연비	4	6	5	5	6	7
가격	3	4	5	4	5	5
승차감	2	6	5	5	6	5
스타일	1	5	6	6	6	5

① 동일가중 보상규칙

동일가중 보상규칙은 각 상표별로 모든 속성의 값들을 더하고 그 값이 최대인 상표를 선택하며 각 속성의 가중치는 동일한 것으로 다루는 보상모델의 유형이다. 동일가중 보상규칙은 모든 속성들의 중요도를 동일한 것으로 다루기 때문에 이때 각 속성의 가중치는 무시된다. 동일가중 보상규칙으로 선택을 한다면 표에서 모든 속성들의 합이 가장 큰 '상표C(23점)'를 선택할 것이다.

② 차등가중 보상규칙

각 상표의 모든 속성 값과 속성의 가중치도 함께 고려하여 가장 높은 점수를 갖는 상표를 선택하는 보상모델의 유형이다. 소비자는 먼저 각 속성 값에 그 속성이 지닌 가중치를 곱하여 값을 구하고 그 다음 상표의 전반적인 평가를 위해 상표별로 속성들의 가중된 값을 합하여 그 값이 최대인 상표를 선택한다. 차등가중 보상규칙에서 알아두어야 할 것은 속성의 가중치를 동일하게 하느냐, 다르게 하느냐에 따라 선택되는 상표가 달라질 수 있다는 것이다. 표에서 보듯이 가중치를 동일한 것으로 볼 경우, 대안 상표에서 속성 값의 합이 가장 높은 상표C를 선택할 것이다. 그러나 속성의 가중치를 달리 하여 연비에 최대 가중치(4점)를 적용한다면 소비자는 '상표D(88점)'를 선택할 것이다. 물론 동일가중 또는 차등가중 규칙 중 어느 것을 사용해도 선택이 변하지 않는 경우도 있다.

(2) 비보상규칙

비보상규칙이란 높게 평가된 속성이 낮게 평가된 다른 속성을 보상하지 못하는 방식을 말한다. 비보상모델은 소비자가 한 번에 한 속성에서 대안들을 비교하기 때문에 선택의 위계모델이라고도 한다. 보통 저관여 상황에서 소비자는 일반적으로 비보상규칙을 사용한다.

① 속성결합규칙(또는 전체속성 기준초과규칙)

자신이 고려하기 원하는 모든 속성에 최소한의 기준을 설정하고 대안 상표가 해당 기준을 통과하지 못하면 그 상표를 즉시 거부하는 규칙이다.

표의 자동차 사례에서 보면 각 기준치를 모두 통과한 대안은 상표C뿐이다. 이러한 속성결합규칙에서 소비자가 정보를 처리하는 방식은 주로 상표 중심 처리를 따른다. 즉, 한 상표에서 모든 속성들이 기준치에 도달하거나 초과하는지를 살피고 다음 상표로 넘기게 된다.

② 속성분리규칙(또는 우수속성 기준초과규칙)

자신이 고려하는 속성에 최소한의 기준을 설정하고 대안들이 그 속성에서 평가된다는 점은 속성결합규칙과 유사하나, 속성결합규칙은 모든 속성을 고려하지만 속성분리규칙은 우선시하는 몇몇 속성을 고려한다. 속성분리규칙은 우선시하는 몇몇 속성 중에서 한 속성이라도 최소한의 기준치를 통과하는 대안은 구매고려 대안으로 수용하는 비보상규칙을 말한다. 속성분리규칙에서도 주로 상표 중심 처리를 따르고 속성분리규칙에서의 기준치는 속성결합규칙에서의 기준치보다 전형적으로 높게 설정된다. 앞의 표에서 보면 만일 소비자가 연비와 승차감을 중요시 여겨 이 두 속성만을 고려한다면 상표A와 B는 제거되지만 상표C와 D는 수용된다. 속성결합규칙을 적용하면 상표D가 제거되지만, 속성분리규칙을 적용하면 상표D가 수용된다. 이러한 속성분리규칙은 한 가지 대안 이상을 허용하며 이 규칙에서 소비자가 정보를 처리하는 방식도 주로 상표 중심 처리를 따른다.

③ 속성 값에 의한 제거규칙

속성 값에 의한 제거규칙의 경우 소비자가 중요하다고 생각하는 속성의 서열을 따라 대안을 비교하여 선택이 이루어지는데 대안을 비교할 때 속성의 기준치에 미달하는 대안은 제거된다. 가장 중요한 속성에서 선택이 이뤄지지 않으면 결정자는 그 다음으로 중요한 속성에서 대안을 비교하여 기준치에 미달하는 대안을 제거한다. 이 과정을 단 하나의 대안이 남을 때까지 계속한다.

표의 자동차 사례에 속성 값에 의한 제거규칙을 적용해보자. 먼저 네 가지 속성을 중요도에 따라 나열해보면 연비, 가격, 승차감, 스타일 순이다. 가장 중요한 속성인 연비의 기준에 의하여 상표A와 B는 제거되고 상표C와 D가 남는다. 그 다음으로 중요한 속성인 가격의 기준치에 의해 상표C와 상표D가 모두 통과되고 승차감 기준치에 의하여 상표D는 탈락하고 상표C가 선택된다. 속성 값에 의한 제거규칙에서 소비자가 정보를 처리하는 방식은 속성 중심 처리를 따른다.

④ 사전찾기식규칙

사전찾기식규칙이란 속성들을 중요도에 따라 서열을 매기고 가장 중요한 속성에서 가장 뛰어난 값을 지닌 대안을 선택하는 비보상모델의 결정규칙이다. 사전찾기식규칙은 속성을 중요도에 따라 서열을 매기고 중요한 속성에서부터 대안을 비교하는 것이라는 점에서 속성 값에 의한 제거규칙과 유사하다. 그러나 속성 값에 의한 제거규칙은 사전에 설정된 기준치가 있으나 사전찾기식규칙은 사전에 설정된 기준치가 없고 대신에 최고의 속성 값을 갖는 대안을 찾는다.

표에 적용해보자. 우선 네 가지 속성을 중요도에 따라 나열하면 연비, 가격, 승차감, 스타일 순이고 가장 중요한 속성인 연비에서 최곳값은 상표D이다. 따라서 상표D가 선택된다. 사전찾기식규칙에서 소비자가 정보를 처리하는 방식은 속성 중심 처리를 따른다.

⑤ 빈도규칙

빈도규칙은 소비자가 저관여 상태일 때 대안 상표의 긍정적 속성이 부정적 속성보다 얼마나 많은지 또는 한 상표가 다른 상표보다 뛰어난 속성을 얼마나 더 많이 갖고 있는지에 따라 선택하는 비보상모델의 결정규칙이다. 빈도규칙은 한 상표가 다른 상표를 능가하는 속성의 수를 단순하게 세는 것과 같다.

(3) 단계전략

단계전략에서는 소비자는 처음에는 비보상모델을 사용하고 그 다음에 보상모델을 사용하거나 또는 비보상모델의 두 가지 규칙을 연속적으로 사용하기도 한다. 단계전략은 고관여 조건에서 사용되는 경향이 있다.

(4) 경험적 선택과정

① 감정참조규칙

감정참조규칙이란 대안에 대한 전반적인 감정에 근거하여 선택하는 비보상모델의 결정규칙이다. 소비자는 제품속성 또는 속성에 대한 자신의 신념을 확인하기보다는 자신에게 가장 긍정적인 느낌을 주는 대안을 선택한다. 예를 들어, 핸드폰으로 iPhone을 사용하던 소비자가 기계가 고장 나서 바꾸려고 할 때 Apple Shop에 가서 새로운 iPhone을 구매하는 경우이다. 이 경우 소비자가 특정 상표에 대해 매우 긍정적인 감정을 갖고 있기에 상표충성에 의한 구매가 이루어지게 된 것이다.

② 상표인식의 효과

상표인식의 효과는 친숙하고 유명한 상표를 선택하는 비보상모델의 결정규칙이다. 소비자가 친숙하고 유명한 상표에 대해 매우 긍정적인 감정을 가지고 있기 때문에 새로운 상표가 시장점유율을 높이는 데 매우 어려움을 갖는다.

③ 선택과 기분

소비자의 기분상태는 소비자가 선택에서 결정과정을 사용할 것인지 아니면 경험접근을 사용할 것인지에 영향을 준다. 한 연구에서 긍정적 기분의 사람은 정보소구(Information Appeal)보다 감정소구(Emotional Appeal)에 더 호의적으로 반응했지만 반대로 부정적 기분의 사람은 정보소구에 더 호의적으로 반응했다.

(5) 비교할 수 없는 대안들 간의 선택

항상 비교 가능한 대안들 사이에서만 선택이 일어나는 것은 아니다. 공통적인 속성을 갖고 있지 않아도 선택을 해야 할 경우도 있는데 이에 대한 연구결과는 다음과 같다.

① 응답자들은 그들이 대안을 비교할 때 추상적인 속성들을 많이 사용하는 경향이 있었다. 따라서 응답자들이 카메라와 양복을 비교할 때 그들은 필요성, 스타일, 비용, 혁신성과 같은 속성들에 중점을 두었다.

② 응답자들은 대안에 대한 전반적인 태도를 비교하는 것과 같은 전체적인 전략을 사용하였다. 추상적인 속성에서 각 대안을 비교한 것 외에도 응답자들은 다양한 제품들의 전반적인 인상을 형성하고 비교하기 위해 각각의 대안을 개별적으로 평가하는 경향이 있었다.

③ 실용재와 쾌락재 선택의 고민

구분	실용재	쾌락재
정의	도구적이고 기능적인 편익을 주로 제공하는 제품	즐거움, 짜릿함, 재미 등의 감정적인 편익을 주로 제공하는 제품
예시	필기구, 교통카드, 전자사전, 컴퓨터 등	초콜릿, 아이스크림, 여행상품, 호텔 숙박권 등
척도	효과적인, 도움이 되는, 기능적인, 필요한, 실용적인	재미있는, 신나는, 즐거운, 짜릿한, 즐길 수 있는

㉠ 쾌락재 소비가 실용재 소비에 비해 더 많은 죄책감을 유발한다.

㉡ 실용재와 쾌락재를 함께 제공할 경우 실용재가 가진 도구적 기능성에 더 높은 가치를 부여하고 감각적 즐거움을 위한 쾌락재 선택에는 죄책감을 느낀다.

㉢ 쾌락재 소비에 대한 죄책감을 감소시켜 줄 수 있는 정당성이 제공될 경우에는 실용재보다 쾌락재를 선택하려는 경향성이 증가한다.

㉣ 선택에 대한 책임이 감소하는 경우(예 타인이 대신 선택하는 경우) 즉, 정당화 필요성 자체가 줄어드는 경우 실용재보다 쾌락재에 대한 선호가 증가한다.

7 구매 후 과정

구매 후 과정은 소비, 선택 후 평가 그리고 제품, 서비스, 아이디어의 처분을 나타낸다. 선택 후 평가의 단계 동안 소비자는 일반적으로 자신의 구매에 대해 만족이나 불만족을 표현한다. 구매 후 고객의 만족을 이끌어 내는 것이 기업의 목표이다. 소비자는 제품을 구매하고 경험한 후 제품에 대한 만족과 불만족이 형성된다. 제품에 대해 만족하였다면 상표에 대한 충성으로 지속적인 구매로 이어지겠지만, 불만족하였다면 판매자 또는 제조업자에게 불만을 갖고 불평행동으로 이어질 것이며 제품을 처분할 것이다.

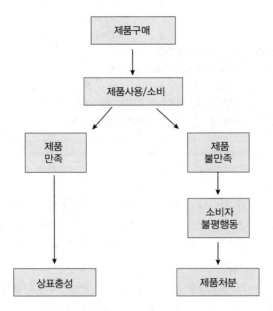

▲ 소비자 구매 후 과정의 모델(양윤, 2008)

(1) 구매 후 만족/불만족

소비자 만족이란 소비자가 제품이나 서비스를 구매하여 사용한 후에 그 제품이나 서비스에 대해 갖는 전반적인 태도를 말한다. 경영적 관점에서 고객만족이 기업의 수익에 긍정적인 영향을 미치기 때문에 기업은 고객만족을 증진시키기 위하여 다양한 프로그램을 고안해야 한다.

① 제품성능과 품질의 평가

제품품질은 제품이나 서비스의 수행의 우월성에 대한 고객의 전반적인 평가로 정의된다(Zeithaml, 1988). 지각된 제품성능을 평가하는 데 있어서 주요한 문제는 소비자가 자신의 평가를 위해 어떠한 차원을 사용하느냐이다.

> **🔔 더 알아두기 🔍**
>
> **제품품질의 차원**
> - 수행 : 주요 속성에서의 성능
> - 보조특성 : 주요 속성을 보조하는 속성의 수
> - 신뢰도 : 제품이 작동하지 않을 가능성
> - 내구성 : 제품의 수명
> - 서비스 : 수리 용이성, 종업원의 시간절약, 예의범절 및 시기 적절성
> - 심미안 : 제품의 외양, 느낌, 또는 소리
> - 세부 기준과의 일치 : 제품 속성의 세부 기준에 일치하는 정도
> - 지각된 품질 : 소비자의 품질지각에 영향을 주는 상표 이미지 및 다른 무형의 요인을 포함한 포괄적인 범주에 대한 평가

서비스품질의 차원
- 실체 : 서비스 부서의 물리적 시설, 도구 및 종업원의 상주
- 신뢰도 : 서비스를 신뢰할 수 있고 정확하게 수행할 직원의 능력
- 반응성 : 고객에게 신속한 서비스를 제공
- 확신성 : 신뢰와 확신을 불러일으키는 종업원의 능력, 지식 및 예의범절
- 공감 : 고객에게 개인화된 주의를 제공하고 고객을 염려하는 종업원의 능력

② 만족과 불만족의 형성

　㉠ 기대 불일치 모형

　　소비자는 제품 구매 후 자신의 기대성능을 제품의 실제성능과 비교한다(예 제품품질의 지각). 만일 품질이 소비자의 기대 이하로 떨어지면 소비자는 감정적 불만족을 경험한다. 만일 품질이 기대 이상이라면 소비자는 감정적 만족을 경험한다. 만일 실제성능이 기대와 동일하다고 지각되면 소비자는 기대일치를 경험한다(Oliver, 1980). 기대와 실제성능이 일치할 때 소비자는 제품에 대한 만족을 의식적으로 느끼지 않을 수도 있다. 그래서 비록 기대일치가 긍정적인 상태일지라도 그것은 종종 강한 만족을 유발하지는 않는다. 소비자는 실제성능이 기대성능에 비해 확연하게 우위에 있을 때 강한 만족을 경험한다.

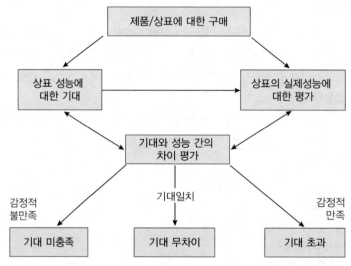

▲ 소비자 만족/불만족에 대한 기대 불일치 모형(양윤, 2008)

더 알아두기

기대불일치 모형

소비자 만족·불만족은 소비자 구매 의사결정과정의 결과이다. 소비자 만족 여부는 제품의 사용경험에 영향을 받지만 구매 전 소비자가 가지고 있던 기대에 의해서도 영향을 받는다. 일반적으로 소비자는 자신의 욕구 충족과 관련하여 구매하고자 하는 제품에 대해 기대를 가지고 있다. 그러므로 구매 후 소비자의 만족·불만족은 제품의 성과가 소비자의 기대를 얼마만큼 잘 충족시키는지에 따라 결정된다.

1. 만족/불만족에 영향을 미치는 세 가지 요인

(1) 일치, 불일치 : 소비자들은 구매 이전에 제품성과에 대한 기대를 형성하고, 제품구매 및 사용을 통하여 경험한 지각된 제품성과를 기대수준과 비교함

    ① 부정적 불일치(negative disconfirmation)

    ② 긍정적 불일치(positive disconfirmation)

    ③ 단순한 일치(simple confirmation)

(2) 지각된 성과 : 제품 성과에 대한 소비자 자각, 지각된 성과는 기대와의 일치, 불일치를 통해 만족/불만족에 영향을 미침과 동시에 직접적으로 영향을 미치기도 함

(3) 기대 : 제품성과에 대한 기대수준은 과거경험, 유사한 타제품에 대한 경험, 촉진변수 소비자특성에 의해 영향을 받는다. Oliver의 주장은 기대는 만족에 직접적으로 정(+)의 영향을 미친다고 하였으나 현실적으로 맞지 않는 경우가 많이 있다. 결과적으로 기대가 다른 매개변수들에 영향을 미치기는 하지만, 기대가 만족/불만족에 미치는 효과는 대부분의 경우 정(+)의 방향으로 나타난다.

    ① 제품 자체의 특성을 고려했을 때 소비자의 제품에 대한 사전경험, 제품가격, 그리고 제품의 물리적 특성 등이 모두 소비자의 기대성능에 영향을 준다.

    ② 기업이 광고와 판매원의 의사소통을 통해 제품을 어떻게 촉진하느냐 역시 기대성능에 영향을 준다.

    ③ 기대성능은 소비자의 개인특성(예 연령, 성격, 학력 등)에 의해서 영향을 받는다.

2. 기대가 지각된 성과에 미치는 영향

객관적으로 동일한 성과이더라도 지각된 성과는 기대의 영향을 받을 수 있다.

(1) 동화효과(assimilation effect) : 제품성과가 기대에 미치지 못하였을 경우, 실제의 낮은 제품성과를 기대수준과 별 차이가 없는 것으로 지각한다. 성과가 기대보다 못하다고 느낄수록 소비자는 심리적 불편함(인지부조화)을 겪게 되므로, 성과를 기대에 동화시켜 좀 더 긍정적으로 받아들이려 노력(인지부조화 감소)을 하는 것이다.

(2) 대조효과(contrast effect) : 제품성과가 기대에 미치지 못하는 경우 분노를 느껴 제품성과를 실제보다 더 부정적으로 평가함으로써 제품에 대한 부정적 태도 및 불만족을 형성한다.

(3) 동화-대조효과(assimilation-contrast effect) : 불일치에 대한 허용범위를 설정하여 불일치의 정도가 허용범위를 초과하게 되면 그 차이를 더 크게 지각하게 되며(대조효과), 범위 내에 들면 기대수준과 별 차이가 없는 것으로 받아들인다(동화효과).

ⓒ 형평이론

형평이론은 사람들이 교환과정에서 자신의 투입과 성과 간의 비율을 상대방의 투입과 성과 간의 비율과 비교하여 자신의 비율이 낮을 경우 사람들은 불형평의 감정을 느낄 것이라고 설명한다.

$$\frac{성과A}{투입A} = \frac{성과B}{투입B}$$

소비자 관점에서 투입은 교환을 하기 위해 사용된 정보, 노력, 돈 또는 시간 등이다. 성과는 교환으로부터 얻는 이득으로 판매자에게서 받은 제품 또는 서비스, 제품의 성능, 감정 등을 들 수 있다.

ⓒ 귀인이론

만일 어떤 제품의 성능이 기대 이하라면 소비자는 그 원인을 찾으려 할 것이다. 소비자가 기대 이하의 성능 원인을 제품이나 서비스 자체로 귀인한다면 소비자는 불만족을 느낄 것이지만, 그 원인을 우연요인이나 자신의 행동으로 귀인한다면 소비자는 불만족을 느끼지 않을 것이다. 이렇듯 소비자의 귀인은 제품 또는 서비스에 대한 구매 후 만족에 큰 영향을 줄 수 있다.

ⓔ 제품의 실제성능

실제적인 제품성능이 기대, 형평, 귀인과는 독립적으로 소비자 만족에 영향을 준다. 소비자가 제품의 성능이 형편없을 것이라고 충분히 예상하고 있을 때조차도 실제로 그렇게 되면 불만족을 느낀다. 또한, 제품이 평가하기 쉽고 명확할 때 지각된 제품성능/품질이 소비자 만족/불만족에 직접적으로 영향을 준다.

ⓜ 2요인이론

사람은 만족하면서도 동시에 불만족하기에 사람에게 만족을 주는 동기요인과 불만족을 주는 위생요인을 찾아내려는 동기이론이다. 만족과 불만족은 반대 개념이 아니라 서로 독립적이다. 사람들은 만족하면서도 동시에 불만족할 수 있다. 여기에서 동기요인은 개인의 활동과 직접적으로 관련되며 자기표현과 의미 있는 경험을 제공하는 요인이고 위생요인은 작업조건과 회사정책과 같은 개인의 환경적 특성과 관련되는 요인이다. 동기요인과 위생요인 모두를 제공하는 조직이 고객 만족을 가장 성공적으로 극대화하며 아울러 고객 불만족을 최소화한다.

ⓗ 감정과 소비자 만족/불만족

소비자가 제품 구매 후 또는 실제 사용 중에 느끼고 있는 또는 느꼈던 감정(긍정적/부정적)에 의해 소비자 만족의 수준이 영향을 받는다. 소비자는 서로 독립적으로 그리고 동시에 구매에 대해 긍정적인 감정과 부정적인 감정을 느낄 수 있다. 구매 자체가 감정반응을 유발하고 감정반응이 소비자 만족/불만족의 감정을 유발한다. 따라서 기대가 일치했거나 혹은 불일치했다는 인지적인 지식에 더해 구매 후 과정을 둘러싸고 있는 감정도 제품에 대한 소비자의 만족에 영향을 준다. 감정반응은 소비자의 인지적인 사고(예 종업원의 조심성, 친절함 등에 대한 신념)와 독립적으로 만족을 예측한다. 특히 자동차 구매와 같은 고관여 상황에서 소비자 만족은 강한 감정적인 요소를 가지는 경향이 있다(Westbrook & Oliver, 1991).

(2) 소비자 불평행동

소비자가 제품이나 서비스에 대해 불만족했다고 느낄 때 다양한 방법으로 불평행동을 취하게 된다. 다섯 가지 공통적인 불평행동의 유형은 다음과 같다(양윤, 2008).

- 매장에 대해 아무것도 안 하거나 조취를 취한다.
  - 사건에 대해 잊어버리고 어떤 것도 하지 않는다.
  - 매장 관리자에게 분명하게 불평한다.
  - 다시 찾아가거나 매장에 즉시 전화하여 관리자로 하여금 문제를 처리하게 한다.
- 매장을 다시 이용하지 않고 친구도 그렇게 하도록 설득한다.
  - 매장을 다시 이용하지 않기로 결정한다.
  - 친구와 친척에게 자신이 겪었던 안 좋은 경험에 대해 이야기한다.
  - 친구와 친척에게 매장을 이용하지 않도록 설득한다.
- 제3의 기관과 함께 명백한 행동을 취한다.
  - 소비자 기관에 불평한다.
  - 지역신문에 편지를 쓴다.
  - 매장에 대해 법적인 행동을 취한다.
- 기관을 보이콧한다.
- 제품이나 서비스를 제공하기 위한 대체 조직을 만든다(예 소비자 연맹).

① 목적

ⓐ 소비자는 경제적인 손실을 만회하기 위해서 불평을 한다. 그들은 회사(또는 매장)로부터 직·간접적으로 문제가 있는 제품을 교환하거나 환불을 위한 방법을 찾을 수 있다.

ⓑ 소비자는 자기 이미지를 회복하길 원한다. 많은 경우 제품 구매는 구매자의 자기 이미지와 관련되어 있는데 제품이 잘 수행하지 못한다면 소비자의 자기 이미지도 낮아지게 되는 것이다. 자기 이미지를 복구하기 위해서는 소비자는 부정적인 커뮤니케이션을 할 수 있고 상표구매를 중단하거나 회사 또는 제3의 기관에 불평하거나 법적인 행동을 취할 수도 있다.

② 불평에 영향을 주는 요인

ⓐ 불만족의 수준이 증가할 때

ⓑ 불평에 대한 소비자의 태도가 호의적일 때

ⓒ 불평으로부터 얻을 수 있는 이득의 양이 증가할 때

ⓓ 기업이 문제에 대해 비난받을 때

ⓔ 제품이 소비자에게 중요할 때

ⓕ 소비자가 불평할 수 있게 만드는 자원이 증가할 때

ⓖ 과거 불평을 했던 경험이 있을 때

ⓗ 소비자의 귀인 : 소비자가 제품 문제를 자신이 아니라 기업으로 귀인할 때

ⓘ 인구통계학적 요인 : 젊고 높은 소득과 교육수준을 가진 경향이 있음

ⓙ 성격변수 간의 관계 : 독단적(폐쇄적)이고 자신감이 있는 사람이 불평 경향이 있음

③ 소비자 불평에 대한 기업의 반응

ⓐ 소비자 불만(불평) 조정 매뉴얼 마련(예 소비자 부담 전화번호)

ⓑ 기업 과실이 아닐 경우 부정적인 사건과의 연결고리를 끊어야 함(예 회피, 외부귀인, 해명 등)

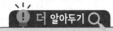

불평과 퇴출행동
퇴출행동은 관계를 끊거나 또는 제품이나 서비스에 대한 구매수준을 낮추는 소비자의 선택을 말한다. 소비자가 구입한 고가의 제품이 문제가 발생하여 불만행동을 제기할 경우 소비자는 기업과의 관계를 더욱 끊으려 하며 제품이나 서비스에 대한 구매수준을 더 낮추려 한다. 연구자는 많은 경우에 불평하는 고객을 안정시키기 어렵기 때문에 기업에게 불평에 대해 "처음으로 비위를 맞춘다."라는 태도를 제안하였다(Bolton & Bronkhorst, 1995).

(3) 상표충성

상표충성이란 소비자가 특정 상표에 대한 긍정적인 태도로 인하여 그 상표를 반복적으로 구매하는 행위를 말한다. 상표충성은 제품품질에 대한 지각, 오랜 시간에 걸쳐 경험했던 상표의 만족/불만족에 직접적으로 영향을 받는다. 또한 새로운 고객을 확보하는 것보다 기존의 고객을 유지하는 것이 4~6배 정도 비용이 덜 들기 때문에 경영자는 상표충성을 형성하고 유지하는 전략을 수립하는 데 최우선을 둬야 한다(Wells, 1993).

① 상표충성에 대한 행동접근

행동접근은 소비자의 실제 구매하는 행동을 측정하는 것으로 소비자가 임의적으로 결정한 모든 상표에 대한 구매비율을 측정함으로써 상표충성을 알 수 있다. 행동접근에서 보는 상표충성의 유형은 다음과 같다(양윤, 2008).

　㉠ 비분할충성 : A A A A A A A A(충성도 높음)

　㉡ 경우전환 : A A B A A A C A A D A

　㉢ 전환충성 : A A A A B B B B

　㉣ 분할충성 : A A A B B A A B B B

　㉤ 상표무관심 : A B D C B A C D

상표충성에 대한 행동접근의 문제는 소비자가 상표를 구매하는 이유를 알 수 없다는 것이다. 소비자는 특정한 상표를 편의성, 가용성, 가격 등의 이유로 구매할 것이고 이런 요소들 중 하나가 변한다면 다른 상표로 전환될 수 있다. 이러한 경우 상표충성을 보인다고 할 수 없다.

② 상표충성에 대한 태도접근

반복구매행동은 소비자가 제품에 대해 어떤 특정한 느낌 없이 단지 제품을 반복적으로 구매하는 것을 의미하고 상표충성은 반복구매뿐만 아니라 소비자가 상표에 대해 진정한 선호를 갖는 것을 포함한다. 이를 통해 소비자는 오직 자신이 적극적으로 특정 제품을 선호할 때만 상표충성을 보인다(Jacoby & Chest-nut, 1978)는 태도접근이 나오게 된 것이다.

상표충성이 이루어지다보면 몰입이 나타난다. 상표몰입(Brand Commitment)은 제품범주에서 한 상표에 대한 감정적 · 심리적 애착이다. 상표충성이 행동요소와 태도요소 모두를 가지고 있는 반면, 상표몰입은 감정적 요소에 더 초점을 두는 경향이 있다. 상표몰입은 소비자의 자기개념, 가치, 욕구를 상징하는 고관여 제품에서 가장 빈번하게 나타난다.

③ 상표충성고객의 확인

특정 매장에 충성하는 소비자는 그 매장에서만 이용 가능한 어떤 상표에 충성하는 경향이 있다. 따라서 자연스럽게 상표충성이 일어나게 된다. 또한 판매촉진 마케팅을 펼쳐서 소비자의 구매를 이끌어냈다면 이러한 소비자는 판매촉진이 있을 때에만 구매하는 습관을 가지게 될 것이다. 따라서 판매촉진방법을 사용하는 전략은 소비자의 상표충성을 촉진시킬 수도, 억제할 수도 있다.

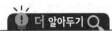 더 알아두기

상표충성

1. 행동주의적 접근

행동주의적 접근에서는 브랜드 충성도를 한 브랜드에 대한 일관성 있는 반복구매라고 보며, 한 브랜드의 연속적인 구매 횟수, 구매 비율로 브랜드 충성도를 측정한다. 그리고 행동주의적 접근 관점에서 본 브랜드 충성도의 유형은 다음과 같다.

(1) 동일 상표 충성도 : 한 상표만 반복 구매한다.

(2) 양분된 상표 충성도 : 각 상표에 대한 애호도가 비슷하여 교대로 구매한다.

(3) 전환상표 충성도 : 한 상표를 반복 구매하다가 다른 상표를 반복 구매한다.

(4) 비상표 충성도 : 특정 상표에 대한 반복 구매가 없다.

한편, 이러한 행동주의적 관점은 과거의 구매행동만으로 충성도를 측정하므로, 소비자의 충성도를 정확히 반영하지 못할 수 있다는 한계점을 가지며, 브랜드 충성도가 그 브랜드에 대한 호의적인 태도나 긍정적 느낌 등을 포함하는 다차원적인 개념임에도 불구하고 구매행동만으로 충성도를 측정한다는 비판이 있다.

2. 태도론적 접근

태도론적 접근에서는 브랜드 충성도를 특정 상표에 대해 긍정적 태도를 가지고 그 브랜드를 반복 구매하는 것으로 정의하고, 브랜드 충성도가 높은 소비자는 그 브랜드에 대한 높은 선호도와 몰입도를 갖는다고 설명한다. 이러한 관점에서 Dick과 Basu는 충성고객을 다음과 같이 분류하였다.

구분		상표에 대한 긍정적 태도	
		높음	낮음
반복구매 수준	높음	진정한 충성고객	가시적 충성고객
	낮음	잠재 충성고객	비충성 고객

한편, 이러한 브랜드 충성도를 구축하기 위해서는 높은 제품 품질의 유지와 지속적 광고가 수반되어야 하며, 판매촉진의 남용은 상표 충성도 형성에 부정적인 영향을 미칠 수 있음을 유의해야 한다. 왜냐하면, 소비자들이 구매 이유를 제품의 품질보다는 판매 촉진 때문이라고 생각할 수 있으며, 기존의 충성고객들이 이탈할 가능성도 있고, 판매촉진 기간이 끝나버리면 재구매 가능성도 낮아지기 때문이다.

> **! 더 알아두기 Q**
>
> **구매 후 인지부조화**
>
> • 인지부조화
>
> 구매 후 인지부조화는 한 대안을 선택한 후 선택하지 않은 대안에 대해 바람직한 속성이 있다는 신념을 갖게 되면서 느끼는 불안감이다. 일반적으로 소비자는 하나의 제품을 선택한 후 자신의 선택이 나은지에 대해 의심을 가지게 된다. 이러한 부조화의 발생은 구매결정의 중요성 여부와 소비자의 성향, 그리고 대안들의 유사성 정도가 영향을 끼친다. 소비자는 고관여 · 고위험 제품에 대해, 구매를 번복할 수 없을 경우 그리고 제품 사용기간이 길수록 더 많이 부조화를 느끼게 되며 구매에 대해 걱정을 많이 하는 성향의 소비자일수록 부조화에 더 많이 노출된다. 또한 대안평가과정에서 두 개 이상의 대안이 매우 유사하여 어떤 것이 더 나은지 분명하지 않을 때 소비자는 부조화를 느끼게 된다.
>
> • 인지부조화 감소 방법
>
> – 긍정적인 추가 정보 확보
>
> – 제품의 긍정적인 면을 강조하는 광고를 내보냄
>
> – 고객 사후 관리 : 전화, 이메일 등

제 **1** 절 소비자 감각과 지각 과정

01 절대역에 대한 설명으로 옳지 <u>않은</u> 것은?

① 절대역이란 개인이 감각을 경험할 수 있는 가장 낮은 수준을 말한다.

② 절대역에서 자극에 대한 반응은 약 80% 정도를 말한다.

③ 자극 에너지가 절대역에 도달하지 못하면 반응하지 않는다.

④ 변화가 없는 일정한 자극 조건에서 절대역은 증가한다.

01 절대역에서 자극에 대한 반응은 100%가 아니라 50%를 유지한다. 즉, 어떤 경우에는 반응이 일어나고 어떤 경우에는 반응이 안 일어나는데, 그 수준이 바로 50%이다.

02 소비자 감각과 지각과정에 대한 설명으로 옳은 것은?

① 절대역은 두 자극 간의 변화나 차이를 탐지하는 감각체계의 능력이다.

② 차이에 대한 탐지반응은 100%이다.

③ 순응은 개인이 반복적으로 자극을 접할 때 일어난다.

④ 마케터는 고객에게 제품 또는 광고 메시지를 각인시키기 위하여 모양, 스타일 등의 변화를 최소화해야 한다.

02 ① 차이역에 대한 설명이다.

② 차이에 대한 탐지반응은 100%가 아니라 50%를 유지한다.

④ 소비자가 어느 일정 기간 동안에 제공된 어떤 모양, 스타일 또는 메시지에 적응하기 때문에 마케터는 제품 또는 광고 메시지를 신선하게 유지하기 위해서 고객의 순응을 막고 주기적으로 변화시켜야 한다.

정답 01 ② 02 ③

checkpoint 해설 & 정답

03 주의의 선택적 특성에 대한 설명이다.

03 선별에 대한 설명으로 옳지 않은 것은?

① 사람들은 수많은 자극 중 단지 극소수만을 수용하게 된다.
② 선별에 영향을 주는 요인은 선택된 자극 그 자체, 사전 경험, 순간적인 동기 등을 들 수 있다.
③ 주의는 인지적 용량을 특정한 대상이나 과제에 할당하는 것을 의미한다.
④ 주의의 집중 특성은 정보가 과부화되지 않도록 하는 것이다.

04 소비자의 관여가 높아질수록 소비자는 구매와 관련된 정보에 주의를 기울이고, 정보를 이해하고 정교화하는 동기가 높아진다. 즉, 소비자의 정보처리 수준이 더 깊어진다.

04 소비자 감각과 지각에 대한 설명으로 옳지 않은 것은?

① 주의를 끌기에는 덜 적합한 의외의 장소에 놓인 광고는 신기성과 관련이 있다.
② 색의 사용에 따라서도 주의를 끌고 자극을 유지할 수 있다.
③ 소비자의 관여가 높아질수록 소비자의 정보처리 수준이 낮아진다.
④ 제품에 변함없이 지속적으로 높은 수준의 관심을 보이는 것을 지속관여라고 한다.

05 ② 사람들이 과제나 대상의 특성에 따라 정신적 노력의 투입량을 변화시키는 것은 주의의 집중 특성 때문이다.
③ 소비자의 주의는 자발적 또는 비자발적으로 활성화된다.
④ 비자발적 주의는 소비자가 놀랍거나, 신기하거나, 위협적이거나, 기대하지 않았던 무언가에 노출되었을 때 일어난다. 이 경우에는 자동적으로 자극에 주의를 기울이게 된다.

05 자극의 탐지와 변별에 대한 설명으로 옳은 것은?

① 사람들은 자신을 둘러싸고 있는 수많은 자극 중 극소수만을 받아들인다.
② 사람들이 과제나 대상의 특성에 따라 정신적 노력의 투입량을 변화시키는 것은 주의의 선택적 특성 때문이다.
③ 주의는 자발적으로만 활성화된다.
④ 자발적으로 주의가 활성화될 경우 자동적으로 자극에 주의를 기울이게 된다.

정답 03 ④ 04 ③ 05 ①

06 소비자의 관여수준을 증가시키는 것이 <u>아닌</u> 것은?

① 자기표현의 중요성

② 쾌락적 중요성

③ 실용적 관련성

④ 과거 사용 경험

06 소비자의 관여수준을 증가시키는 것
- 자기표현의 중요성 : 사람들이 자신의 자기개념을 타인에게 표현하도록 돕는 제품
- 쾌락적 중요성 : 기쁘고, 흥미롭고, 재미있고, 매혹적이고, 흥분되는 제품
- 실용적 관련성 : 효용적 이유에서 필수적이고 유익한 제품
- 구매위험 : 나쁜 선택이 구매자를 지나치게 괴롭힐 수 있기 때문에 불확실성을 보이는 제품

07 선별에 대한 설명으로 옳지 <u>않은</u> 것은?

① 정보를 처리하기 위해 정신적 노력의 양을 어느 정도 투입하는 것이 주의이다.

② 정보에 시간을 적게 투자하거나, 하위순위의 정보를 무시하거나, 어떤 감각적 투입을 완전히 차단해 버리는 반응은 주의의 집중 특성이다.

③ 소비자의 주의는 자발적 또는 비자발적으로 활성화된다.

④ 소비자가 개인과 관련된 정보를 능동적으로 탐색할 때, 이들의 주의는 자발적이며, 이는 선택적 특성을 지닌다.

07 정보에 시간을 적게 투자하거나, 하위순위의 정보를 무시하거나, 어떤 감각적 투입을 완전히 차단해 버리는 반응은 주의의 선택적 특성이다.

08 소비자 지각에 대한 설명으로 옳은 것은?

① 현저한 자극은 자발적 주의를 유도한다.

② 사람들의 시선을 끄는 자극은 맥락이나 상황에 상관없이 눈에 잘 띈다.

③ 소비자는 그들의 배경과 일치하는 자극에 주의를 하는 경향이 있다.

④ 오늘날은 컬러 광고가 보편적이어서 오히려 흑백 광고가 대비에 의하여 주의를 더 끌 수도 있다.

08 ① 현저한 자극은 비자발적 주의를 유도한다.
② 현저성은 맥락 의존적이다. 즉, 다른 맥락 또는 상황에서는 현저하지 않을 수 있다.
③ 소비자는 그들의 배경과 대비가 되는 자극에 주의를 하는 경향이 있다.

정답 06 ④ 07 ② 08 ④

01

정답 절대역이란 자극이 존재한다는 것을 아는 데 필요한 자극의 최소 강도를 말한다. 즉, 개인이 감각을 경험할 수 있는 가장 낮은 수준이다. 절대역에서 자극에 대한 반응은 100%가 아니라 50%를 유지한다.
차이역이란 두 자극 간의 변화나 차이를 탐지하는 감각체계의 능력이며, 차이에 대한 탐지반응은 100%가 아니라 50%를 유지한다.

02

정답 • 기대 : 소비자는 제품과 제품 속성을 자신의 기대(특정한 방식으로 반응하려는 준비성)에 따라 지각하는 경향이 있다.
• 동기 : 사람들은 원하는 것을 더 잘 지각한다.
• 관여 : 소비자의 관여가 높아질수록 소비자는 구매와 관련된 정보에 주의를 기울이고, 정보를 이해하고 정교화하는 동기가 높아진다.

03

정답 해석수준은 상위수준해석(high-level construal)과 하위수준해석(low-level construal), 두 가지로 구분된다. 상위수준해석은 추상적인 의미를 중심으로 해석하는 것이고, 하위수준해석은 구체적인 행위를 중심으로 해석하는 것이다. 심리적 거리가 먼 것은 추상적이고 중심적으로 상위수준해석이 이루어지고, 심리적 거리가 가까운 것은 구체적이고 부차적으로 하위수준해석이 이루어진다.

✔ 주관식 문제

01 절대역과 차이역을 설명하시오.

02 선별에 영향을 주는 소비자 요인을 설명하시오.

03 해석수준의 유형과 심리적 거리와의 관계를 설명하시오.

제 **2** 절 **소비자 학습과 기억 과정**

01 소비자 학습에 대한 설명으로 옳지 <u>않은</u> 것은?

① 고전적 조건형성은 중립적인 조건자극과 반응을 유발하는 무조건자극과의 반복적인 연합에 의해 일어난다.

② 광고측면에서 무조건적 자극에는 상표, 제품, 기타 소비품 등이 있고, 조건자극에는 인기 연예인, 음악, 그림 등이 있다.

③ 반복은 조건자극과 무조건자극 간의 연합 강도를 증가시키며 망각을 늦춘다.

④ 반복의 효과성은 경쟁광고의 양에 따라 달라진다.

01 광고측면에서 무조건적 자극에는 인기 연예인, 음악, 그림 등이 있고, 조건자극에는 상표, 제품, 기타 소비품 등이 있다.

02 고전적 조건형성의 특성에 대한 설명으로 옳지 <u>않은</u> 것은?

① 기억파지를 도울 반복의 양에는 제한이 있다.

② 경쟁광고의 횟수가 많을수록 소비자는 이전 학습을 망각할 수 있다.

③ 관련 제품에 기존에 잘 알려진 상표명을 붙이는 경우는 자극일반화와 관련이 있다.

④ 고전적 조건형성은 행동과 보상을 연합하여 그 행동을 학습하게 하는 기제를 말한다.

02 스키너(Skinner)의 조작적 조건형성은 행동과 보상을 연합하여 그 행동을 학습하게 하는 기제를 말한다.

정답 01 ② 02 ④

안심Touch

03　②, ③, ④는 고전적 조건형성에 대한 설명이다.

04　전체 집중 광고는 더 많은 초기 학습을 산출하나, 부분 분산 광고는 보통 지속적인 학습을 야기한다.

05　고정 비율 일정은 일정하게 고정된 수의 반응이 일어나야만 강화물이 주어지는 것이다. 이 강화 일정에서는 많은 보상을 얻기 위해 짧은 시간 안에 많은 반응을 보이는 경향이 있다. 쿠폰 10장을 모으면 상품 무료 제공, 비행기 마일리지, 빈도 마케팅 등을 예로 들 수 있다.

03　조작적 조건형성에 대한 설명으로 옳은 것은?

① 소비자는 긍정적인 성과(덜 보상)를 얻었던 시행착오 과정을 통해 소비자는 학습이 일어나고, 이 학습은 소비행동을 하도록 만든다.

② 반복은 조건자극과 무조건자극 간의 연합 강도를 증가시키며 망각을 늦춘다.

③ 자극일반화란 본래의 조건자극과 유사한 다른 조건자극에 의해서도 반응이 일어나는 것을 말한다.

④ 기존의 긍정적 상표이미지를 일반화하는 소비자의 경향이 있다.

04　조건형성에 대한 설명으로 옳지 않은 것은?

① 고전적 조건형성 특성 중 '반복'은 광고싫증(advertising wearout) 효과와 관련이 있다.

② 레몬향 고체비누에서 레몬향 액체비누, 레몬향 샤워젤까지의 확장은 제품형태의 확장이다.

③ 한 계열의 모든 제품에 동일한 상표명을 붙이는 것을 '통일 상표화(family branding)'라고 한다.

④ 전체 집중 광고는 보통 지속적인 학습을 야기하나, 부분 분산 광고는 더 많은 초기 학습을 산출한다.

05　강화에 대한 설명으로 옳지 않은 것은?

① 고정 간격 일정은 일정한 시간간격이 경과한 다음 일어나는 반응을 강화하는 것이다.

② 백화점의 비정기세일은 변동 간격 일정의 예시이다.

③ 쿠폰 10장을 모으면 상품 무료 제공, 비행기 마일리지, 빈도 마케팅은 변동 비율 일정에 관한 예시이다.

④ 강화를 받은 다음에도 휴식 없이 장시간 높은 반응률을 보이는 것은 변동 비율 일정이다.

정답　03 ①　04 ④　05 ③

06 다음은 무엇에 대한 설명인가?

> • 목표행동에 접근하는 하위반응을 강화함으로써 새로운 행동을 가르치는 것
> • 서커스에서 동물들이 놀라운 묘기를 배우는 과정
> • 즉석에서 음식을 만들어 시식하게 하는 시식코너, 매장 방문을 유도하기 위하여 예비 강화물 제공, 리베이트 등

① 고전적 조건형성
② 조작적 조건형성
③ 주의학습
④ 행동조성

06 행동조성은 바람직한 반응에 성공적으로 접근하는 행동만을 선별적으로 강화하여 새로운 행동을 만들어 내는 방법이다. 서커스에서 동물들이 놀라운 묘기를 배우는 과정 등은 행동조성이라고 할 수 있다.

07 사회학습에 대한 설명으로 옳지 <u>않은</u> 것은?

① 인간은 타인의 행동을 관찰, 모방 또는 대리적으로 학습할 수 있다.
② 신제품 수용은 부분적으로 개척자로부터의 대리학습에 근거한다.
③ 자기선물은 소비자 자신에게 있었던 힘든 과정을 잊게 하고 자신의 일을 다시 할 수 있도록 해 주는 좋은 강화물이다.
④ 재생된 행동에 대한 실제적, 상상적 보상이 그 행동의 유발 가능성을 결정하는 것을 재생과정이라고 한다.

07 재생된 행동에 대한 실제적, 상상적 보상이 그 행동의 유발 가능성을 결정하는 것을 동기화과정이라고 한다.

정답 06 ④ 07 ④

안심Touch

08 ② 재생과정에 대한 설명이다.
③, ④ 기억과정에 대한 설명이다.

08 사회학습 과정과 그 내용을 옳게 연결한 것은?

① 주의과정-모델의 행동을 관찰하는 것이다.
② 기억과정-기억과정에서 파지된 인지적 표상을 행동으로 변화시키는 것이다.
③ 재생과정-인간은 모델의 행동을 내적 심상이나 언어적 기술을 사용하여 표상함으로써 이 행동을 기억한다.
④ 동기화과정-모델의 행동을 파지하는 것이다.

09 '주의과정-기억과정-재생과정-동기화과정'이 옳다.

09 사회학습 과정의 순서를 올바르게 나열한 것은?

① 주의과정-재생과정-기억과정-동기화과정
② 주의과정-기억과정-재생과정-동기화과정
③ 주의과정-기억과정-동기화과정-재생과정
④ 주의과정-동기화과정-기억과정-재생과정

10 소비자는 무언가 힘든 일 또는 의미 있는 일을 성공적으로 마쳤을 때 자기 자신에게 스스로 보상을 하는데, 이것을 자기선물(self-gift)이라고 한다. 이는 자기조절과정에 의한 사회학습(내부보상)과 관련이 있다.

10 사회학습에 대한 설명으로 옳지 <u>않은</u> 것은?

① 타인은 학습자의 모델이 되며, 학습자는 전체의 행동패턴을 학습할 수 있다.
② 주의는 모델의 매력, 호감 가는 개인적 특성, 권위, 연령, 성별, 종교적 신념, 정치적 태도 그리고 관찰자와의 유사성 등과 같은 요인에 달려있다.
③ 신제품 수용에서의 사회학습은 대리학습이다.
④ 자기선물(self-gift)은 대리학습의 예이다.

정답 08 ① 09 ② 10 ④

11 다음 내용과 관련된 개념은 무엇인가?

> • 투입된 정보를 친숙하고 유의미한 단위로 묶는 것이다.
> • 장기기억의 정보를 끄집어내서 작업기억의 정보를 평가하고 이해하는 데 사용한다.
> • 언어적 정보와 공간적 정보, 시각적 정보로도 가능하다.

① 정보과부하
② 시연
③ 부호화
④ 청킹

11 청킹(chunking)에 대한 설명이다.

12 다음 중 장기기억에 대한 설명으로 옳지 않은 것은?

① 장기기억의 부호화는 의미부호화에 의존한다.
② 장기기억에 저장된 정보를 지식(Knowledge)이라 한다.
③ 단기기억의 장기기억으로의 전이는 시연(Rehearsal)의 과정에 의해 이루어진다.
④ 보조회상은 기억된 항목을 특정한 단서 없이 그저 생각나는 대로 말하게 하는 것이다.

12 회상은 자유회상과 보조회상으로 구분할 수 있다. 자유회상은 기억된 항목을 특정한 단서 없이 그저 생각나는 대로 말하게 하는 것이다(예 "어제 보았던 광고들을 얘기해 보세요."). 보조회상은 어떤 단서를 제공하고 항목을 끄집어내게 하는 것이다(예 "어제 저녁 TV에서 ○○ 드라마가 시작하기 전에 보았던 광고들을 얘기해 주세요.").

정답 11 ④ 12 ④

13 작업기억에서 정보가 청각적으로만 부호화되는 것은 아니다. 청각부호화 이외에 시각부호화 또는 의미부호화도 가능하지만, 청각부호화가 매우 우수하다.

14 ① 감각기억에 대한 설명이다.
③ 작업기억에서는 청각부호화가, 장기기억에서는 의미부호화가 우수하다.
④ 소비자가 단순하게 임의선택을 하거나, 아무것도 구매하지 않거나, 잘못된 구매를 할 수 있다는 문제가 생기는 것은 정보과부화이다.

15 장기기억에서 정보인출 실패는 간섭 때문에 일어난다.

---

13 기억과정에 대한 설명으로 옳지 <u>않은</u> 것은?

① 작업기억에서의 정보는 청각적으로만 부호화한다.
② 병렬탐색은 작업기억의 모든 정보를 동시에 탐사하여 관련 정보를 인출하는 방식이다.
③ 정보가 작업기억에 부호화되지 않는다면, 이 정보는 장기기억으로 넘어갈 수 없다.
④ 작업기억에서의 정보인출은 순차탐색에 의해 이루어진다.

14 다음 중 기억에 대한 설명으로 옳은 것은?

① 작업기억은 몇 초 혹은 아주 짧은 시간 동안 모든 입력 정보를 유지시키는 단계이다.
② 청킹은 장기기억의 도움을 받아야 한다.
③ 작업기억에서는 의미부호화가, 장기기억에서는 청각부호화가 우수하다.
④ 소비자가 단순하게 임의선택을 하거나, 아무것도 구매하지 않거나, 잘못된 구매를 할 수 있다는 문제가 생기는 것은 청킹이다.

15 인출에 대한 설명으로 옳지 <u>않은</u> 것은?

① 최소한의 인출단서를 사용하여 기억하고 있는 항목들을 끄집어내는 것을 회상이라고 한다.
② 재인은 특정한 항목을 전에 본 적이 있는지 묻는 것이다.
③ 완성 과제보다 미완성 과제의 정보가 더 잘 회상되는 효과를 자이가닉 효과라고 한다.
④ 장기기억에서 정보인출 실패는 보통 부호화 문제로 일어난다.

정답 13 ① 14 ② 15 ④

16 소비자 지식에 대한 설명으로 옳지 <u>않은</u> 것은?

① 소비자 지식이란 소비자가 특정 제품이나 서비스와 관련하여 가지고 있는 경험과 정보이다.

② 소비자의 지식이 증가할수록, 소비자는 한 제품을 많은 차원에서 생각할 수 있다.

③ 초보자는 한 상품에 대하여 여러 차원을 생각하지만, 전문가는 한 가지 차원으로 접근한다.

④ 전문가는 한 상품에 대하여 초보자보다 더 자세하게 차이를 식별할 수 있다.

16 초보자는 한 가지 차원(예 가격)에 근거하여 생각하겠지만, 전문가는 여러 차원(예 디자인, 성능, 브랜드, 활용도 등)에 근거하여 생각할 것이다.

17 소비자 지식에 대한 용어와 의미의 연결이 옳은 것은?

① 차원성-무언가에 관해 생각할 수 있는 여러 다른 방식의 수

② 차원성-전문가는 상품을 평가할 때, 초보자보다 더 자세하게 차이를 식별할 수 있다.

③ 명료성-소비자가 차원에 따라 얼마나 상세히 차이를 구별할 수 있는가를 말한다.

④ 추상성-구체적 수준에서 소비자는 제품을 그것의 세부적인 속성에 의해서, 추상적 수준에서는 기능적 결과에 관하여 평가할 수 있다.

17 차원성은 소비자가 무언가에 관해 생각할 수 있는 여러 다른 방식의 수를 나타내는데, 예를 들어 노트북에 관해 많은 지식을 갖고 있는 소비자는 다양한 차원으로 노트북을 생각할 수 있다. 초보자는 한 가지 차원(예 가격)에 근거하여 생각하겠지만, 전문가는 여러 차원(예 디자인, 성능, 브랜드, 활용도 등)에 근거하여 생각할 것이다.

정답 16 ③ 17 ①

안심Touch

checkpoint 해설 & 정답

18 기억마디만으로는 특정 대상에 대한 체계적인 정보를 제공하지 못한다. 특정 대상에 관한 체계적인 정보는 바로 기억마디들 간의 총체적 연합인 도식에 의해 제공될 수 있다.

18 소비자 지식에 대한 설명으로 옳지 않은 것은?

① 소비자의 지식이 증가할수록, 소비자는 많은 차원에서 생각할 수 있고, 상표를 세부적으로 구분할 수 있다.
② 기억에 저장되어 있는 상표와 품질 간의 관계가 제품-속성으로 연합되어 태도를 형성하는데 기억연결망이 직접 영향을 준다.
③ 기억마디만으로 특정 대상에 대한 체계적인 정보를 제공할 수 있다.
④ 도식이란 기억에서 체계적으로 조직화된 지식구조를 말한다.

19 구성기억에 의해 제품정보에 대한 소비자의 기억이 왜곡될 수 있어 의도와 다르게 받아들여질 수 있다.

19 기억에 대한 설명으로 옳지 않은 것은?

① 인간은 외부에서 들어오는 정보를 있는 그대로 받아들이지 않고, 구성과 재구성 과정을 거친다.
② 소비자는 구성기억에 의해 소비자 기억용량이 커질 수 있다.
③ 소비자가 자신의 기분 상태와 동일한 감정특성을 갖는 정보를 더 잘 기억한다.
④ 소비자의 기분 상태를 긍정적으로 만들었을 때 제품에 대해 더 잘 기억하는 경향이 있다.

정답 18 ③ 19 ②

✔ 주관식 문제

01 바람직한 반응에 성공적으로 접근하는 행동만을 선별적으로 강화하여 새로운 행동을 만들어 내는 방법이다. 서커스에서 동물들이 놀라운 묘기를 배우는 과정이기도 하다. 이를 설명하는 기법은 무엇인가?

01

정답　행동조성

02 청킹에 대하여 기술하시오.

02

정답　작업기억은 제한된 용량을 가지고 있다. 심리학자 밀러(Miller, 1956)는 마법의 수(magic number) 7을 제안하며, 작업기억의 용량이 7±2라고 하였다. 그러나 투입된 정보를 친숙하고 유의미한 단위로 묶는 청킹(chunking)에 의해 기억의 용량을 확장시킬 수 있다.

03 소비자 지식의 특성을 기술하시오.

03

정답　• 차원성 : 소비자가 무언가에 관해 생각할 수 있는 여러 다른 방식의 수를 말한다.
• 명료성 : 소비자가 차원에 따라 얼마나 상세히 차이를 구별할 수 있는가를 말한다.
• 추상성 : 소비자가 무언가를 매우 구체적인 것으로부터 매우 추상적인 것까지의 범위에 걸쳐 얼마나 다르게 생각할 수 있는가를 말한다.

01 욕구는 내부균형을 획득하기 위한 노력으로서, 개인으로 하여금 일정한 행동과정을 추구하도록 하는 내적 불균형 상태이다.

제**3**절 **소비자 동기와 감정**

01 소비자 동기와 감정에 대한 설명으로 옳지 않은 것은?

① 욕구(동기)는 개인으로 하여금 일정한 행동과정을 추구하도록 하는 내적 균형 상태이다.

② 생리적 욕구는 건강한 신체를 위해 요구되며(예 음식, 물, 공기 등), 심리적 욕구는 정신건강을 위해 필요하다(예 자존심, 기쁨, 성장 등).

③ 욕구(동기)는 활성화, 방향성, 지속성의 특징이 있다.

④ 욕구(동기)는 자극이 나타나는 순간에 작동한다.

02 ② 개인의 현실상태와 이상상태 사이의 차이를 지각해야 욕구를 인식할 수 있다. 차이를 지각하지 못하면, 욕구인식은 일어나지 않는다.
③ 추동이 증가할 때, 감정은 강렬해지고, 관여와 정보처리의 수준은 더욱 높아진다.
④ 목표를 획득함으로써 동기과정이 종결되는 것이 아니라 새로운 자극의 출현이 동기과정을 다시 촉발시켜 순환하게 된다.

02 동기과정에 대한 설명으로 옳은 것은?

① 동기과정은 배고픔, 갈증, 제품광고, 지인조언 등에서 나타날 수 있다.

② 개인의 현실상태와 이상상태 사이의 차이가 있을 때 반드시 욕구인식이 나타난다.

③ 추동과 감정은 관련이 적다.

④ 목표를 획득하면 동기과정이 끝난다.

정답 01 ① 02 ①

03 **매슬로우 욕구이론에 대한 설명으로 옳지 <u>않은</u> 것은?**

① 매슬로우의 욕구위계설에 의하면 한 욕구가 나타나기 위해서는 바로 이전의 욕구가 어느 정도 충족되어야 한다.

② 매슬로우는 각 욕구는 상호 독립적이고, 중복되지 않는다고 하였다.

③ 안전욕구는 삶의 안정성, 주거, 보호, 건강 등에 대한 욕구이고, 생리적 욕구가 어느 정도 충족되면 나타난다.

④ 자기실현욕구를 달성하는 사람은 많지 않다.

03 각각의 욕구는 상호 독립적이고, 각각의 욕구 간에는 중복이 있으며, 어떤 욕구도 완벽하게 충족되지 않는다.

04 **맥클리랜드의 욕구이론에 대한 설명으로 옳지 <u>않은</u> 것은?**

① 맥클리랜드는 욕구는 학습된 것이라고 보았다.

② 매슬로우의 욕구이론을 비판하고, 개인마다 차이가 존재한다고 하였다.

③ 맥클리랜드가 제안한 욕구는 성취욕구, 안전욕구, 권력욕구이다.

④ 성취욕구가 높은 사람은 성공을 위해 노력하고, 문제해결에 책임을 지려는 경향이 강하다.

04 맥클리랜드가 제안한 욕구는 성취욕구, 친교욕구, 권력욕구이다.

05 **욕구이론에 대한 설명으로 옳은 것은?**

① 매슬로우 욕구이론에서 가장 하단에 위치해 있는 기본욕구는 안전욕구이다.

② 매슬로우는 하위욕구가 완벽하게 충족이 되어야 다음 욕구가 나타난다고 보았다.

③ 맥클리랜드에 의하면 성취욕구가 높은 사람은 반드시 훌륭한 관리자가 된다고 보았다.

④ 맥클리랜드는 '친교욕구'를 매슬로우의 욕구이론에서 애정/소속의 욕구와 유사한 것으로 보았다.

05 ① 매슬로우 욕구이론에서 가장 하단에 위치해 있는 기본욕구는 생리적 욕구이다.

② 매슬로우는 하위욕구가 완벽하게 충족될 수 없다고 보았다. 단, 바로 이전의 욕구가 어느 정도 충족되어야 다음 욕구가 나타난다고 하였다.

③ 맥클리랜드에 의하면 성취욕구와 직무난이도에 따른 성과간계는 역U자형 모형으로, 중간 정도 난이도의 과업일 때, 성취욕구와 동기부여가 가장 높게 나타난다고 보았다.

정답 03 ② 04 ③ 05 ④

checkpoint 해설 & 정답

06 반대과정이론에 대한 설명이다.

06 다음 내용에 해당하는 동기이론은 무엇인가?

> • 서로 반대되는 두 개의 감정이 동시에 발생하지만, 처음에는 한 감정의 강도가 강해 반대 감정을 느끼지 못하다가 시간이 경과함에 따라 처음 감정의 강도는 약해지고 반대 감정의 강도는 강해짐으로써 반대 감정을 경험하게 됨을 설명하는 동기이론이다.
> • 반복되는 신용카드의 과도한 사용으로 인해 재정적 문제를 갖는 소비자 행동을 이 이론으로 설명할 수 있다.

① 최적자극수준유지 동기
② 매슬로우 욕구이론
③ 반대과정이론
④ 다양성추구 동기

07 번지점프, 공포영화, 엽기적인 행위 등을 즐기는 것은 부정적인 감정을 추구하는 행위로서 소비자에게 쾌감을 주는 행위이다.

07 다음 중 인간 행동의 동기에 대한 설명으로 옳지 않은 것은?

① 사람들은 자신의 최적수준을 유지하기 위하여 행위와 환경을 조절하려고 한다.
② 번지점프, 공포영화, 엽기적인 행위 등은 쾌락경험과 거리가 멀다.
③ 동일한 제품을 반복적으로 구매하여 싫증이 났을 경우, 새로운 상표를 선택하는 행위는 다양성을 추구하는 행위로 설명할 수 있다.
④ 레저활동은 개인의 자유의지로 행해지며, 행위를 통해 자유를 만끽한다.

정답 06 ③ 07 ②

08 다음 설명에 해당하는 동기이론은 무엇인가?

> • 행동의 원인을 밝히고자 하는 욕구
> • 소비자가 왜 그 제품이 불만족스러웠는지, 광고모델이 왜 특정 음료를 광고하게 된 것인지, 판매원이 왜 특정 상품을 권하려고 했는지 등을 알고 싶어 하는 것
> • 외부요인에 의해 행동에 영향을 미친다면 소비자가 그 광고를 신뢰하지 않을 수 있다.

① 귀인이론
② 소비자 독특성 욕구
③ 자유에 대한 열망
④ 쾌락경험 동기

09 귀인이론에 대한 설명으로 옳지 않은 것은?

① 다른 사람의 행동의 원인을 상황의 조건보다는 그 사람의 성격이나 능력, 동기, 태도, 신념 등에 돌리는 경향은 기본적 귀인 오류라고 한다.
② 사람이 환경압력과 반대로 행동할 경우, 관찰자는 행위자의 진정한 신념이 반영된 행동이라고 생각한다.
③ 절감을 방해하는 방법에는 제품을 영화, 드라마 등에 끼워 넣기가 있다.
④ 와이너는 성공이나 실패의 원인을 원인의 소재, 성취, 통제성의 세 차원에서 추론하였다.

09 와이너(B. Weiner)의 귀인이론은 성공이나 실패의 원인을 원인의 소재, 안정성, 통제성의 세 차원에서 추론하는 과정을 말한다.

정답 08 ①   09 ④

안심Touch

10 소비자는 광고에 대한 반응을 두 가지 정서상태에 기반하여 나타내는데, 긍정적 정서상태, 부정적 정서상태가 그것이고, 동시에 끄집어 낼 수 있다.

11 자아초점 정서에 대한 설명이다. 자아초점 정서는 타인을 배제한 개인의 내적 상태나 속성과 연관되며, 개인적 인식, 경험, 표현요구와 일치하려는 경향을 가진다. 자부심, 행복, 좌절 등이 자아초점 정서에 해당된다.

12 예상노력에 대한 설명이다. 주의적 행동은 자극에 대해 집중하는 정도 또는 자극을 무시하거나 피하는 정도를 말한다.

10 소비자 감정에 대한 설명으로 옳지 <u>않은</u> 것은?

① 소비자는 광고들을 통해 다양한 정서를 경험하지만, 정서의 강도는 비교적 낮은 편이다.
② 소비자의 광고에 대한 반응은 한 가지 정서상태에 기반한다.
③ 감정강도가 높은 소비자가 낮은 소비자보다 감정을 유발하는 광고에 대해 더 강하게 반응한다.
④ 기분이 소비자의 지각, 판단, 사고, 기억 등의 인지과정에 영향을 준다.

11 소비자 감정, 정서에 대한 설명으로 옳지 <u>않은</u> 것은?

① 감정강도가 높은 소비자가 감정을 유발하는 광고에 대해 더 긍정적인 태도를 보인다.
② 사람들은 긍정적인 상태를 획득하거나 유지하기 위해 그들의 기분을 관리하려 한다.
③ 정서의 인지적 차원은 확실성, 유쾌함, 주의적 행동, 통제성, 예상노력, 책임성이다.
④ 타자초점 정서는 개인적 인식, 경험, 표현요구와 일치하려는 경향을 가진다.

12 정서 인지적 차원의 연결로 옳지 <u>않은</u> 것은?

① 확실성 : 사람들이 그 상황에서 무엇이 일어나고 있는지에 대해 이해하고 확신하는 정도
② 주의적 행동 : 어느 정도의 노력을 들여야 하는지 예상하는 정도
③ 유쾌함 : 사람이 현재 갖고 있는 목표와 관련해서 자극들이 본질적으로 즐거운지 그렇지 않은지를 평가하는 것
④ 책임성 : 자극에 대해 집중하는 정도 또는 자극을 무시하거나 피하는 정도

정답 10 ② 11 ④ 12 ②

13 소비자 감정에 대한 설명으로 옳은 것은?

① 접촉욕구는 제품이나 다른 사물과의 접촉을 통해 정보를 수집하거나 즐기려는 욕구를 말하며, 접촉욕구는 개인차가 존재한다.

② 접촉욕구 중 수단적 차원은 접촉 자체가 쾌락의 의미이다.

③ 와이너의 귀인이론에서 원인이 같은지 또는 변화하는지를 추론하는 것은 통제성에 기반한 것이다.

④ 사람이 환경압력과 반대로 행동할 경우, 진정한 신념이 반영된 행동이라고 생각하는 것은 절감규칙이다.

13 ② 수단적 차원은 접촉을 통해 제품에 대한 정보를 얻거나, 접촉하는 것 외에서 얻을 수 있는 정보에 대한 접근을 가능하게 한다.
③ 와이너의 귀인이론에서 원인이 같은지 또는 변화하는지를 추론하는 것은 안정성에 기반한 것이다.
④ 사람이 환경압력과 반대로 행동할 경우, 진정한 신념이 반영된 행동이라고 생각하는 것은 증가규칙이다.

✅ **주관식 문제**

01 매슬로우의 욕구위계에 대해 5단계로 설명하시오.

01

정답 • 생리적 욕구 : 가장 하단에 위치해 있는 기본적인 욕구로서, 인간의 생명을 단기적 차원에서 유지하기 위해 요구되는 것이다. 음식, 물, 공기 등에 대한 욕구이다.
• 안전욕구 : 장기적인 차원에서 인간의 생명을 유지하기 위해 요구되는 것으로 삶의 안정성, 주거, 보호, 건강 등에 대한 욕구이다.
• 소속/애정욕구 : 타인과 온정적으로 관계를 형성·유지하고 싶어 하는 욕구이다.
• 자존심욕구(인정욕구) : 타인들로부터 인정받고 싶어 하고, 자신이 중요한 인물이라고 느끼고 싶어 하는 욕구로서 권위, 지위, 자존심 등과 관련된다.
• 자아실현욕구 : 자신의 잠재력을 달성하려는 개인의 욕망으로, 자신이 성취할 수 있는 모든 것을 성취하려는 욕구이다.

정답 13 ①

안심Touch

02

정답 수면제를 통해 각성수준을 낮추는 것, 커피섭취를 통해 각성수준을 높이는 것, 래프팅 · 사냥 · 스포츠 · 놀이기구 등과 같은 레저활동을 통해 각성수준을 높이는 것, 자발적인 상표전환을 통해 일상의 변화를 주는 경우 등은 최적자극수준유지 동기로 설명할 수 있다.

02 최적자극수준유지 동기에 대한 소비자 활동의 예시를 작성하시오.

03

정답
- 절감규칙은 주어진 결과의 표면상 원인이 다른 그럴듯한 원인들의 존재로 인해 절감되는 것이다. 예를 들어, 광고모델이 특정한 제품을 칭찬하면 그 모델이 실제로 그 제품을 좋아해서 칭찬했을지라도 광고비를 받아서 또는 다른 그럴듯한 원인으로 인해 제품선호와 관련된 진짜 원인은 절감된다.
- 증가규칙은 사람이 환경압력과 반대로 행동할 경우, 관찰자는 행위자의 진정한 신념이 반영된 행동이라고 생각하는 것이다. 예를 들어, 자동차 영업사원이 고객에게 경쟁사 제품이 더 뛰어났다고 말했다면, 영업사원의 목표인 자사 제품의 판매에 대하여 반하는 행동을 했기 때문에 소비자는 영업사원의 말이 진실이라고 판단하는 경우를 말한다.

03 귀인동기 중 절감규칙과 증가규칙을 설명하시오.

제4절 소비자 성격

01 프로이트 정신분석이론에 대한 설명으로 옳지 <u>않은</u> 것은?

① 프로이트는 인간의 의식구조를 의식, 전의식, 무의식으로 구분하였다.

② 성격은 원초아, 자아, 초자아로 구성되어 이들이 서로 상호작용하여 만들어진다.

③ 정신분석학의 의식적 동기가 마케팅에 활용되었다.

④ 정신분석학이 광고에 많이 활용되었던 것 중에 하나가 '상징'이다.

02 정신분석이론의 촉진전략으로 옳지 <u>않은</u> 것은?

① 마케터들은 소비자의 무의식 동기에 소구할 수 있는 용기를 개발한다.

② 무의식적 구매동기를 자극하는 양심, 도덕 등의 소재들을 활용한다.

③ 성적인 에너지인 리비도(Libido)를 흥분시켜 판매를 촉진하기도 한다.

④ 광고에서 공격적인 장면을 삽입한다.

01 정신분석학의 무의식적 동기가 마케팅에 활용되었다.

02 무의식적 구매동기를 자극하는 꿈, 환상, 상징들의 소재들을 활용한다.

정답 01 ③ 02 ②

03 자기감시가 낮은 사람에 대한 설명이다.

03 **소비자 성격척도에 대한 설명으로 옳지 않은 것은?**

① 소비자 성격척도는 자기감시, 인지욕구, 애매함에 대한 관용, 시각처리 대 언어처리, 분리 대 연결로 구분할 수 있다.

② 자기감시가 높은 사람은 자기표현이 그들의 정서상태와 태도에 의해 통제를 받는다.

③ 인지욕구는 사람이 생각하는 것을 즐기거나 원하는 경향성에 대한 측정을 나타낸다.

④ 애매함에 대한 관용이 낮은 개인은 비일관적인 상황을 위협적으로 본다.

04 자기감시가 높은 소비자는 연상된 이미지의 광고문구를 선호하고, 자기감시가 낮은 소비자는 물리적 특성에 관한 광고문구를 더 선호한다.

04 **다음 중 소비자 특성에 대한 설명으로 옳지 않은 것은?**

① 자기감시가 높은 소비자는 물리적 특성에 관한 광고문구를 더 선호한다.

② 인지욕구가 높은 소비자일수록 상표에 대한 사전탐색을 많이 한다.

③ 선택과제가 복잡할수록 애매함에 대한 관용이 높은 소비자는 더 많은 정보를 탐색한다.

④ 연결특질이 강한 사람은 중요한 타인을 자신의 일부분으로 간주한다.

05 소비자가 자신의 자기개념에 일치하는 제품과 매장을 선택한다는 개념은 '자기 일치성' 또는 '이미지 일치가설'이다.

05 **소비자가 자신의 자기개념에 일치하는 제품과 매장을 선택한다는 개념은 무엇인가?**

① 자기개념

② 이상적 자기

③ 자기충족적 예언

④ 자기 일치성

정답 03 ② 04 ① 05 ④

06 자기개념 형태에 대한 설명으로 옳지 않은 것은?

① 현실적 자기 : 개인이 자기 자신을 현실적으로 어떻게 지각하고 있는가?
② 사회적 자기 : 타인들이 현재 자신을 어떻게 지각하고 있는가?
③ 기대된 자기 : 개인이 자기 자신을 어떻게 지각할 것인가?
④ 상황적 자기 : 특정한 상황에서의 자기 이미지

06 '이상적 자기'에 대한 설명이다. 기대된 자기는 현실적 자기와 이상적 자기 사이의 어디엔가 놓이는 자기 이미지를 말한다.

07 자기 이미지와 상징성에 대한 설명으로 옳지 않은 것은?

① 소비자는 자신을 표현하기 위하여 소비를 한다.
② 자기 이미지와 제품 이미지 간에 일치를 보이는 제품으로는 자동차, 건강용 제품, 세탁용 제품 등이 있다.
③ 상징적 상호주의에서는 소비자가 제품을 구매하는 일차적인 이유는 제품의 기능적 혜택 때문이라고 본다.
④ 상징적 제품의 특성으로는 가시성, 변산도, 성격, 의인화 등이 있다.

07 상징적 상호주의에서는 소비자가 제품을 구매하는 일차적인 이유는 제품의 상징적 가치 때문이고, 소비자의 성격이 제품에 의해 나타날 수 있다고 본다.

08 제품의 상징적 특성에 대한 설명으로 옳은 것은?

① 가시성은 특정 제품을 소유하고 있거나, 특정 서비스를 받는 경우와 관련 있다.
② 성격은 보편적 사용자에 대한 고정관념적 이미지를 말한다.
③ 변산도는 구매, 소비, 처분 등이 타인에게 즉각적으로 명백해야 한다는 것을 말한다.
④ 소비자가 자기개념에 일치하는 제품과 매장을 선택하는 것을 '자기충족적 예언'이라고 한다.

08 ① 변산도에 대한 설명이다.
③ 가시성에 대한 설명이다.
④ 소비자가 자신의 자기개념에 일치하는 제품과 매장을 선택하는 것을 '자기 일치성' 또는 '이미지 일치가설'이라고 한다.

09 집단주의 문화권에서는 상호의존적 자기해석이, 개인주의 문화권에서는 독립적 자기해석이 자기관점으로 나타난다.

09 자기개념에 대한 설명으로 옳지 않은 것은?

① 자기개념에 일치하는 제품과 매장을 선택하는 것을 '자기일치성'이라고 한다.

② 일치성을 측정하는 방법은 상표성격과 자기 이미지를 각각 측정하는 방법이 있다.

③ 자신의 신체에 만족한 사람은 헤어컨디셔너, 헤어드라이어, 색조제품 등을 빈번하게 구매한다.

④ 개인주의 문화권에서는 상호의존적 자기해석이 나타난다.

10 변산도에 대한 설명이다.
의인화(Personalizability)는 제품이 보편적 사용자에 대한 고정관념적 이미지를 나타내는 정도를 말한다.

10 상징적 제품에 대한 설명으로 옳지 않은 것은?

① 소비자가 자신과 타인 간의 의사전달을 하기 위해 사용하는 제품이 상징적으로 작용한다.

② 가시성이란 구매, 소비, 처분 등이 타인에게 즉각적으로 명백해야 함을 말한다.

③ 의인화란 모든 사람이 특정 제품을 소유하고 있고 특정 서비스를 받고 있다면 상징으로 볼 수 없음을 말한다.

④ 변산도란 사람마다 특정 제품을 소유할 자원을 가지고 있을 수도 없을 수도 있음을 말한다.

11 집단주의 문화권에서는 상호의존적 자기해석을, 개인주의적 문화권에서는 독립적 자기해석을 자기관점으로 가진다.

11 다음 설명 중 옳지 않은 것은?

① 자기해석은 자기가 타자와 분리되어 있거나 연결되어 있다고 생각하는 정도이다.

② 집단주의 문화권에서는 독립적 자기해석을, 개인주의적 문화권에서는 상호의존적 자기해석 관점을 가진다.

③ 독립적 해석을 하는 사람들도 사회적 환경에 반응을 보인다.

④ 상호의존적 자기해석을 하는 사람들은 타인은 자기와 연결되고 조화된다고 생각한다.

정답 09 ④ 10 ③ 11 ②

12 소비자 라이프스타일에 대한 설명으로 옳지 <u>않은</u> 것은?

① 라이프스타일은 추상적이다.

② 라이프스타일은 다양한 생활 요소를 통해 분석할 수 있다.

③ 라이프스타일은 돈과 시간을 어떻게 소비하는지 등으로 표현될 수 있다.

④ 개인의 가치관이나 생활 욕구 패턴을 분석하여 라이프스타일을 예측하는 방법은 미시적 방법이다.

12 라이프스타일 특징
- 생활양식, 생활행동, 가치관, 태도 등의 복합체이다.
- 라이프스타일은 가시적이다.
- 라이프스타일은 생동감이 있고 실제적이다.
- 라이프스타일은 특정 개인으로부터 사회 전체에 이르기까지 매우 다양하다.
- 다양한 생활 요소들을 통해 라이프스타일을 분석할 수 있다.
- 라이프스타일은 개인의 가치를 반영하는 표현 양식이다.

13 사이코그래픽 분석에 대한 설명으로 옳지 <u>않은</u> 것은?

① 소비자가 생활하고 즐기는 방식에 의해 소비자를 세분화하려는 연구의 한 형태이다.

② AIO 진술에는 활동 질문, 관심 질문, 의견 질문이 있다.

③ 활동 질문의 예는 '운동, 교회, 일 중에 가장 관심 있는 것은 무엇입니까?'이다.

④ 의견 질문의 예는 '나는 도시는 활동적인 곳이라고 생각한다.'이다.

13 관심 질문의 예이다.

14 밸스1에 대한 설명으로 옳은 것은?

① 욕구충동적 집단은 소속자, 경쟁자, 성취자이다.

② 생존자는 유지자보다 더 자기확신적이고 더 많이 계획한다.

③ 외부지향적 집단은 그들 내부에 초점을 맞춘다.

④ 통합 집단은 내부지향적 성격과 외부지향적 성격의 가장 좋은 특징을 함께 맞추어 다루는 성숙하고 균형 잡힌 사람들이다.

14 ① 욕구충동적 집단은 생존자, 유지자이다.
② 유지자는 생존자보다 더 자기확신적이고 더 많이 계획하고 미래에 대하여 더 기대를 갖는다.
③ 외부지향적 집단은 다른 사람이 그들에 대하여 어떻게 생각하는지에 초점을 맞추고 그들의 삶이 가시적이고 실체적이며 물질적이도록 조절한다.

정답 12 ① 13 ③ 14 ④

15 실현자(Actualizers)에 대한 설명이다.

15 밸스2에 대한 설명으로 옳지 **않은** 것은?

① 밸스2의 목표는 소비자 태도와 구매행동 간의 구체적인 관계를 확인하는 것이다.
② 수행자는 취향, 독립심, 특성 등을 능동적으로 표현한다.
③ 신봉자는 원칙에 초점을 두며 자원이 빈약하다.
④ 경험자는 행위에 초점을 두며 자원이 풍부하고 열정적이며 운동과 위험을 즐긴다.

✔ **주관식 문제**

01
[정답] 자기개념(Self-Concept)

01 '자기 자신을 하나의 대상으로 나타내는 개인의 사고와 감정의 총합'을 무엇이라고 하는가?

[정답] 15 ②

02 상징적 제품의 특성을 기술하시오.

02
정답 • 가시성(Visibility) : 구매, 소비, 처분 등이 타인에게 즉각적으로 명백해야 한다.
• 변산도(Variability) : 어떤 소비자는 특정 제품을 소유할 자원을 가지고 있는 반면, 다른 소비자는 그 제품을 소유할 시간적 또는 재정적 자원을 가지고 있지 못한 경우로, 만일 모든 사람이 특정 제품을 소유하고 있고 또는 특정 서비스를 받고 있다면 그것은 상징으로 작용하지 않을 수 있다.
• 성격, 의인화(Personalizability) : 제품이 보편적 사용자에 대한 고정관념적 이미지를 나타내는 정도를 말한다.

03 소비자가 생활하고 일하며 즐기는 방식에 의해 소비자를 세분화하려는 소비자 연구의 한 형태로, 소비자들 간의 개인차를 확인하기 위한 방법을 무엇이라고 하는가?

03
정답 사이코그래픽 분석

제 **5** 절　**소비자 태도, 태도변화, 설득 커뮤니케이션**

01 태도는 행동과 동일한 것이 아닌 대상에 대한 호의 또는 비호의적인 평가를 나타내는 것이다.

01　태도의 특성에 대한 설명으로 옳지 않은 것은?

① 태도는 행동과 동일한 것이다.

② 태도는 비교적 일관적이나 변화할 수 있다.

③ 사건이나 환경은 소비자 자신의 태도와 다른 방식으로 행동하게 만들 수 있다.

④ 다른 상표를 구매하는 것이 불만족이 아닐 수도 있다.

02 상황변수는 태도와 행동 간의 관계에 영향을 주는 사건이나 환경을 말하며 소비자로 하여금 자신의 태도와 일치되지 않는 방식으로 행동하게 만들 수 있다.

02　태도에 대한 설명으로 옳지 않은 것은?

① 태도는 소비자 맥락에서 제품범주, 상표, 서비스 등과 같이 특정 소비자 개념으로 대체할 수 있다.

② 태도의 학습은 경험, 광고 노출을 통해 형성된다.

③ 태도는 비교적 일관성을 갖는다.

④ 태도는 사건이나 환경적 요소에 영향을 받지 않는다.

정답　01 ①　02 ④

03 다음 내용은 무엇에 대한 설명인가?

> • 소비자 자신의 가치 또는 자기개념을 표현해 주는 제품을 구매하는 것이다.
> • 프로이트의 정신분석학적 접근에서 유래했지만 자기방어기제보다는 개인 중심적 가치와 개념을 표현하도록 유도하였다.
> • 예를 들어, 소비자가 아이폰을 구매하는 것은 자신을 '얼리어답터', '혁신적인 사람'의 모습에 가치를 두는 것이라고 볼 수 있다.

① 효용성기능
② 자기방어기능
③ 가치표현기능
④ 지식기능

03 가치표현기능에 대한 설명이다.

04 태도의 기능에 대한 설명으로 옳지 <u>않은</u> 것은?

① 효용성기능-보상을 극대화하고 처벌을 극소화하려는 것
② 지식기능-상품의 특징을 이해하는 것
③ 자기방어기능-불안과 위협에서 벗어나 자아를 보호하게 해주는 기능
④ 가치표현기능-소비자 자신의 가치 또는 자기개념을 표현해 주는 제품을 구매하는 것

04 지식기능은 사람들이 조직화되지 않고 혼란스러운 것을 이해하도록 돕고 의미를 부여하도록 하는 것을 말한다.

05 태도의 구성요소가 <u>아닌</u> 것은?

① 인지요소
② 감정요소
③ 행동요소
④ 방어요소

05 태도의 구성요소는 인지, 감정, 행동의 3가지이다.

정답 03 ③ 04 ② 05 ④

안심Touch

checkpoint　　해설 & 정답

06 　구매결정에서 관여가 증가할 때 소비자는 제품에 대하여 확장적인 정보를 탐색하고 그 결과로 제품대안에 대해 많은 신념을 형성한다. 그에 따라 소비자는 대안을 비교 · 평가하는 데 많은 시간을 쏟게 된다(표준학습위계).

06 　**태도의 구성요소에 대한 설명으로 옳지 <u>않은</u> 것은?**

① 소비자 감정반응은 보통 신념에 근거하지만 상황의 영향을 받을 수도 있다.
② 행동요소는 보통 소비자의 구매의도로 다루어지고 있다.
③ 구매결정에 대한 관여가 증가할 때 경험위계가 작동한다.
④ 저관여 위계는 신념, 행동, 감정의 순으로 이루어진다.

07 　자기방어기능에 대한 예시이다.

07 　**태도의 기능에 대한 설명으로 옳지 않은 것은?**

① 효용성기능 : 사람들로 하여금 즐겁거나 보상적인 대상을 얻게 하고 불쾌하거나 바람직하지 않은 대상을 피하게 한다.
② 자기방어기능 : 프로이트의 정신분석학적 접근에서 유래하였다.
③ 가치표현기능 : 타인과 만날 때 에티켓 문제를 위하여 구강청결제를 구매한다.
④ 지식기능 : 사람이 자신의 세계를 이해하는 데 도움을 주는 기준으로 작용한다.

정답 　06 ③　07 ③

08 다음 설명에 해당하는 것은?

> - 문제인식 → 정보탐색 → 대안평가 → 구매 → 구매 후 평가
> - 선택하고자 하는 대안이 세분화되어 있음(많은 속성, 복잡한 결정방법, 많은 대안)
> - 고가품 구입(승용차, TV, 냉장고 등), 사회적 평가(결혼 준비, 주택구입 등)
> - 구매를 되돌리기 어려움

① 확장적 의사결정
② 제한적 의사결정
③ 습관적 의사결정
④ 명목적 의사결정

08 확장적 의사결정에 대한 설명이다.

09 경험위계에 대한 설명으로 옳은 것은?

① 놀이공원에 가는 이유는 짜릿하고 신나는 감정을 느끼기 위해서이다.
② 소비자는 대안을 비교·평가하는 데 많은 시간을 쏟는다.
③ 사람들이 많이 구매하니까 구매한다.
④ 강력한 상황으로 인하여 제품구매 시 감정 없이도 제품을 구매할 수 있다.

09 ② 표준학습위계에 대한 설명이다.
　　③, ④ 행동영향위계에 대한 설명이다.

정답 08 ① 09 ①

10

구매과정	효과의 위계
고관여	표준학습위계 : 신념 – 감정 – 행동
저관여	저관여위계 : 신념 – 행동 – 감정
경험/충동	경험위계 : 감정 – 행동 – 신념
행동영향	행동영향위계 : 행동 – 신념 – 감정

11 경험위계에 대한 설명이다.

12 최소한의 노력으로 균형이 회복되는 방향으로 변화가 일어나야 한다.

10 다음 태도위계에 대한 연결로 옳은 것은?

① 표준학습위계 : 신념–행동–감정
② 저관여위계 : 신념–감정–행동
③ 경험위계 : 감정–행동–신념
④ 행동영향위계 : 행동–감정–신념

11 표준학습위계에 대한 설명으로 옳지 **않은** 것은?

① 구매결정에서 관여가 증가할 때 나타난다.
② 소비자는 제품에 대하여 확장적인 정보를 탐색하고 그 결과로 제품 대안에 대해 많은 신념을 형성한다.
③ 소비자는 대안을 비교·평가하는 데 많은 시간을 쏟게 된다.
④ 어떤 감정이나 흥분을 얻으려는 욕구 때문에 행동을 하기도 한다.

12 균형이론에 대한 설명으로 옳지 **않은** 것은?

① 관찰자, 대상, 타인의 각 관계에서 한 가지를 변화시켜 균형이 회복되도록 변화를 돕는다.
② 관계를 변경할 때에는 3가지 모두 변경한다.
③ 관찰자, 타인, 대상 사이의 인지적 관계가 균형을 이루도록 태도가 형성된다는 이론이다.
④ 일관성을 지향하는 과정에서 태도가 형성되거나 변화한다.

정답 **10** ③ **11** ④ **12** ②

13 다속성모형에 대한 설명으로 옳지 <u>않은</u> 것은?

① 대상태도모형은 제품이나 특정 상표가 갖고 있는 속성에 대한 개인의 신념과 속성에 대한 개인평가의 함수로 태도가 나타남을 보여주는 모형이다.

② 행동태도모형은 대상태도모형보다는 실제 행동에 더 밀접히 관련된다.

③ 합리적 행위모형은 행동의도모형으로도 불린다.

④ 합리적 행위모형의 태도요소들은 연속체가 아닌 별개의 개념이다.

13 합리적 행위모형은 태도요소들의 연속체이다. 신념들은 태도에 선행하며 규범적 신념들은 주관적 규범에 선행하고 태도와 주관적 규범은 의도에 선행하며 의도는 실제 행동에 선행한다.

14 소비자의 특정 행위에 대해 관련된 타인이 어떻게 생각할 것인지에 관한 소비자의 감정을 평가하는 것은?

① 주관적 규범

② 규범적 신념

③ 가치신념

④ 행동에 대한 태도

14 주관적 규범에 대한 설명이다.

15 계획된 행위모형에 대한 설명으로 옳은 것은?

① 합리적 행위모형에 주관적 규범을 첨가한 이론이다.

② 합리적 행위모형의 범위를 목표지향적 행동에까지 확장시켰다.

③ 지각된 행동통제는 의도에 영향을 미칠 수 있으나 행동에는 직접적인 영향을 미칠 수 없다.

④ 행동을 제약하는 상황적 요인은 행동통제에 대한 신념을 말한다.

15 ① 계획된 행위모형은 합리적 행위모형에 행동통제력인 지각된 행동 통제를 결합한 태도모형이다.

③ 지각된 행동통제는 행동태도 그리고 주관적 규범과 함께 행동의도를 결정하며 아울러 행동에도 직접적인 영향을 미칠 수 있다.

④ 행동통제에 대한 신념은 소비자가 행동으로 옮길 수 있다는 신념이고 통제요인의 지각된 강도는 행동을 제약하는 상황적 요인을 말한다.

정답   13 ④   14 ①   15 ②

checkpoint 해설 & 정답

16 단순노출효과란 어떤 자극에 대한 단순한 반복노출은 그에 대한 태도를 향상시킨다는 것이다.

16 ○○음료 광고가 많이 노출되었고, ○○음료가 친숙하고 마셔보고 싶다는 생각이 들었다. 이 예시와 어울리는 이론은?

① 태도접근 가능성
② 계획된 행위모형
③ 다속성모형
④ 단순노출효과

17 인간은 비합리적이기 때문에 선택 후 불안감을 느끼게 되는 것이다.

17 인지부조화에 대한 설명으로 옳지 않은 것은?

① 인지부조화이론의 기본 가정은 '소비자는 합리적이다.'라는 것이다.
② 소비자는 고관여일수록, 제품 사용기간이 길수록 더 많이 부조화를 느낀다.
③ 추가 정보탐색은 인지부조화를 감소시켜 주는 방법이다.
④ 상표충성도가 높은 제품일수록 인지부조화의 정도는 낮아진다.

18 '구매 후 인지부조화'에 대한 설명이다.

18 저항과 인지부조화에 대한 설명으로 옳지 않은 것은?

① 비싸거나 중요한 제품을 구매할 경우 불안감은 더 심해진다.
② 서로 조화되지 않은 두 개의 인지가 불일치될 때 발생한다.
③ 두 가지 대안이 모두 긍정적일 때 '구매결정 전 저항'이 나타날 수 있다.
④ 자신이 구매한 상표가 좋아하지 않았던 제품일 때 나타나는 현상은 '구매결정 전 저항'이라고 한다.

정답 16 ④ 17 ① 18 ④

19 **소비자 행동에 따른 태도변화에 대한 설명으로 옳지 않은 것은?**

① 구매결정 전 저항은 소비자가 포기한 선택대안에 관한 소비자의 감정이 더욱더 긍정적으로 나타나는 현상을 말한다.

② 선택이 소비자에게 중요하고 높은 재정적 위험을 내포하고 있다면 더 큰 저항을 유발할 수 있다.

③ 제품을 반환하거나 불평하는 것은 인지부조화를 더 자극하게 된다.

④ 소비자가 구매에 높게 관여할수록 인지부조화에 영향을 준다.

19 **인지부조화를 줄이기 위한 행동**
- 제품을 반환하거나 불평을 함으로써 자기개념과 제품 간의 연결을 끊음
- 구매와 관련된 자료들을 탐색하여 제품에 대한 새로운 정보를 수집함
- 선택한 제품을 긍정적으로 재평가하고 선택하지 않은 제품을 부정적으로 재평가함

20 **인지부조화에 대한 설명으로 옳지 않은 것은?**

① 인지부조화는 소비자가 자신이 좋아하지 않는 상품을 구매했다는 것에 대한 갈등으로 만들어진 불쾌한 감정상태이다.

② 제품을 반환하거나 불평을 함으로써 자기개념과 제품 간의 연결을 끊는 것은 인지부조화를 줄일 수 있다.

③ 두 개 이상의 선택대안이 전반적인 선호도에서 유사하게 평가될 경우 인지부조화에 더 영향을 준다.

④ 인지부조화를 줄이기 위해 선택한 제품에 대해 부정적으로 재평가한다.

20 인지부조화를 줄이기 위해 선택한 제품을 긍정적으로 재평가하고 선택하지 않은 제품을 부정적으로 재평가한다.

정답 19 ③ 20 ④

21 비공식적인 과정에서는 출처가 매체와 메시지를 직접적으로 통제하기 어렵기 때문에 2차 수신자에게 영향을 미치기 힘들다.

21 커뮤니케이션 모델에 대한 설명으로 옳지 <u>않은</u> 것은?

① 커뮤니케이션이란 설득자가 사람들이 바람직한 방향(덜 투표, 구매, 기부, 매장방문 등)으로 움직이도록 설득하기 위해 사용하는 도구이다.

② 소비자는 일반적으로 공식적인 과정에서의 메시지를 신뢰하지 않는 경향이 있다.

③ 비공식적인 과정에서는 출처가 매체와 메시지를 직접적으로 통제할 수 있다.

④ 소비자는 일반적으로 비공식적인 과정에서의 메시지(덜 구전)를 신뢰하는 경향이 있다.

22 출처의 전문성은 출처가 전달하려는 주제에 관해 갖고 있는 지식의 정도를 말한다. 예를 들어, 칫솔광고에서 칫솔의 특성을 치과의사가 설명하는 경우가 일반 유명인이 설명하는 경우보다 더 신뢰되는 경우가 있다.

22 설득 커뮤니케이션에 대한 설명으로 옳지 <u>않은</u> 것은?

① 커뮤니케이션은 다양한 형태를 취하는데, 언어적일 수도 있고, 시각적일 수도 있고, 후각과 촉각을 통해서도 이루어질 수 있다.

② 출처의 신뢰성은 출처가 전달하려는 주제에 관해 갖고 있는 지식의 정도를 말한다.

③ 출처의 전문성과 진실성이 증가할수록, 수신자는 출처가 신뢰할 만하다고 지각할 가능성이 더 커진다.

④ 출처가 전문성이 낮다고 지각되더라도 진실하다고 느껴지면 그 출처는 수신자에게 영향을 줄 수 있다.

정답 21 ③ 22 ②

23 신뢰성과 출처에 대한 설명으로 옳지 <u>않은</u> 것은?

① 출처의 신뢰성은 출처가 전문적 지식을 가지고 있으면서 진실하다고 수신자가 지각하는 정도를 의미한다.

② 신뢰성이 높은 출처는 메시지에 대한 반박을 억제한다.

③ 신뢰성이 높은 출처는 소비자에게서 행동변화를 더 많이 일으킨다.

④ 신뢰성이 높은 출처는 소비자에게서 의심의 태도를 일으킨다.

23 신뢰성이 높은 출처가 소비자에게 미치는 영향
- 신뢰성이 높은 출처는 소비자에게서 더욱 긍정적인 태도변화를 일으킨다.
- 신뢰성이 높은 출처는 소비자에게서 행동변화를 더 많이 일으킨다.
- 신뢰성이 높은 출처는 신체적이거나 사회적인 위협을 포함한 공포소구를 사용하려는 광고인의 능력을 증가시킨다.
- 신뢰성이 높은 출처는 메시지에 대한 반박을 억제한다.

24 출처의 신체매력에 대한 설명으로 옳지 <u>않은</u> 것은?

① 조화가설에 의하면 커피는 사람들을 각성시키는 특성을 갖고 있기 때문에 신체적인 매력의 모델이 적합하다.

② 성적 소구는 광고에 대한 주의를 유도하고 관찰자의 흥분 수준을 증가시킨다.

③ 소비자는 메시지 자체를 잊기보다 메시지 출처를 더 빨리 잊는다.

④ 수면자 효과의 원인은 시간경과에 따른 분리로 볼 수 있다.

24 조화가설이란 제품의 두드러진 특성이 출처의 두드러진 특성과 일치해야 한다는 것을 말한다. 향수는 이성을 유혹하기 위해 사용되기에, 신체적으로 매력적인 모델이 향수광고에는 적합하다. 그러나 커피는 일반적으로 사람들을 각성시키는 특성을 갖고 있으므로, 커피를 광고할 때 신체적인 매력을 가진 모델은 커피와 연합하지 않을 수 있다.

25 메시지 특성에 대한 설명으로 옳지 <u>않은</u> 것은?

① 이득의 틀 메시지는 어떤 대안을 채택했을 때 얻게 되는 긍정적인 결과를 강조한다.

② 은유는 부수적인 의미를 제공하려는 목적을 위해 하나의 대상을 또 다른 것으로 대체한다.

③ 메시지는 가급적 많은 정보를 담아서 전달해야 효과적이다.

④ 메시지가 비교적 복잡하거나 청중이 메시지 주제에 관여되지 않는다면, 결론을 제시하는 것이 좋다.

25 메시지의 복잡성은 메시지에 너무 많은 정보가 있을 때 나타나는 것으로, 메시지가 너무 복잡하면 수신자는 그 메시지를 이해할 수 없고, 설득되지 않는다.

정답   23 ④   24 ①   25 ③

checkpoint 해설 & 정답

26 ② 시장점유율이 중간수준인 상표는 유사한 수준의 다른 상표와 비교해야 할 때 간접비교광고를 사용해야 한다.
③ 청중의 관여가 높고 메시지 내용이 강력하며 메시지가 복잡하지 않다면, 메시지에서 결론을 생략하여 청중이 그 결론을 추론하게 하는 것이 좋다.
④ 생생하고 구체적인 정보를 갖고 있는 메시지는 주의를 끌 뿐만 아니라 유지시키며, 수신자에게 상상하도록 자극한다. 이는 장기기억에 더 잘 저장될 뿐만 아니라 더 잘 인출되기도 한다.

26 **메시지에 대한 설명으로 옳은 것은?**

① 양방메시지는 소비자에게 공정한 것으로 보일 수 있고, 메시지와 출처에 대해 반박할 가능성을 낮출 수 있다.
② 시장점유율이 낮은 상표는 유사한 수준의 다른 상표와 비교해야 할 때 간접비교광고를 사용하는 것이 효과적이다.
③ 청중의 관여가 높고 메시지 내용이 강력하다면 반드시 결론을 제시해야 한다.
④ 추상적 정보일수록 소비자들의 주의를 끌 수 있다.

27 유머의 부정적인 효과로 첫째, 메시지에 대한 주의를 분산시킴으로써 이해도를 낮춘다. 둘째, 처음에는 재미있지만 반복되면 싫증이 난다. 즉, 유머는 생명이 짧다. 셋째, 청중에 따라 반응이 다를 수 있기 때문에 기대하지 않았던 부정적인 효과를 가질 수 있다.

27 **메시지에 대한 설명으로 옳지 않은 것은?**

① 초두효과는 인쇄광고와 같은 시각적 자료보다 라디오 광고와 같은 언어적 자료에서 더 강하게 나타난다.
② 지나친 반복은 메시지에 대해 부정적이게 만들 수 있다.
③ 일반적으로 드라마기법이 응답자에게서 더 큰 감정과 더 적은 반박주장을 불러일으킨다.
④ 유머소구는 생명이 긴 편이다.

정답 26 ① 27 ④

✔ 주관식 문제

01 태도의 네 가지 기능을 기술하시오.

01

정답 효용성기능, 자기방어기능, 가치표현
기능, 지식기능

02 태도의 구성요소 위계의 종류와 각 종류별로 '신념, 감정,
행동'의 발생과정을 기술하시오.

02

정답

구매 과정	효과의 위계
고관여	표준학습위계 : 신념 − 감정 − 행동
저관여	저관여위계 : 신념 − 행동 − 감정
경험/ 충동	경험위계 : 감정 − 행동 − 신념
행동 영향	행동영향위계 : 행동 − 신념 − 감정

안심Touch

03

정답 신념과 태도의 변화가 중심경로를 통해 이루어질 때, 소비자는 메시지(전달 내용)에 주의를 기울인다. 소비자는 메시지를 더욱 심사숙고하며 자신의 태도와 비교한다. 신념과 태도가 중심경로처리에 의해 변화될 때, 그 변화된 태도는 비교적 오래 지속되고, 행동을 예측할 수 있게 해주며, 새로운 설득에 대응하는 저항력을 지닌다.

03 정교화 가능성 모형에서 중심경로에 따른 소비자의 행동과 태도 변화를 설명하시오.

제 6 절   소비자 구매결정과 평가

01 광고 · 판촉활동 · 다른 구매결정 등은 외적 요인에 속하고 제품고갈 · 상황적 변화 등은 내적 요인에 속한다.

01 소비자 구매결정에 관한 설명으로 옳지 <u>않은</u> 것은?

① 소비자 구매결정과정은 문제인식 → 정보탐색 → 대안평가 → 구매 → 구매 후 평가과정이다.

② 소비자가 문제라고 인식하는 것은 광고 · 판촉활동 · 다른 구매결정 등의 내적 요인, 제품고갈 · 상황적 변화에 의한 외적 요인의 영향을 받는다.

③ 고관여 결정은 소비자가 대상에 대한 신념을 먼저 형성하고 그 다음에 대상에 대한 감정을 가지며 마지막으로 대상과 관련되는 행동(예 구매행동)을 만드는 과정이다.

④ 저관여 결정은 소비자가 제품에 관한 신념을 먼저 형성하고 뒤이어서 구매를 하며 구매 후에 제품에 관한 태도를 형성하는 과정이다.

정답 01 ②

02 전통적인 결정 관점에서의 마케팅전략으로 옳지 <u>않은</u> 것은?

① 고관여 촉진전략 : 숙련된 판매원 활용, 매력적인 모델 사용
② 고관여 유통전략 : 제한적인 유통체계 사용
③ 저관여 유통전략 : 광범위한 유통전략 사용
④ 저관여 가격전략 : 저가 제품 유지 노력, 쿠폰과 유인책 사용

02　매력적인 모델 사용은 저관여 촉진전략에 속한다.

03 경험적 관점에서의 구매결정에 대한 설명으로 옳은 것은?

① 소비자는 이성적인 주체이다.
② 소비자는 제품이 갖고 있는 의미 때문에 구매하기도 한다.
③ 소비자는 이성적인 기준에 근거하여 정보를 탐색한다.
④ 사전에 문제를 인식하지 않았거나 매장에 들어가기 전까지 구매의도가 없었음에도 이루어진 구매행동을 다양성 추구 구매라고 한다.

03　소비자는 꽃·보석·향수 등과 같은 제품을 기능보다는 제품이 갖고 있는 의미 때문에 구매하는 경우가 많은데, 이것이 경험적 관점에서의 소비결정에 해당한다.

04 충동구매에 대한 설명으로 옳지 <u>않은</u> 것은?

① 충동구매와 무계획은 사전에 계획 없이 구매가 이루어진다는 공통점이 있다.
② 소비자가 제품을 우연히 접했을 때, 제품에 대한 정보를 총체적으로 처리할 때 그리고 매우 강한 긍정적인 감정으로 반응할 때 일어나는 경향이다.
③ 접촉욕구가 높을수록 충동구매 경향성이 높고 접촉욕구가 낮을수록 충동구매 경향성이 낮다.
④ 자기통제가 강할 경우 접촉욕구에 관계없이 충동구매 경향성이 매우 높다.

04　자기통제가 약할 경우 접촉욕구에 관계없이 충동구매 경향성이 매우 높다.

정답　02 ①　03 ②　04 ④

05　다양성 추구 구매에 대한 설명이다.

05　다음 설명에 해당하는 것은?

> 사람들은 그들의 적절한 자극수준을 유지하려고 하는데 그 수준이 너무 낮아지거나 너무 높아지면 사람들은 그 수준을 조정하려 한다(최저자극이론). 따라서 기존 상표에 만족하면서도 자발적으로 새로운 상표를 구매하는 것이다.

① 충동구매
② 무계획구매
③ 복합적 구매
④ 다양성 추구 구매

06　② 확장적 의사결정을 한다.
　　③ 습관적 의사결정을 한다.
　　④ 제한적 의사결정을 한다.

06　소비자 구매 의사결정에 대한 설명으로 옳은 것은?

① 승용차, 냉장고, 주택 등을 구매할 때에는 확장적 의사결정을 한다.
② 시간적 압박이 적고 선택하고자 하는 대안이 세분화되어 있을 때 제한적 의사결정을 한다.
③ 비누, 치약 등을 구매할 때 제한적 의사결정을 한다.
④ 진열제품의 가격, 품질 등을 비교 후에 하나의 제품을 구매하는 경우 확장적 의사결정을 한다.

07　고려군은 구매를 고려할 수 있는 상표와 제품을 포함하며, 비활성군은 소비자가 본질적으로 무관심한 상표와 제품을 포함하고, 부적절군은 소비자가 수용할 수 없는 것으로 생각하는 상표와 제품을 포함한다.

07　내적 탐색에 대한 설명으로 옳지 않은 것은?

① 소비자가 상표를 의식하지 못하면 소비자는 상표를 구매 대안으로 고려하지 않는다.
② 기업은 자사상표가 비활성군 또는 최악의 부적절군이 아니라 소비자의 고려군에 포함되길 원한다.
③ 고려군의 크기는 시간에 걸쳐 변한다.
④ 비활성군은 소비자가 수용할 수 없는 것으로 생각하는 상표와 제품이다.

정답　05 ④　06 ①　07 ④

08 다음 설명에 해당하는 것은?

> • 소비자가 제품을 구매하려는 것이 아니라 쇼핑 자체를 즐기기 위해 잡지를 뒤적이고 주변사람들과 의견을 나누고 매장을 둘러보는 등 구매와 상관없이 일어나는 행동이다.
> • 소비자들이 특정 제품범주에 깊이 관여되어 있을 때 일어난다.
> • 정보탐색으로부터 즐거움을 얻으려 할 때 일어나기도 한다.

① 내부탐색
② 외부탐색
③ 구매 전 탐색
④ 지속적 탐색

08 지속적 탐색에 대한 설명이다.

09 외적 탐색에 대한 설명으로 옳지 <u>않은</u> 것은?

① 일반적으로 소비자는 외적 탐색을 하는 데 비용이 많이 들면 들수록 탐색을 덜 한다.
② 시장에서 자사상표가 선두인 기업은 탐색비용을 낮추고 소비자가 탐색에서 얻을 수 있는 이득을 증가시켜야 한다.
③ 탐색비용에 영향을 주는 요인들 중에는 매장의 물리적 근접성, 자동차 기름 값, 소비자의 시간에 대한 가치 등이 있다.
④ 외적 탐색에서 수집하는 정보에는 이용 가능한 대안상표, 상표들을 비교하기 위한 평가준거, 다양한 평가준거의 중요도, 신념 형성에 필요한 정보 등이 있다.

09 시장에서 자사상표가 선두가 아닌 기업은 탐색비용을 낮추고 소비자가 탐색에서 얻을 수 있는 이득을 증가시켜야만 한다. 반대로 선두상표의 기업은 광범위한 정보탐색이 시간과 돈의 낭비임을 소비자에게 확신시켜야 한다.

정답 08 ④ 09 ②

안심Touch

10 ② 확정적인 정보를 탐색하라.
　③ 가장 비싼 상표는 아마도 품질이
　　좋을 것이다.
　④ 품질을 인정받은 전국적인 상표를
　　구매하라.

10 **지각된 위험의 감소방법에 대한 설명으로 옳은 것은?**

① 상표충성 : 과거에 만족을 주었던 동일한 상표를 구매하라.
② 제한적 정보 탐색 : 제한적인 정보를 탐색하라.
③ 상표 가격 : 비싼 상표를 구입하는 것은 사기를 당하는 기분이기 때문에 중간정도의 상표를 구입하라.
④ 상표이미지 : 품질보다는 잘 알려져 있는 상표를 구매하라.

11 대표성 간편법에 대한 설명이다.

11 **다음 설명에 해당하는 것은?**

* 무언가 일어날 가능성을 추정하는 판단
* 특정 사건과 모집단 간의 유사한 정보를 살펴봄으로써 확률을 판단하려는 것
* 사람들이 표집이 매우 적을 때조차도 전집을 실제로 대표한다고 강하게 믿는 경향성
* S전자 휴대폰에 만족하여 S전자 노트북도 좋을 것으로 판단하여 구입하였음

① 대표성 간편법
② 가용성 간편법
③ 기점과 조정 간편법
④ 조망이론

12 ① 대표성 간편법에 대한 설명이다.
　② 지각된 위험 감소방법에 대한 설명
　　이다.
　④ 기점과 조정 간편법에 대한 설명이다.

12 **다음 중 가용성 간편법을 사용한 것은 무엇인가?**

① N사의 라면이 맛있어서 N사의 모든 제품이 맛있을 것으로 기대하며 구매하는 것
② 비싼 제품이 좋은 제품일 것이라고 생각하고 구매하는 것
③ 휴대폰 구입할 때 최근 광고에서 많이 보았던 S사 휴대폰을 구매하는 것
④ 판매원이 A상품에 대하여 처음 제시한 가격이 20만 원이었는데 같은 브랜드 B상품이 15만 원일 때 저렴하게 느껴짐

정답 10 ① 11 ① 12 ③

13 가치함수의 4가지 속성 중 옳지 <u>않은</u> 것은?

① 상대성
② 종모양의 함수
③ 실의 회피
④ 심리적 가치와 실질적 가치와의 불일치

14 다음 설명에 해당하는 것은?

> • 물건을 사고 카드로 결제하려고 하는데 판매원이 현금 결제 시에는 9만 5천 원, 카드결제 시에는 10만 원이라고 한다. 이 금액 차이는 현금결제의 할인인가? 카드 결제의 수수료인가?
> • 마트에 쇼핑을 하러 갔을 때 제품 가격이 3만 원에서 3만 3천 원으로 인상된 경우와 30만 원에서 30만 3천 원으로 인상된 경우 어느 쪽이 더 올랐다고 느끼는가?

① 휴리스틱
② 조망이론
③ 기점과 조정 간편법
④ 프레이밍 효과

15 조망이론에 대한 설명으로 옳지 <u>않은</u> 것은?

① 사람들이 어떤 물건이나 상태(재산, 지위, 권리 등)를 실제로 소유하고 있을 때 그것을 지니고 있지 않을 때보다 그 자체를 높게 평가한다.
② 물건을 구입하기 위해 지불하는 금액은 손실로, 그것을 팔아서 얻는 금액은 이익으로 취급한다.
③ 손실을 피하기 위해 가지고 있는 것을 팔려고 한다.
④ 사람의 손실회피 성향은 관성을 초래한다.

해설 & 정답 checkpoint

13 S자 모양의 함수
득이나 실이 증가함에 따라서 그것이 가지는 심리적 가치는 감소한다. 그리고 어느 지점부터는 심리적 가치의 증가는 둔감해진다. 실질적 가치에서의 득과 실의 증가에 따라 심리적 가치도 비례적으로 증가하는 것은 아니다.

14 조망이론에 대한 설명이다.

15 물건을 구입하기 위해 지불하는 금액은 손실로, 그것을 팔아서 얻는 금액은 이익으로 취급한다. 하지만 손실회피성에 따라 어느 쪽이라도 이익보다는 손실 쪽을 크게 평가하게 된다. 따라서 손실을 피하기 위해 가지고 있는 것을 팔려고 하지 않고 실제로 소유하고 있는 물건에 대한 집착이 생긴다.

정답 13 ② 14 ② 15 ③

안심Touch

16 ① 고관여 조건에서 주로 사용한다.
② 차등가중 보상규칙에 대한 설명이다.
④ 동일가중 또는 차등가중 규칙 중 선택이 동일한 경우도 있고 다른 경우도 있다.

16 동일가중 규칙에 대한 설명으로 옳은 것은?

① 저관여 조건에서 주로 사용한다.
② 가중치에 따라 상표 선택이 달라진다.
③ 모든 속성들의 중요도가 동일하다.
④ 동일가중 보상규칙과 차등가중 보상규칙은 항상 동일하다.

17 비보상규칙에 대한 설명이다.

17 차등가중 보상규칙에 대한 설명으로 옳지 <u>않은</u> 것은?

① 속성의 가중치도 고려한다.
② 고관여 조건에서 주로 사용한다.
③ 선택의 위계모델이라도 한다.
④ 전반적인 속성들을 평가하여 선택이 이루어진다.

18 보상규칙 유형 중 하나이다.

18 비보상규칙 유형이 <u>아닌</u> 것은?

① 속성결합규칙
② 속성분리규칙
③ 동일가중보상규칙
④ 빈도규칙

정답 16 ③ 17 ③ 18 ③

19 비보상규칙에 대한 설명 중 옳지 <u>않은</u> 것은?

① 저관여 조건에서 주로 사용한다.

② 한 번에 한 속성에서 대안들을 비교한다.

③ 모든 속성에 최소한의 기준을 설정하고 상표가 기준을 통과하지 못하면 그 상표를 거부하는 규칙은 속성결합규칙이다.

④ 속성분리규칙은 모든 속성을 고려한다.

19 자신이 고려하는 속성에 최소한의 기준을 설정하고, 대안들이 그 속성에서 평가된다는 점은 속성결합규칙과 유사하나, 속성결합규칙은 모든 속성을 고려하지만, 속성분리규칙은 우선시하는 몇몇 속성을 고려한다.

20 다음 중 소비자 선택과정에 대한 설명으로 옳지 <u>않은</u> 것은?

① 사전찾기식 규칙은 속성을 중요도에 의해 서열을 매기고 대안을 비교한다.

② 단계전략은 고관여 조건에서 사용되는 경향이 있다.

③ 소비자는 항상 비교 가능한 대안들 사이에서만 선택이 일어난다.

④ 쾌락재 소비가 실용재 소비에 비해 더 많은 죄책감을 유발한다.

20 소비자는 항상 비교 가능한 대안들 사이에서만 선택이 일어나는 것은 아니다. 공통적인 속성을 갖고 있지 않아도 선택을 해야 할 경우도 있다. 예를 들면, 카메라와 양복을 필요성, 스타일, 비용 등과 같은 속성에 따라 비교하여 선택하는 경우이다.

21 인지부조화에 영향을 미치는 요인에 대한 설명으로 옳은 것은?

① 자주 구매하는 값싼 저가품을 구매할 때 인지부조화를 더 많이 느낀다.

② 소비자가 구매 후에 느끼는 인지부조화의 정도와 상표충성도 간에는 부적 상관관계가 있다.

③ 소비자의 자신감이 낮을 때 인지부조화를 더 느낀다.

④ 사회적 지지와 인지부조화 간에는 정적 관계가 있다.

21 ① 자동차, 골동품, 스키용품 등 값비싼 고가품을 구매하는 경우 인지부조화를 더 많이 느낀다.

③ 자신감이 낮을 때 다른 사람의 설득을 받아 제품을 구입한 경우 그 책임을 그 사람에게로 전가시킬 수 있으므로 설득을 당한 소비자로서는 인지부조화를 별로 느끼지 않는다.

④ 소비자는 사회적 지지를 받는 제품을 구매하는 경우에는 구매 후에 느끼는 인지부조화의 정도가 작으며 반대로 사회적으로 비난을 받는 제품을 구매한 경우에는 구매 후 높은 인지부조화를 느끼게 된다.

정답 19 ④ 20 ③ 21 ②

22 형평이론은 $\frac{성과A}{투입A} = \frac{성과B}{투입B}$ 으로 나타낼 수 있다.

22 사람들이 교환과정에서 자신의 투입과 성과 간의 비율을 상대방의 투입과 성과 간의 비율과 비교하여 자신의 비율이 낮을 경우 사람들은 불형평의 감정을 느낄 것이라고 설명하는 이론은?

① 형평이론
② 귀인이론
③ 기대불일치이론
④ 동기이론

23 소비자들은 만족하면서도 동시에 불만족할 수 있다.

23 2요인이론에 대한 설명으로 옳지 <u>않은</u> 것은?

① 만족과 불만족은 반대개념이 아닌 독립적인 개념이다.
② 만족과 불만족은 동시에 느낄 수 없다.
③ 동기이론은 자기표현 등의 내면의 만족을 말한다.
④ 위생요인은 정책, 작업조건 등과 같은 외부 환경적 특성과 관련 있다.

24 한 가지 상표를 이탈 없이 쓰는 것은 비분할충성이다(비분할충성 : A A A A A A A).

24 상표충성에 대한 설명으로 옳지 <u>않은</u> 것은?

① 한 가지 상표를 이탈 없이 쓰는 것을 상표무관심이라고 한다.
② 새로운 고객을 확보하는 것보다 기존 고객을 유지하는 것이 비용이 덜 든다.
③ 반복구매행동은 제품에 대한 어떤 특정한 느낌 없이 구매하는 것을 의미한다.
④ 소비자는 오직 자신이 적극적으로 특정 제품을 선호할 때에만 상표충성을 보인다.

정답 22 ① 23 ② 24 ①

25 선미는 월 10회 파이를 구입하는데 일반적으로 초코파이 3회, 오예스 4회, 몽쉘통통을 3회씩 번갈아가면서 구매한다. 선미가 나타내는 상표충성의 유형은 무엇인가?

① 비분할충성
② 경우전환
③ 전환충성
④ 분할충성

25 여러 개의 상표를 번갈아가면서 쓰는 것은 분할충성이다(분할충성 : A A A B B A A B B B).

🔘 주관식 문제

01 소비자 의사결정과정의 일반적인 5단계를 쓰시오.

01

정답 문제인식 → 정보탐색 → 대안평가 → 구매 → 구매 후 평가

정답 25 ④

안심Touch

02
정답 지각된 위험

02 소비자의 지각 중에서 있을 수 있는 부정적 결과들과 그러한 부정적인 결과들이 발생할 가능성에 대한 것을 무엇이라고 하는가?

03
정답 ① 경제적인 손실을 만회하기 위해서
② 소비자 자신의 이미지를 회복하기 위해서

03 소비자가 불평행동을 하는 경우의 일반적인 목적은 무엇인지 두 가지를 기술하시오.

04
정답 상표충성

04 특정 상표에 대한 긍정적 태도로 말미암아 그 상표를 반복적으로 구매하는 행위를 무엇이라고 하는가?

제 **2** 장

광고심리학

I wish you the best of luck

혼자 공부하기 힘드시다면 방법이 있습니다.
SD에듀의 동영상강의를 이용하시면 됩니다.
www.sdedu.co.kr → 회원가입(로그인) → 강의 살펴보기

제 2 장 광고심리학

제 1 절 광고기획

1 마케팅 목표, 광고목표 및 광고콘셉트

(1) 마케팅 목표와 마케팅믹스 4P

마케팅이란 기업과 고객, 소비자 간에 이루어지는 광범위한 커뮤니케이션 행위를 지칭하는 것으로 단기·장기적으로 또는 영속적으로 소비자의 행동변화를 일으킬 목적으로 기업이 행하는 다양한 행위로 볼 수 있다(Ross, 2011).

① 마케팅 목표(Marketing Goal)

기업에서는 자사의 상품이나 서비스에 대해 정해진 기간 내에 달성할 수 있을 만한 목표를 수립하고 이를 달성하기 위해 다양한 자원을 투입한다. 정해진 기간 내에 달성하고자 하는 것을 마케팅 목표(Marketing Goal)라고 한다. 마케팅 목표의 가장 일반적인 유형은 매출이나 시장점유율 또는 매출이나 시장점유의 신장률 등이다. 마케팅 목표는 마케팅 전략과 불가분의 관계다. 신제품을 시장에 도입하기로 했다면 정해진 기간 동안 무엇을 성취하려고 하는지 결정해야 하는데 마케팅 전략은 '어떻게' 마케팅 목표를 달성할 것인지에 대한 것이다. 마케팅 목표가 '무엇을'이라면 마케팅 전략은 '어떻게'에 해당한다. 그리고 마케팅 전술은 마케팅 전략을 지원하는 구체적 행위이다.

② 마케팅믹스(Marketing Mix) 4P

교환을 촉진하는 네 가지 요소인 **제품(Product), 가격(Price), 유통(Place), 촉진(Promotion)**을 마케팅믹스를 구성하는 4P라 한다. '마케팅믹스'라는 용어는 1953년 보더(Border)가 처음 사용하였고 4P는 매카시(McCarthy)가 주장하여 코틀러(Kotler)에 의해 대중화되었다. 여기에서 말하는 4P는 성공적인 마케팅을 위한 마케팅믹스의 구성요소로 기업이 마케팅 활동을 수행하는 방식에 영향을 미치는 전술적 요소이다.

㉠ 제품(Product) : 디자인이나 수행성 그리고 품질과 같은 것들이 제품성공의 핵심요소가 되고 4P의 초점요소이다. 의류나 패션용품의 경우에는 디자인이 제품요소가 되고 전자제품과 같은 기술적인 제품에서는 디자인보다는 성능이 핵심요소가 될 것이다. 성능은 재구매나 주변 사람에 대한 추천에 영향을 미침으로써 성공적인 매출로 이끄는 중추적인 역할을 한다. 질(Quality)은 디자인이나 수행성에 비해 추상적인 구성요소로 제품의 격이나 수준과 관련된다. 고가의 자동차나 액세서리의 경우에는 제품의 질이 제품의 성공을 좌우한다.

㉡ 가격(Price) : 기업이 책정하는 것으로 제품을 생산하고 마케팅하는 데 드는 비용뿐만 아니라 얻고자 하는 이익도 포함한다. 가격은 시장, 경쟁자, 소비자 그리고 제품의 상대적인 가치, 소비자의 가치평가 능력 등 여러 요인을 기초로 책정된다.

㉢ 유통(Place) : 고객이 제품에 접근할 수 있도록 하는 경로이다. 고객이 접근하기 용이한 경로를 가지는 기업은 그렇지 않은 기업에 비해 경쟁우위를 점할 수 있다. 광범위한 접근경로나 경쟁자가 가지지 않는 자사만의 배타적인 경로를 보유하는 것도 경쟁에서 유리한 위치를 점하는 주요전략이 될 수 있다. 다이렉트 마케팅에 의존하는 기업은 중간 판매상을 거치지 않고 기업이 고객에게 직접 판매하는 유통전략을 구사하는데 이 역시 차별적인 유통전략의 일환이다.

㉣ 촉진(Promotion) : PR, 판매촉진 그리고 이벤트나 후원, PPL, 온라인과 모바일 커뮤니케이션 등의 다양한 마케팅 커뮤니케이션 도구가 포함된다. 광고는 4P 중 촉진에 해당한다. 프로모션에는 광고 외에도 소비자 판매촉진, PR, 이벤트 그리고 퍼블리시티 등과 같은 다양한 유형의 촉진활동이 포함된다.

- 인적 판매(Personal Selling) : 제품이나 서비스의 판매를 목적으로 하는 소비자와의 직접적인 면대면 커뮤니케이션 활동이다. 제품, 서비스 정보를 바로 전달하고 직접 설득할 수 있기 때문에 소비자의 구매행동을 이끌어 내는 데 효과적이다.

- 판매촉진(Sales Promotion) : 소비자와 중간상, 판매원을 대상으로 단기간 내에 판매를 증가시키기 위하여 사용된다. 소비자 대상으로 가격할인, 경품행사, 캐시백(현금환불), 사은품 증정, 무료샘플 증정, 쿠폰 증정 등이 있다. 중간상과 판매원 대상으로는 구매시점 진열, 정기적인 제품전시회, 판매경연, 가격할인, 프리미엄, 광고비용 보상 등이 있다.

- 홍보(Public Relation, PR) : 기업이 소비자가 포함된 지역사회나 단체, 나아가 주주 종업원, 유통경로 구성원, 언론 등과 우호적인 관계를 개발, 개선, 유지하여 기업 전체에 긍정적인 이미지를 형성하고 호감을 갖도록 하여 자사 제품을 촉진하는 활동이다.

- 광고(Advertising) : 광고주인 기업이 제품, 서비스, 아이디어에 대한 다양한 매체를 통하여 유료의 형식으로 소비자에게 영향을 미치거나 설득하기 위해 시행하는 촉진수단이자 마케팅 커뮤니케이션 활동이다(한국광고학회, 1996 ; 조병량 외, 1998).

(2) 광고목표와 효과

광고목표란 규정된 표적소비자를 대상으로 정해진 기간 동안 달성하고자 하는 구체적인 커뮤니케이션 과제이며 커뮤니케이션 과제는 마케팅 과제와는 다르다. 한국광고학회(1996)에서도 광고의 목표를 "일정기간 동안의 광고활동을 통하여 달성하고자 설정한 광고효과에 대한 기술"이라고 규정하였다. 그러나 최근 마케팅 목표를 달성하기 위해 다양한 촉진전략(광고, 판매촉진, 홍보, 인적 판매 등)을 활용하고 있고 이러한 전략이 성공을 거두기 위해서는 광고를 포함한 촉진전략 등의 목표와 효과에 대하여 명료화해야 한다.

① 광고와 구매행동(판매)

많은 사람들이 광고의 목표는 '판매'라고 생각한다. 물론 광고는 궁극적으로 판매를 통해 매출이나 이익을 창출하는 것에 기여해야 하지만 단지 판매만이 광고의 목표라고 생각하는 것은 문제가 있다. 왜냐하면 어떠한 상품이나 서비스의 판매는 광고만으로 가능한 것이 아니기 때문이다.

제품의 판매는 결코 광고만으로 달성되는 것이 아니다. 제품의 질, 성능, 기능 등이 소비자 니즈에 맞고 제품을 희망해야 구매까지 이루어지는 것이다. 가격도 마찬가지다. 무조건 저렴한 가격이라고 해서 소비자가 구매하는 것이 아니라 A/S나 교환, 환불 등도 제대로 갖추어져 있어서 고객이 구매 후에도 안전하게 사용할 수 있을 때 구매를 하게 된다. 따라서 광고목표란 결국 판매가 일어나기 위해 제품, 가격, 유통 등과 함께 광고가 해 주어야 하는 역할인 것이다. 즉, 소비자가 광고를 보고 해 주기를 바라는 내적·외적인 반응(매개반응 ; 인지적이고 정서적인 심리적 반응)이 광고목표가 되어야 한다.

> **더 알아두기**
>
> **광고의 목표 예시**
> - 마케팅 목표 예시
>   - 매출 증대
>   - 전년 대비 15% 판매 증대
>   - 시장점유율 20% 증대
>   - 노년층 시장에서 판매 매출 늘리기
> - 올바른 광고목표 예시
>   - 광고 브랜드/특징 기억하기
>   - 광고에 대한 긍정적 반응 보이기
>   - 주변사람들에게 광고에 대해 이야기하기

② 광고를 통해 달성 가능한 목표반응

광고를 통해 달성 가능한 1차 목표반응들을 살펴보기 위해서는 소비자의 일련의 심리적 과정에 대해 알아야 한다. 일반적으로 소비자가 다양한 설득 채널, 자극에 노출되어 거치는 일련의 과정을 효과의 위계(Hierarchy of Effect)라 한다. 효과의 위계란 설득 커뮤니케이션 자극이 수신자인 소비자의 사고, 감정 및 행동에 영향을 미치는 일련의 순차적인 과정을 거쳐서 발생한다는 것이다.

구분	AIDA 모형	DAGMAR 모형	레비지–스타이너 모형	하워드–쉐스 모형	EKB 모형
인지 (Cognition)	주의 (Attention)	인지 (Awareness) 이해/이미지 (Comprehension/ Image)	인지 (Awareness) 지식 (Knowledge)	주의 (Attention) 브랜드 이해 (Brand Comprehension)	문제인식 (Problem Recognition) 탐색 (Search) 신념 (Beliefs)
감정 (Affection)	흥미 (Interest) 바람 (Desire)	태도 (Attitude) 확신 (Conviction)	호감 (Liking) 선호 (Preference) 확신 (Conviction)	태도 (Attitude)	태도 (Attitude)
행동 (Conation)	행동 (Action)	행동 (Action)	구매 (Purchase)	구매의도 (Intention) 구매 (Purchase)	구매의도 (Intention) 선택 (Choice)

▲ 여러 가지 학습위계 모형

소비자가 설득 커뮤니케이션 자극에 노출되었을 때 겪는 심리적 과정은 항상 인지→감정→행동(표준 학습위계)의 순서로만 진행되는 것은 아니다. 소비자가 설득 커뮤니케이션 자극에 노출되었을 때 자극 대상에 대한 관여상태나 지식, 경험 등에 따라 순차적으로 겪는 심리적 과정은 달라질 수 있다.

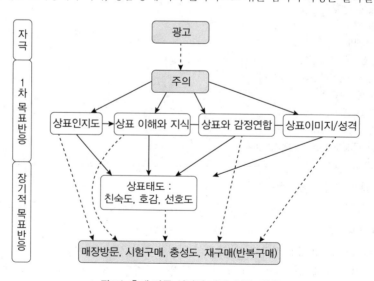

▲ 광고노출에 따른 심리적 과정과 목표반응

㉠ 소비자의 주의획득

소비자의 주의를 획득하는 것은 의도한 광고반응을 일으키기 위한 기본적이며 필수적인 조건이다. 광고물의 창의성, 다른 경쟁 광고물과의 차별화, 트렌드 반영 등과 같은 자극특성 요인뿐만 아니라 표적소비자가 해당 광고물에 노출될 가능성과 기회를 높일 수 있도록 어느 매체에, 어떤 장소에, 얼마나 자주 실어 보낼 것인가 하는 매체기획(Media Planning)도 중요하다.

㉡ 광고상표에 대한 인지도 형성, 유지 및 제고

소비자의 주의를 획득했다면 광고상표의 존재를 소비자에게 인식시킬 수 있다. 새로운 상표라면 반복노출을 통해서 친숙감이나 친근감을 증가시킬 수 있다. 기존에 좋아하는 상표였다면 광고를 보았다는 것만으로도 충성도를 형성하거나 유지할 수 있다. 저관여 제품의 예를 들면 과자나 껌 같은 경우는 상표를 알고 있다는 자체로 친숙함을 느낄 수 있고 시험구매를 자극하기도 한다.

㉢ 광고상표에 대한 이해와 지식

광고는 표적소비자에게 광고상표가 어떤 특징을 지녔는지, 어떤 편익을 제공할 수 있는지에 대한 지식이나 정보를 전달한다. 이러한 정보들 중 소비자가 인식할 때 광고상표에 대하여 차별적인 특징을 요약할 수 있도록 제공한다면 소비자 기억 속에 자리 잡을 수 있다(위치화, Positioning). 나아가 경쟁상표와 구별되는 편익을 강조함으로써 제품에 대한 관점 변화를 일으킬 수도 있다.

㉣ 광고상표와 감정의 연합 : 광고에 대한 태도

광고상표의 속성이나 편익에 구체적인 정보가 아닌 메시지를 전달하는 방식으로 광고 자체에 의해 유발된 느낌, 감정, 정서적 평가 등은 '광고에 대한 태도(Attitude Toward Advertisement)'라고 한다. 이러한 태도는 배경음악, 사진, 그림, 영상, 카피 등을 통해 유발할 수 있다. 광고에 대한 감정 경험(따뜻함, 즐거움, 짜릿함, 짜증 등)은 소비자가 광고 메시지를 사실과 거짓의 대상으로 다루지 않게 하며, 광고상표에 대한 인지적 정보처리(기억, 회상 등)에도 긍정적인 영향을 미칠 수 있다.

㉤ 광고상표의 이미지와 성격 확립

상표들의 품질수준이 균질화되면서 상표의 속성과 편익과 같은 본질적인 측면보다는 상표 명성이나 성격, 상표이미지나 점포이미지와 같은 외재적 단서를 근거로 하여 상표를 구매한다. 이러한 상황에서 광고는 속성과 편익보다는 상표성격이나 이미지를 구축하는 데 일조할 수 있다. 또한 긍정적인 상표성격이나 이미지를 구축한 상표는 장기적으로 상표충성도나 구매행동에 영향을 미칠 수도 있다.

㉥ 광고상표에 대한 태도

광고상표에 대한 태도는 해당 상표에 대한 친근감, 호감, 반감, 좋고 나쁜 느낌, 선호도, 전반적인 평가를 뜻한다. 광고상표에 대한 태도는 1차적으로 달성 가능한 모든 목표반응들의 통합적이고 종착적인 반응이자 장기적 마케팅 목표를 달성하기 위한 최종적인 매개반응이다. 광고상표에 대해 긍정적인 태도가 구매행동으로 이어지기는 쉽지 않지만 구매결정과정에서 구매 고려 상표군에 들도록 할 수는 있다.

(3) 광고콘셉트

광고목표 반응이 설정되면 광고기획자는 목표반응을 얻기 위해 표적소비자에게 광고상표의 어떤 측면을, 무엇으로, 어떤 내용을 담아 전달해야 할까를 결정한다. 광고목표 반응을 얻기 위해 표적소비자에게 전달하고자 하는 내용의 핵심을 광고콘셉트, 광고용어로 '눈에 띄게 강조해야 할 점'을 의미한다. 광고콘셉트는 표적소비자에게 원하는 반응을 얻기 위해 전달하려는 메시지를 한 마디로 집약한 전략적 요점(Strategic Brief)이라 할 수 있다. 따라서 광고콘셉트는 표적소비자가 접하는 더욱 구체적인 광고메시지를 제작하는 방향을 잡는 데 필요하다.

② 통합 마케팅 커뮤니케이션(Integrated Marketing Communication, IMC)

(1) 등장배경

IMC는 시장환경 변화에 따라 나타난 개념으로 대량화, 획일화, 표준화 등으로 마케팅하던 시대가 마무리가 되는 탈대중화시대의 마케팅 접근방식이다. 소비자들의 라이프스타일이 다양해지면서 커뮤니케이션 수단에도 다양성이 요구되었다. 이러한 요구에 더불어 미디어 환경의 발달로 인하여 커뮤니케이션 수단이 다양화되고 광고, 판촉, 직접 마케팅, PR 등의 차이를 구분하기 어려워졌고 여러 채널에서 일관성 있는 정보를 전달하는 것도 어려워져 혼동만 가중시켰다. 또한 인터넷과 SNS 등의 등장으로 쌍방향 커뮤니케이션이 이루어질 수 있는 새로운 미디어가 출현하고 제품광고를 위한 매체시장이 더욱 세분화되어 다양한 요소들을 좀 더 조화롭게 집행할 필요가 생겼다. 더 나아가 소비자도 브랜드의 메시지를 일방적으로 받아들이는 수용자 입장에서 메시지를 생산, 편집하는 제공자의 역할을 수행할 수 있게 변화하면서 시장에서 소비자가 차지하는 영향력이 점점 증가하였다.

이러한 변화에 맞춰 브랜드는 더는 소비자를 단순지급의 수단으로 여기지 않고 기회비용이나 잠재적인 고객가치까지 고려하여 일방적 정보를 전달하는 구조인 생산지향적 마케팅 전략에서 소비자의 니즈를 반영하며 브랜드 메시지를 일관성 있게 전달하는 전략적 마케팅으로의 변화가 필요하게 되었다. 이와 같이 소비자 영향력의 증가와 미디어 발달로 인한 상호작용적 커뮤니케이션이 가능해짐에 따라 브랜드는 소비자와 만나는 접점에서의 정보전달이 더 효과적이라는 것을 깨달았다. 따라서 브랜드의 메시지를 모든 접점에서의 커뮤니케이션 수단을 통합하여 운영하는 것이 일관성 있게 전달할 수 있는 전략으로 인식되었다. 이에 따라 모든 수단을 하나로 관리하는 마케팅 전략이 요구되었고 통합적 마케팅 커뮤니케이션(IMC)이라는 전략적 마케팅이 등장하게 되었다.

(2) 정의 및 개념

① 정의

IMC는 "Integrated Marketing Communication"의 약자로 통합적 마케팅 커뮤니케이션이라 지칭한다. **구체적으로 모든 프로모션 활동을 통합하고 조정하여 유기적인 마케팅 커뮤니케이션 프로그램을 디자인하는 것**을 말한다(광고학개론, 서울경제경영출판, 191p).

학자	정의
미국 광고대행사 협회 (American Association of Advertising Agencies)	광고, SP(Sales Promotion), PR(Public Relations), DM(Direct Marketing)을 포함한 모든 도구들을 통합함으로써 일관성 있는 커뮤니케이션을 가능하게 하는 것
던컨(Duncan)	• 고객이나 다른 스테이크 홀더에 대한 모든 메시지를 컨트롤하고 한 조직이 자신의 브랜드 가치 인식에 영향을 미치는 모든 종류의 메시지와 매체에 대한 전략적 조화 • Duncan(2005)은 IMC에 대해 모든 마케팅커뮤니케이션 메시지들이 확실히 하나의 목소리, 하나의 모습(One Voice, One Look)을 가지도록 하는 것이라고 정의함
슐츠(Schultz)	브랜드 커뮤니케이션 프로그램을 지속적으로 개발, 계획, 실행, 평가하는 전략적 업무 과정

② 개념

㉠ 커뮤니케이션 개념

1989년 미국 광고대행사 협회(American Association of Advertising Agencies)는 "IMC는 광고, 직접반응 마케팅, 판매촉진, PR 등 다양한 커뮤니케이션 수단들을 한 목소리로 통합하는 마케팅 커뮤니케이션 계획의 개념이다."라고 정의하였다. 이는 마케팅믹스 4P 가운데 하나인 '촉진'에 포함되는 것으로 좁은 의미의 IMC 개념이다.

㉡ 마케팅 개념

슐츠와 키친(Schultz & Kitchen, 1997)은 이후 "IMC란 고객 혹은 잠재적 고객에게 노출되는 제품과 서비스에 관련되는 모든 정보의 출처를 관리하는 과정으로서 행동적으로는 소비자로 하여금 자사의 브랜드를 구매하도록 하고 고객의 충성도를 유지하는 것"인데 이를 위해 광고, PR, 판매촉진, POP, 이벤트, 사내 커뮤니케이션 등 각각 분리된 기능으로 여겨졌던 다양한 기능들을 하나의 전체적인 마케팅 커뮤니케이션으로 보면서 통합 접근이 이루어지게 되었다.

㉢ 전사적 경영

근래에 슐츠와 슐츠(Schultz & Schultz, 2004)는 IMC의 확장된 개념으로 "IMC란 소비자, 고객, 종업원 혹은 기타 조직 내·외부의 관련 모든 대상으로 상호 조정되고 측정 가능하며 설득적인 마케팅 커뮤니케이션 프로그램을 지속적으로 적용하는 전략적인 경영과정"이라 하였으며 전사적으로까지 그 개념이 확장되고 있음을 알 수 있다.

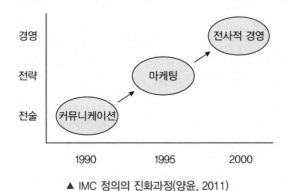

▲ IMC 정의의 진화과정(양윤, 2011)

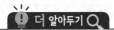

IMC 마케팅 전략의 변화

분류	기존 마케팅 개념	IMC 특성
개념	교환	관계
목적	제품판매	브랜드 가치를 높이기 위한 것
전략	마케팅 목표 달성	시장 경제에서 우위를 달성하기 위한 것
방식	시장 세분화	고객 유형화
마케팅믹스	4P	4C
소비자	소비자 통계 기반	소비자 통찰
수단	매체광고	다양한 채널 이용
커뮤니케이션	마케팅과 커뮤니케이션은 별개의 개념으로 인식	마케팅과 커뮤니케이션의 본질을 동일하게 해석
소비자 태도	소비자 인식 중요	소비자 행동 유발
대응방식	순발력, 즉흥성	기본 원리의 일관성

③ IMC 마케팅 전략요소

분류	내용
수평적 계획	브랜드의 메시지를 받아들이는 수용자들의 혼란을 막기 위하여 마케팅 프로모션 전면에 일관성을 유지. 매체의 무분별한 정보의 남용을 방지
브랜드 접촉	브랜드와 소비자 간의 모든 접촉 경로를 사전에 파악하고 이를 통합적으로 조정하여 일관적인 브랜드 이미지를 구축. 예를 들어, 제품 패키지 디자인에서부터 이벤트, 직원 및 매장의 서비스에 통일된 전략을 사용하여 브랜드 이미지 각인
상호작용적	커뮤니케이션 고객의 데이터베이스(Database)를 적극적으로 수렴 후 분석하여 쌍방향적인 커뮤니케이션이 이루어지도록 함
커스터마이징	단순한 메시지나 커뮤니케이션 수단의 통합뿐 아니라 데이터 마이닝(Data Mining)을 통한 타깃을 유형화하고 고객들에게 각기 다른 내용, 각기 다른 수단을 이용하여 커스터마이징 하는 것

④ 구조

IMC 구조는 전체가 하나의 연결고리로 구성되어 있으며 보다 체계적으로 강화된 통합적 마케팅 커뮤니케이션을 뒷받침하고 있다. IMC는 일반성을 띠는 메시지가 융합되는 것이 아니라 고객 행동 관련 데이터들의 자료분석을 통해 데이터베이스화가 구축되어 광고, 프로모션, DM 등 최적의 마케팅전략을 실행함으로써 구매자를 대상으로 니즈(Needs)를 충족시키는 실행전략이다. 이것은 일시적인 전략에서 종료되는 게 아니며 지속적인 전략이 실행된 후 고객반응을 분석하여 평가가 이뤄지는 순환성 고리의 피드백 시스템이 토대를 이루어야 한다.

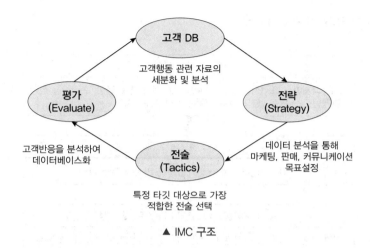

▲ IMC 구조

(3) 특징

① 고객 및 잠재고객의 관점에서 출발

과거에는 커뮤니케이션 전략이 기업의 관점에서 기업체의 현실적인 필요성 또는 기업의 당면한 문제점을 해결하기 위하여 수립되어 왔다면 통합적 커뮤니케이션 전략은 데이터베이스에 축적된 소비자 정보로부터 소비자의 구체적 필요(Needs)를 파악함으로써 그에 따라 전략적인 방향성 및 구체적인 커뮤니케이션 전술을 수립하는 방법 즉, 외부지향적(Outside In) 접근법을 택한다.

② 고객의 행동에 영향

IMC의 목표는 소비자의 행동에 영향을 미치는 것이다. 이는 마케팅 커뮤니케이션이 단순히 브랜드 인지도에 영향을 주고 브랜드에 대한 소비자의 태도를 강화시키는 것을 넘어서 제품구매와 같은 특정한 행동반응을 이끌어 내는 것이 수행되어야 함을 뜻한다.

③ 모든 유형의 고객접촉수단(Contacts)을 사용

마케팅 커뮤니케이션 관리자가 브랜드 관련 마케팅메시지를 전달하는 데 있어 단순히 대중매체 광고와 같은 단일적이고 집합적인 수단에만 의존하지 않고 다양한 표적청중에게 도달하는 데 있어 가장 효과적일 수 있는 특정 매체나 접촉수단을 적극적으로 사용한다는 것을 나타낸다.

④ 시너지 효과

광고, POP디스플레이, 판촉, 이벤트, PR, 인터넷, 옥외광고 등 모든 커뮤니케이션 요소는 하나의 조화롭고 통일된 목소리를 내어야 한다. 그러므로 일관된 브랜드 이미지를 구축하고 궁극적으로 소비자 구매행동으로 이끌기 위해서는 각 커뮤니케이션 도구의 역할에 대한 전략적 비교와 검토를 거친 조정이 절대적으로 중요하다.

⑤ 고객과 브랜드 간의 관계를 구축

강력한 브랜드 자산의 형성을 위한 성공적인 마케팅 커뮤니케이션이 되기 위해서 고객과의 지속적인 관계 구축을 추구하는 것이다. 관계 구축이란 브랜드와 소비자 간에 지속적인 상호관계의 형성을 통해 반복구매 나아가 브랜드 충성도를 실현하는 것이다.

(4) 통합 마케팅 커뮤니케이션(IMC) 전략

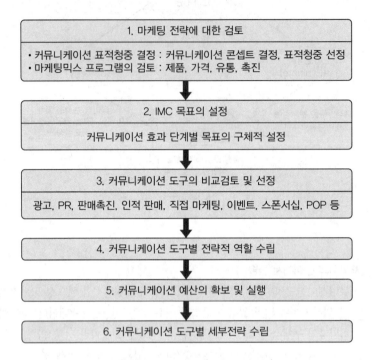

▲ IMC 전략의 수립과정(양윤 외, 2011)

① 마케팅 전략의 검토

마케팅 전략은 STP라 불리는 시장세분화(Segmentation), 표적소비자의 선정(Targeting), 제품위치화(포지셔닝, Positioning)와 이를 구체화하는 마케팅믹스(4P)로 구성된다. IMC 관리자는 마케팅 전략에서 수립된 STP를 바탕으로 표적소비자를 구체화하고 이들에게 전달할 커뮤니케이션 콘셉트를 정립해야 하며 마케팅 활동의 일관성을 유지하기 위해 촉진 이외의 다른 마케팅믹스 요소들을 검토해야 한다. 결정된 STP를 실행하기 위해 마케터는 마케팅믹스 프로그램을 통해 소비자의 욕구를 충족시킬 수 있는 제품(Product)을 개발하고 기업에게 적정 이윤을 보장하고 소비자가 수용할 수 있는 가격(Price)을 제공하며 소비자가 편리하고 용이하게 제품을 구매하도록 유통채널(Place)을 설계하고 소비자에게 제품을 알리고 구매를 유도하는 촉진(Promotion)활동을 전개한다. 이러한 마케팅믹스와 IMC 전략은 상호보완적으로 설계되어야 한다.

ⓖ STP 전략

- 시장세분화(Segmentation)
- 표적소비자의 선정(Targeting)
- 제품위치화(Positioning)

ⓒ 마케팅믹스 4P
- 제품(Product)
- 가격(Price)
- 유통(Place)
- 촉진(Promotion)

② **IMC 목표의 설정**

IMC 목표는 기업이 IMC 활동의 수행을 통해 성취하고자 하는 것을 말한다. 따라서 설정되는 IMC 목표에 따라 기업이 확보해야 할 예산규모가 결정되고 각 마케팅 커뮤니케이션 도구들의 세부전략의 기초가 되며 성과를 평가하는 데 준거로 작용한다.

IMC 전략은 마케팅 전략을 바탕으로 수립되기 때문에 IMC 목표도 마케팅 목표를 기준으로 설정되어야 하지만, IMC 목표가 반드시 마케팅 목표와 동일한 것은 아니다.

㉠ 마케팅 목표는 판매량, 시장점유율, 이익, 투자수익률 등과 같은 측정 가능한 구체적 변수를 사용하여 표시되며 수량화가 가능하고 공략할 표적시장과 목표 달성기간이 구체적으로 포함된다.

㉡ IMC 목표는 소비자를 대상으로 한 커뮤니케이션 활동을 통해 달성하고자 하는 변화의 정도를 구체적으로 서술한 것이어야 한다. 즉, '누구에게, 무엇을, 어떤 방법을 통해, 언제까지 성취할 것인가'에 대해 정확하게 서술해야 한다.

③ **마케팅 커뮤니케이션 도구들의 비교 검토**

IMC 목표가 설정되면 이를 달성하는 데 효과를 나타낼 수 있는 커뮤니케이션 도구를 선정해야 한다. 즉, 표적소비자에게 상표의 핵심개념을 전달하는 데 사용될 커뮤니케이션 도구들을 비교·검토하여 목표실현에 가장 효과적인 도구를 선택하는 것이다. 커뮤니케이션 도구들은 광고, PR, 판매촉진, 인적 판매, 직접 마케팅 등과 같은 대표적인 촉진믹스의 요소를 포괄한다.

㉠ 광고(Advertising)

광고는 TV, 신문, 잡지, 인터넷 등과 같은 매스미디어를 통해 전달된다. 그래서 초기에 많은 소비자에게 노출되어 제품과 서비스 관련한 정보를 전달하는 데 적합하다.

㉡ PR(Public Relations)과 퍼블리시티(Publicity)

PR은 다양한 공중이나 이해관계자를 대상으로 기업과 소비자 간에 우호적인 관계를 구축하는 데 수행되는 모든 활동을 말한다. PR은 소비자, 종업원, 공급자, 주부, 정보, 일반 공중 그리고 민간단체 등 다양한 이해관계자를 대상으로 이루어진다.

퍼블리시티는 마케터가 비용을 지불하지 않고 방송이나 인쇄 언론매체를 통해 기업이나 제품에 관한 정보를 공중에게 전달하는 것을 말한다.

ⓒ 판매촉진(Sales Promotion)

판매촉진은 즉각적인 매출 증대를 위해 소비자, 중간상, 그리고 판매원을 대상으로 다양한 인센티브를 제공하는 것을 말한다. 판매촉진은 단기적으로 소비자의 시험적 구매 및 재구매를 유도할 수 있는 좋은 도구이다. 예를 들어, 가격할인, 무료샘플, 쿠폰을 통하여 소비자를 모을 수 있고, 경품, 콘테스트, 리베이트를 통해 중간상과 판매원들에게 단기적인 제품판매 증대를 기대할 수 있다.

ⓔ 인적 판매(Personal Selling)

인적 판매는 대면 커뮤니케이션을 통해 메시지를 전달하는 것으로, 고객에게 직접 제품의 우수성을 설명하고 설득시키며 융통적으로 대처할 수 있어 일방향으로 하는 대중매체가 갖는 한계를 보완할 수 있다.

ⓜ 직접 마케팅(Direct Marketing)

신문, 잡지, 우편물, 전화, TV, 인터넷 등을 이용하여 판매, 정보수집, 매장으로 방문유도, 혹은 제품을 위한 광고 등 소비자에게 어떠한 직접적 행동을 유발시키는 활동이다. 직접 마케팅은 중간에 유통채널이 전혀 개입하지 않고 마케팅이 이루어진다. 즉, 생산자로부터 최종 소비자에게 제품이나 서비스가 직접 전달된다.

ⓗ 이벤트(Event)

이벤트는 공공기관이나 기업이 뚜렷한 목적을 가지고 특정 기간 및 특정 장소에서 특정 집단을 대상으로 메시지를 직접 전달하기 위해 실시하는 행사이다. 이벤트는 메시지의 발신자와 수신자가 직접 현장에서 상호작용하고 반응한다. 또한 메시지가 오감(시각, 청각, 촉각, 미각, 후각)을 통해 현장감 있게 전달되므로 발신자와 수신자가 메시지의 의미를 공감할 수 있는 기회를 제공한다. 그러나 특정 기간, 특정 장소에서 진행되기 때문에 참여자 수가 제한적일 수 있다.

ⓢ 스폰서십(Sponsorship)

기업이나 그 기업이 소유한 브랜드를 월드컵 축구경기나 프로 골프대회, 또는 문화예술 공연과 같은 구체적인 이벤트에 연계시켜 소비자로 하여금 기업과 그 기업의 브랜드에 대한 관심을 제고시키기 위한 활동이다.

ⓞ 구매시점 커뮤니케이션(Point of Purchase Communication)

소비자의 구매결정에 영향을 미치기 위해 기업이 사용하는 다양한 유형의 커뮤니케이션 도구들을 포함하는데 디스플레이, 포스터, 사진 등이 대표적이다.

도구	장점	단점
광고	• 높은 도달률과 빈도를 통해 브랜드 인지도 제고 가능 • 다양하고 구체적인 표현 가능 • 브랜드 이미지 형성에 효과적임	• 일방향적 • 고비용 • 즉각적 효과창출이 어려움
PR/ 퍼블리시티	• 뉴스 가치에 의한 신뢰성 • 광범위한 전파와 호응 가능 • 광고나 인적 판매 회피 고객에게 효과적	• 메시지에 대한 통제가 낮음 • 부정적 뉴스의 파급효과에 따른 치명적 타격 가능성
판매촉진	• 즉각적 구매반응을 유발 • 소비자의 주의유발이 용이 • 중간상의 관심과 판매를 유도	• 단기적 효과 • 경쟁사의 도전에 취약
인적 판매	• 면대면 접촉에 따른 제품 시연 및 고객 피드백 가능 • 관계형성에 의한 충성도 확보	• 시간, 비용, 노력이 많이 소요됨 • 소비자의 부정적 선입관
직접 마케팅	• 개별 고객의 선호에 따라 마케팅 방식을 차별화할 수 있음 • 효과의 즉각성 • 마케팅 예산낭비의 최소화 • 고객과의 장기적인 관계 구축	개인정보 축적에 따른 프라이버시 문제
이벤트	• 신제품 런칭 시 붐업 조성 • 소비자의 즉각적인 관심 고조가 가능	• 준비과정에 많은 투자 필요 • 효과측정이 어려움
스폰서십	• 표적고객에 대한 접근용이성 • 특정 이벤트와 연계하여 기업이미지를 제고	• 고비용 • 대규모 이벤트의 경우 후원자가 너무 많음 • 효과 측정이 어려움
구매시점 커뮤니케이션	• 구매시점에서 접촉하므로 구매행동에 영향력을 발휘 • 브랜드 충성도가 없는 고객에게 효과적	브랜드 충성도 제고에 비효과적

▲ 마케팅 커뮤니케이션 도구의 장단점(양윤 외, 2011)

④ 마케팅 커뮤니케이션 도구의 전략적 역할 정립

마케팅 커뮤니케이션 도구들이 선정되면 최종적으로 각 도구의 전략적 역할을 할당한다. 여기서 전략적 역할이란 IMC 목표를 달성하기 위해 각 도구가 수행하는 고유한 역할을 의미한다. 전략적 역할을 할당할 때 중요한 것은 각 도구들이 소위 시너지효과를 낼 수 있도록 조합이 이루어져야 한다.

⑤ 마케팅 커뮤니케이션 예산의 설정

IMC 목표와 이를 달성하기 위해 활용될 구체적인 커뮤니케이션 도구들이 결정되면 IMC 계획의 실행에 필요한 예산을 설정해야 한다.

⑥ 개별 커뮤니케이션 도구들의 세부전략 수립

IMC 활동을 위한 예산이 설정되면 IMC 관리자는 각 커뮤니케이션 도구별 세부전략을 수립해야 한다. 각 커뮤니케이션 도구별 전략(광고전략, PR전략, 판매촉진전략 등)은 다시 크게 커뮤니케이션 도구별 목표설정, 핵심 콘셉트 또는 주요 테마의 설정, 구체적인 실행 아이디어의 개발로 나뉘게 된다.

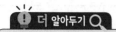 **더 알아두기**

IMC마케팅 10가지 명제

(1) 마케팅 개념의 본질은 교환에서 관계로 바뀌었다.

전통적인 마케팅 관점에서 마케팅 개념의 본질은 교환이다. 기업은 소비자에게 제품이나 서비스를 통해 편익을 주고 그 대가로 소비자는 기업에게 이익을 주는 것이다. 이렇게 편익과 이익이 잘 교환되게끔 하는 특별한 작전이 마케팅이다.

하지만 IMC의 패러다임에서 보면 마케팅 개념의 본질은 거래적 차원의 교환이 아니라 기업과 소비자 간의 관계이다. 특히 IMC에서는 고객 데이터베이스를 바탕으로 고객 한 사람 한 사람과의 지속적인 관계 구축을 중요시한다.

(2) 마케팅의 목적은 제품을 팔기 위한 것이 아니라 브랜드 가치를 높이기 위한 것이다.

마케팅 개념의 본질에 대한 설명은 좀 형이상학적 용어처럼 들린다. 하지만 마케팅의 궁극적 목적은 결국 물건을 잘 팔리게 하는 것이다. 이런 설명을 실감나며 결코 틀린 말도 아니다. 하지만 IMC의 패러다임에서 보면 마케팅의 목적은 물건을 잘 팔리게 하는 것이 아니라 브랜드 가치를 높이는 브랜딩이다. 그래서 마케팅은 브랜딩이고 브랜딩은 마케팅이다. 이 브랜딩을 위한 전략적 사고가 IMC이다.

(3) 마케팅 전략은 마케팅 목표 달성이 아니라, 시장 경쟁에서 우위를 달성하는 것이다.

마케팅의 대부인 코틀러는 마케팅을 인사관리, 재무관리, 생산관리, 정보관리, 시장관리 등 기업 경영믹스 요인 중에서 시장관리에 한정한다. 그 제한적 마케팅의 영역에서 마케팅 목표를 달성하는 것이 마케팅 관리이다.

하지만 전략 마케팅의 패러다임에서 보면 마케팅이란 기업경영과 관련된 전반적 영역에서 정적으로 주어진 마케팅 목표라 아니라 동적으로 움직이는 시장에서의 경쟁 우위를 달성하려는 것이다. IMC는 이러한 전략 마케팅에 잘 맞는 전략적 사고이다.

(4) 마케팅 전략의 핵심은 시장 세분화가 아니라 고객 유형화에 있다.

코틀러가 이룩한 마케팅 교과서의 프레임워을 보면 가장 먼저 마케팅 개념에 대한 설명이 나온다. 곧 이어 마케팅 전략을 설명하는데 여기서 필수적 내용이 바로 시장 세분화이다. 전체 시장을 상대하는 것이 아니라 시장을 나누어서 이에 맞는 전술을 실행하자는 것이 시장 세분화의 의도이다. 그래서 표적시장, 틈새시장, 분중과 같은 용어들이 생겼다.

하지만 IMC의 패러다임에서 보면 시장을 칼로 나누듯 세그멘테이션하기보다 손으로 모으듯 비슷한 유형의 고객들끼리 모으는 어그리게이션을 한다.

(5) 마케팅 전술은 4P믹스가 아니라 4C믹스를 하는 것이다.

매카시가 정리한 4P는 이제 국민상식처럼 되었다. 마케팅 교과서를 보면 시장세분화라는 마케팅 전략에 이어 각론으로 들어가 마케팅 4P믹스 실행으로 이어진다.

하지만 IMC의 패러다임에서 보면 기업 시각의 4P믹스보다는 소비자 시각의 4C믹스가 중요하다. 제품(Product)이 아니라 소비자(Customer), 기업이 책정하는 가격(Price)이 아니라 소비자가 생각하는 비용(Cost), 유통(Place)이 아니라 소비자에게 편리함(Convenience), 촉진(Promotion)이 아니라 소비자와의 의사소통(Communication)으로 시각이 바뀌고 있다.

(6) 마케팅은 소비자 통계가 아니라 소비자 통찰을 기반으로 한다.

마케팅의 기본 지식은 심리학 바탕의 소비자 행동론이다. 소비자 행동을 파악하기 위해서 소비자 조사를 한다. 이 소비자 조사는 대개 정량 분석을 위한 질문지를 통한 서베이, 정성 분석을 위한 초점집단면접으로 이루어진다. 그 결과, 통계 데이터로 꽉 찬 두툼한 조사 보고서가 나온다.

하지만 IMC의 패러다임에서는 소비자 조사 보고서의 통계 데이터보다 소비자 경험의 체험에 따른 소비자 통찰을 중요시한다. 소비자 통찰을 할 때 심리타점을 치는 마케팅이 더욱 가능하기 때문이다.

(7) 마케팅 커뮤니케이션에 있어서 광고는 가장 강한 수단이 아니라 가장 비싼 수단이다.

마케팅 4P믹스 요인의 하나인 프로모션 수단은 광고, 퍼블리시티, 인적 판매, 다이렉트 마케팅, 세일즈 프로모션 등이다. 이 중에서 가장 매력적으로 보이는 것이 광고이다. 광고는 매우 강력해 보인다. 광고가 성공하면 제품도 금방 성공할 것처럼 보인다. 그래서 광고는 필수적인 프로모션 수단으로 여겨진다.

하지만 IMC의 패러다임에서 보면 광고는 필수 수단이 아니라 할 수도 있고 안 할 수도 있는 대안 수단이다. 돈만 많으면 펑펑 광고해도 좋으련만 광고는 워낙 비싸기 때문에 현실적으로 그렇게 하기 힘들기 때문이다.

(8) 마케팅과 커뮤니케이션은 서로 다른 분야가 아니라 같은 분야이다.

매출, 시장점유율 증대와 같은 마케팅 성과는 시장에서, 반면에 브랜드 인지도, 이미지 증대와 같은 커뮤니케이션 성과는 소비자의 머릿속에서 이루어진다. 콜리의 다그마 모델이 설명하는바, 광고는 마케팅 성과보다는 커뮤니케이션 성과로 측정해야 마땅하다. 이때 광고의 커뮤니케이션 성과는 좋았지만 마케팅 성과가 미비할 때 책임을 피할 수 있다.

하지만 IMC 패러다임에서 보면 면피할 수 없다. IMC 마케팅이 커뮤니케이션이고 커뮤니케이션이 마케팅이다. 즉, 책임성 있는 활동이다.

(9) 마케팅은 소비자 인식을 좋게 하는 게 아니라 소비자 행동을 만드는 게 중요하다.

한때, 아니 지금도 마케팅과 광고업계에서 가장 많이 떠도는 얘기가 있다. 마케팅은 제품, 가격, 유통, 촉진의 싸움이 아니라 인식의 싸움이다. 참으로 멋진 말이 아닐 수 없다. 기존 4P의 시각과 패러다임이 다른 인식의 싸움이란 표현은 광고의 이데올로기를 더욱 강력하게 만들었다.

하지만 IMC의 패러다임에서 보면 머릿속 인식을 만드는 것보다 실질적으로 소비자 행동을 만드는 것이 더욱 효과적이다. 인식보다는 행동이 더 실리적이며, 인식이 행동을 만들기도 하지만 거꾸로 행동이 인식을 만들 수 있기 때문이다.

(10) 마케팅은 그때그때 순발력 있기보다 처음부터 일관성 있게 이루어져야 한다.

시장은 변한다. 특히 요즘은 시장에서의 필요와 흐름이 시시각각 변한다. 당연히 시장기획이자 시장관리인 마케팅도 변화하는 시장에 발빠르게 맞추어야 한다. 그러나 이렇게 즉흥적으로 맞추기만 한다면 효과적인 마케팅 활동은 기대하기 힘들다.

IMC의 패러다임에서는 급변하는 시장상황에서 방법을 새롭게 맞추는 대신 기본원리의 일관성을 지킨다. 무엇이든 방법은 항상 변하지만 그 원리는 변하지 않기 때문이다. 방법은 여러가지이지만 원리는 적기 때문이다. IMC는 처음부터 방법보다 원리의 일관성을 중요시한다.

제 **2**절   **광고제작**

■ 광고와 창의성

(1) 창의성의 개념

① 일반적인 창의성의 개념

창의성(Creativity)이란 새로운 것을 만들어 내거나 발견해 내는 능력으로 어떤 문제에 대한 새로운 해결책, 새로운 방법이나 고안, 새로운 예술적 대상이나 형태 등으로 구체화되는 정신적이고 사회적인 과정이다. 창의성은 개인의 독특성에서 나오는 그 사람 내부의 힘으로 기존의 요소들로부터 새로운 생각이나 참신한 통찰을 이끌어 내는 능력이다. 여러 학자들에 의해 공통적으로 언급되는 두 가지의 창의성 차원의 핵심이 독창성과 유용성이다. 독창성 차원은 '새롭다', '비범하다', '특이하다'의 의미이며 유용성 차원은 '적절하다', '가치 있다', '중요하다', '적용할 수 있다'의 의미를 포함하고 있다(남승규, 2005).

② 광고 창의성의 개념

이 개념에는 일반적인 창의성 개념에서의 '새로움'이나 '적절함' 같은 차원 이외에도 광고를 하는 제품이나 서비스 혹은 아이디어가 판매를 촉진해야 하는 목표를 달성함을 의미하는 '전략적'이라는 차원이 포함된다. 따라서 아이디어의 놀라움을 통한 영향력(Impact)이 중요한데 광고 창의성은 광고주의 관점에서는 적절함이, 광고인의 관점에서는 새로움이, 소비자의 입장에서는 영향력이 좀 더 중요할 수 있다고 한다. 하지만 영향력은 창의성 자체를 구성하는 요인이라기보다는 창의성으로 인한 결과로 보아야 할 것이다(남승규, 2005). 김병희(2002)는 광고 창의성의 개념분석 연구에서 광고 창의성은 정서적 차원, 인지적 차원, 행동적 차원, 관계적 차원, 시간적 차원, 맥락적 차원 등 여섯 가지 차원으로 구성되며 각 차원에서 나타난 광고 창의성의 개념은 소비자와의 공감형성, 핵심집약, 판매유발, 상호관련성 찾기, 차별화, 표현력이라고 결론 내리면서, 광고 창의성이 소비자의 공감과 효과를 전제한다는 점에서 일반적인 창의성 개념과 다르다고 하였다. 소비자와의 공감성 여부가 일반 창의성 개념과 광고 창의성의 개념을 나누는 요소가 될 수 있다는 것으로 이는 광고가 재품판매 등의 전략적 목표가 존재하는 커뮤니케이션 수단이기 때문이다(남승규, 2005 ; 유창조 등, 2001).

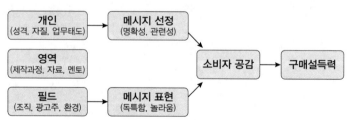

출처 : 유창조 등(2001). 광고 창의성의 구성 및 선행요인에 대한 연구. 광고학연구, 12(3), 125~143.

▲ 광고 창의성 개념의 탐색적 모형

(2) 광고 창의성에 대한 연구

① 창의적인 결과물에 대한 연구

창의적인 생각은 어떻게든 표현되어야만 그 표현된 것을 창의적인지 아닌지 판단·평가할 수 있다. 우리는 이렇게 드러난 결과물을 놓고 그것이 창의적인지 아닌지를 평가하게 된다.

ⓐ 창의성 평가기준

- 독창성/새로움/색다름/혁신성(Originality/Newness/Novelty/Innovation) : '기존의 것(기존 지식과 경험)과 얼마나 다른가'이다. 창의적 사고라고 하면 독창적 또는 새로운 어떤 것을 떠올리게 된다.
- 적절성/유용성/가치(Appropriate/Useful/Valuable) : 어떤 결과물이 독창적이기만 한다고 해서 창의적 결과물이라고 볼 수 없다. 그 이유는 적절성/유용성/가치가 없기 때문이다. 실제로 현재 국내·외를 막론하고 특허를 획득한 아이디어들 중 많은 것을 제품화, 상용화할 수는 없다. 그 이유는 새롭기는 하지만 적절성이나 유용성이 떨어지기 때문이다.
- 독창성(독특성)/적절성(관련성)/완성도/임팩트/메시지의 명료함/놀라움 : 광고 제품(서비스, 아이디어)에 대한 전략적 목적에 부합하고(적절하고 관련성이 있고) 새롭고 독특한 광고물은 명료하고 완성도가 높으며 임팩트가 있어서 소비자의 눈에 띄고 소비자에게 놀라움을 유발하며 기억 가능성을 높일 수 있다.

ⓑ 창의성 평가시점

어떤 결과물의 창의성 여부를 어떤 시점에서 평가하는지도 생각해봐야 할 문제이다. 창의적 발명품, 예술품들은 처음 제시될 당시에는 창의적임을 평가받지 못하고 시간이 흘러 재평가 받는 것들도 많다. 그러나 광고물의 창의성 여부는 평가시점이나 기간이 정해져 있다. 인쇄광고물, 영상광고물 모두 전략적으로 매체를 통해 소비자에게 전달되는 기간이 분명하게 존재하기 때문이다. 따라서 광고 제품에 대해 정해진 기간 내에 소비자에게 얻고자 하는 반응을 이끌어 내야 한다.

ⓒ 창의성 평가 주체

광고물의 창의성 여부는 누가 판단하는 것인가? 모든 광고물은 달성하고자 하는 목표가 있고 그목표는 소비자의 반응을 통해 확인 가능하다. 따라서 특정 광고물의 창의성 여부를 판단하는 주체는 소비자, 특히 표적소비자(Target Consumer)이다. 표적소비자의 반응을 객관적으로 측정하여 이를 기본적 판단기준으로 삼고 여기에 명시적인 평가준거를 통한 전문 광고인들의 판단을 부가하는 것이 바람직할 것이다.

② 창의적 인물의 특성

ⓐ 지적 능력

창의적 인물들의 IQ를 알아본 연구에 따르면 지능은 대체로 120~130 정도라고 알려져 있다. 120 정도까지는 창의적인 문제해결과 지능이 비례관계를 갖지만 그 이상에서는 비례관계가 성립되지 않는다. 다시 말해, 120 정도까지는 높은 지능이 반드시 필요하지만 그 정도 이상이 되면 지능 외에 창의성, 성취동기, 정서통제(조절)능력, 인내력, 지도력, 협상능력 등과 같은 특성들이 더 중요하다.

    ⓒ 성격특성

      노벨상 수상자에서 창의적 인물 91명을 대상으로 연구한 결과 창의적 성취에 도움이 되는 특성 및 가치들로 가장 많이 언급한 것들을 순서대로 나열하면 인간관계, 가족, 내적 동기, 사회에 대한 관심, 독립성, 교육, 탁월성, 균형감각, 책임감, 호기심, 철저한 지식의 준비, 다양한 흥미, 개방성, 용기, 혼자만의 시간, 성실함 등이었다. 이를 10개의 큰 차원으로 나눌 수 있고 이들 차원들은 대립되는 양극으로 나누어져 있는데 창의적인 사람들은 양쪽 극단의 특징들을 다 가지고 있다고 한다. 매우 즉흥적이면서 매우 계획적이고 전수되는 지식에 충실하면서도 전수된 지식을 벗어나기 위한 성격을 동시에 갖고 있다는 것이다(Csikszentmihalyi, 1996).

    ⓒ 아동기 및 청년기

      창의적 인물들의 어린 시절 특성을 살펴보면 사물에 대한 비상한 호기심, 그 호기심을 구체적으로 충족시키기 위한 굳건한 결단력을 가졌다고 한다. 또 창의적 인재들의 출생순위는 장자가 많고, 아동기 때(5~7세) 풍부한 상상력과 창의력, 예술적 민감성을 갖고 있었으며, 예술적 상징(음, 색 등)에 강한 내적 흥미를 가지고 있었다. 이 밖에 혼자만의 시간을 가질 기회가 많은 아동들이 예술적 재능을 발휘하게 될 가능성이 크다(Gardner, 1982). 창의적 인물들의 청년기 이후의 특징으로는 정신적 스승(Mentor) 또는 사회적 지지자의 존재가 있다. 특히 창의적 인물들에게 스승이라는 존재는 심리적으로 도전적 욕구를 자극하고 지적인 보살핌을 제공했으며 사회적으로도 해당 분야에서 적극적으로 후원을 했던 것으로 보고되고 있다.

    ⓔ 동기

      창의적인 사람이 자기가 속한 분야에서 일하고 있는 이유와 창의적 성취를 이루게 한 원인은 내적 동기(Intrinsic Motivation)와 흥미, 열정이라고 한다. 창의적 인물들은 자신의 일에 대해 추동력과 자신의 일을 하면서 몰입을 경험했다고 한다.

③ **창의적 환경**

  창의적 광고인들은 창의적 성취를 위한 조직환경 요인으로 7가지를 제시했다.

    ㉠ 수평적 조직구조 : 창의적인 발상을 위해서는 자유로운 상태에서 가급적 통제를 하지 않고 직급에 관계없이 동등하게 아이디어를 취급할 수 있는 수평적인 조직구조가 필요하다.

    ㉡ 광고 전문경영인(CEO) : 광고인의 상황을 이해하고 이에 맞는 조직문화를 형성할 수 있는 경영인이 필요하다.

    ㉢ 정신적 스승(Mentor) : 구성원들에게 비전을 제시하고(비전 제시형), 관련 업무에 대하여 제시하고(지적 자극형), 편안하면서도 일에 대한 열정과 겸허함을 체험하게 해주는(정서적 지지형) 지원자가 필요하다.

    ㉣ 고유 직능의 유지 : 조직 내에서 승진이 이루어지더라도 오랜 경험을 갖고 자기 직무에서 능력을 발휘할 수 있는 시스템이 필요하다.

    ㉤ 재충전 시간 : 창의적인 성취를 위해 혼자 생각할 여유와 시간이 필요하다.

    ㉥ 능력별 보상체계 구축 : 창의적인 결과물에 대한 금전적 보상뿐만 아니라 일에 대한 인정과 자부심을 느낄 수 있는 보상체계가 마련되어야 한다.

    ◇ 리뷰 시스템 운영상의 문제점 보완 : 광고인들 간에 생각을 공유하고 의견을 나눌 수 있는 시스템이 마련되어야 하며 발상한 시안에 대한 리뷰는 담당자가 간과한 점을 소비자나 광고주의 입장에서 객관적으로 볼 수 있다. 하지만 운영상 리더와 격의 없는 대화, 자발적 리뷰 등과 같은 대등한 전문가로서 의견을 구하는 형식이 되어야 한다.

(3) 아이디어 발상 원리 규명

① 기존 지식의 내용과 구조

기존 지식은 창의적 사고과정에서 필수적임(출발점)과 동시에 방해와 간섭을 일으키고 집착하게 하여 창의적 결과(창의적 문제해결)에 이르는 길을 지체시키거나 불가능하게 만드는 역할을 한다. 창의적 사고를 하는 데 기존 지식의 역할을 통제할 수 있어야 한다. 그러기 위해서는 기존 지식의 내용과 구조를 알고 있어야 한다.

    ㉠ 개념

      개념이란 공통점(공통특성, 속성)을 가진 개체들의 집합이다. 개념은 집합이기 때문에 하나의 단일한 구체적인 형상이 존재하지 않는다. 또한 형태가 없는 개체(추상명사)도 있다.

    ㉡ 이미지

      우리가 마음속에 어떠한 개념을 떠올렸을 때 실제 대상을 시각적으로 지각하는 활동을 이미지라 한다. 개념들의 결합형태(명제나 문장)로 떠올리기도 하고 회전하거나 확대하는 등 이미지를 변형시켜(역동성) 떠올리기도 한다. 이러한 이미지들은 창의적 사고를 촉진시킬 수 있다.

    ㉢ 개념(이미지)과 창의적 사고의 관계

      개념은 창의적 사고나 결과물을 만들어낼 때 기존에 가지고 있던 지식이 영향을 미친다. '우주동물'을 그려 보라고 했을 때 기존에 알고 있던 동물을 생각하며 그려낼 것이다. 이러한 현상을 '구조화된 상상력(Structured Imagination)'이라고 한다. 창의적 결과물을 만들어낼 때 구조화된 상상력은 장애물이 될 수 있다.

② 기존 지식의 활용

창의적인 일을 해야 하는 입장에서는 기존 지식의 영향력에서 벗어나고자 한다. 정형화된 것에서 벗어나는 구체적인 방법은 다음과 같다.

    ㉠ 개념의 공통속성과 핵심 속성

      창의적으로 해결해야 할 문제나 대상을 하나의 개념으로 표현하고 공통속성들 속에서 핵심적인 속성을 찾아야 한다. 그 핵심 속성 속에서 하나 또는 두 개를 변화시킨다.
      • 한 개념의 핵심 속성들은 강하게 연결되어 있는데 이 연결을 끊어보는 방법
      • 개념의 대표적/전형적인 개체가 아닌 비전형적/비대표적인 개체에서 출발하는 방법

    ㉡ 개념에 대한 추상적인 생각

      개념에 대한 구체적인 생각은 창의적 사고나 문제해결에 방해요인으로 작용한다. 따라서 창의적 사고를 위해서는 특정 대상의 구체적인 이미지의 한계를 뛰어넘어야 한다.

ⓒ 개념들의 결합

수소와 산소라는 두 기체를 결합하면 전혀 다른 성질과 새로운 형태인 '물(창의적인 결과물)'이라는 액체가 만들어지는 것과 같은 것이 개념들의 결합이라고 볼 수 있다. 그러나 현실에서는 개념(A)이 존재하게 되고 또 다른 개념들(B, C, D) 중에서 가장 창의적인 결과가 나올만한 개념을 찾아 결합해야 한다. 이를 위해서는 출발점인 개념을 추상화하고 그 추상적인 사고를 바탕으로 구체적인 개념들을 만들어 내는 것이다. 여기에서 출발개념(A)과 만들어 낸 개념들을 쌍으로(A+B, A+C, A+D, ...) 삼아 가장 창의적인 결과가 나올 때까지 반복해서 생각해 보면 된다.

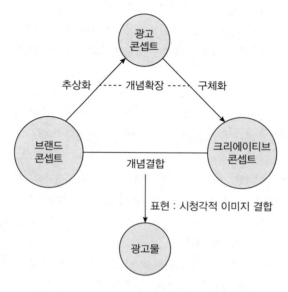

출처 : 김철민(2001)

▲ 광고 아이디어 발상과정에 대한 체계적 접근모형

② 광고소구와 설득 커뮤니케이션

광고기획 과정에서 광고의 목표와 표적소비자가 결정되면 이들을 어떻게 설득할 것인가에 대해 고민을 해야만 한다. 광고전략에서 반드시 고려해야 할 사항은 바로 광고소구(Advertising Appeal)이다. 광고소구란 표적소비자의 욕구, 관심 그리고 원망(Wants)에 호소하여 상품이나 서비스를 구매하도록 자극하는 설득노력이다(Kinnear, Bernhardt, & Krentler, 1995).

(1) 이성소구

① 정교화가능성모델(Elaboration Likelihood Model)

페티와 카시오포(Petty & Cacioppo, 1981)가 제안한 정교화가능성모델은 브랜드에 대한 태도는 소비자가 정보를 처리하는 당시의 관여도에 따라 소비자가 기울이는 정교화 노력의 정도에 의해 결정되며, 소비자의 태도는 최소 두 개의 경로를 통한 정보처리결과로 형성된다는 이론을 제안했다. 여기서 정교화(Elaboration)란 소비자가 광고에서 제시된 제품에 관한 메시지를 주의 깊게 처리하려는 노력을 말한다. 이 모델에 따르면 광고 메시지에 의한 태도 변화는 두 가지 과정으로 이루어진다. 하나는 메시지 주장에 대한 세심한 인지적 사고를 통한 태도 변화로서 이를 **중심 경로를 통한 태도형성**이라 한다. 이 경우는 소비자가 해당 제품(브랜드)에 높게 관여되어 있는 상태에서 메시지 주장을 주의 깊게 따져 인지적으로 처리한다. 이렇게 고관여 상태에서는 메시지 주장의 논점에 대해 깊이 있는 정보처리가 이루어지며 그 결과로 브랜드에 대한 태도를 형성하게 된다. 그에 비해 소비자가 메시지를 처리하고자 하는 동기가 낮고 정보처리능력과 기회가 부족할 때에는 메시지에 대해 깊이 생각하지 않고 다양한 **주변 단서를 이용하여 브랜드 태도**를 형성하게 된다. 예를 들어, 광고에 등장한 매력적인 모델이라든가 광고의 아름다운 배경, 멋진 광고 음악 등은 모두 주변 단서들이다. 이런 요소들에 의존하여 브랜드에 대해 호의적인 태도를 형성할 수도 있는데 이런 경우 브랜드 태도는 호의적인 감정을 유발했던 단서들이 기억 속에 명료하게 남아 있는 동안만 긍정적 태도가 일시적으로 유지되며 주변 단서들이 바뀌면 태도 또한 쉽게 변할 수 있다. 그러므로 주변 경로를 통해 형성된 태도를 유지하기 위해서는 반복 광고를 통해 광고에 지속적으로 노출시키는 것이 필요하다.

📋 **참고**

구매를 결정할 때 소비자는 이성과 감정 중 어느 쪽에 더 의존하는가?

	고관여	
생각	**고관여/생각 중심** • 합리성과 정보를 생각하는 소비자 • 모델 : 인지→느낌→구매 • 광고 : 구체적 정보를 제시해야 함 • 예 냉장고	**고관여/느낌 중심** • 감성을 중시하고 느끼는 소비자 • 모델 : 느낌→인지→구매 • 광고 : 광고제작 상 효과 강조 • 예 향수	**느낌**
	저관여/생각 중심 • 습관적으로 행동하는 소비자 • 모델 : 구매→인지→느낌 • 광고 : 상표를 상기시키도록 함 • 예 세제	**저관여/느낌 중심** • 즉시적 반응을 보이는 자기만족형 소비자 • 모델 : 구매→느낌→인지 • 광고 : 주의집중을 얻도록 함 • 예 맥주	
	저관여	

출처 : 김광수(1999), p.185

▲FCB 모형의 구매결정 유형

위 FCB의 분류와 정교화가능성모델을 연관시켜 보면 첫째, 고관여 제품의 광고는 메시지의 '내용'에 초점을 두되 자동차나 집과 같은 정보형 제품은 소비자가 이성적으로 '생각'하여 결정할 것이라는 점을 염두에 두어야 하는 반면, 보석이나 화장품과 같은 정서형 제품은 소비자가 감정적으로 '느낌'에 의존하여 결정할 가능성이 클 것이라는 점을 고려해야 한다. 또한 경쟁 브랜드와의 차별적 제품 특성을 강조하는 방식 등으로 제품의 속성에 대해 깊이 생각하도록 하면서 광고 메시지에 대한 반박하기 어렵게 만드는 것이 효과적이다. 둘째, 저관여 제품의 광고에서는 매력적이 모델이나 신뢰감을 주는 모델을 사용한다든지 좋은 기분을 유도하는 음악이나 이미지를 활용한다든지 하여 메시지의 내용 자체보다는 주변적 단서들을 잘 활용하는 것이 좋다. 특히 세제나 일상용품과 같이 주변적인 단서에 의존할 가능성이 큰 저관여 제품일지라도 그 효과나 상대적 가격 등을 '생각'해서 구매를 결정하는 경향이 있을 수 있는 제품군 광고에서는 그에 상응하는 정보도 함께 제공하는 것이 좋다. 반면에 술이나 아이스크림, 커피 등과 같은 기호식품의 경우 모델이나 분위기의 영향에 더욱 크게 좌우되기 때문에 광고 제작 시 '느낌'에 초점을 두는 것이 효과적일 것이다. 셋째, 매체 선택도 중요한 고려 사항인데 고관여된 소비자는 메시지 내용을 정교히 처리하려는 동기가 높기 때문에 인쇄매체와 같이 스스로 처리속도를 조절할 수 있는 매체가 효과적이지만 저관여 상태의 소비자는 메시지 주장보다는 주변 단서에 관심을 갖기 때문에 인쇄매체보다는 주변 단서를 효과적으로 활용할 수 있는 TV가 광고매체로써 더욱 효과적이다.

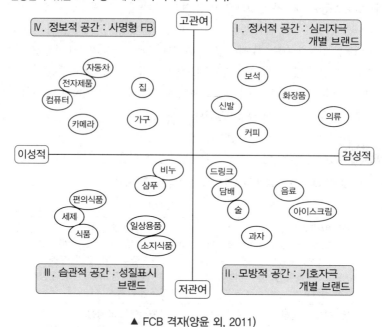

▲ FCB 격자(양윤 외, 2011)

공간	주 업종	특성	구매행동 특성
Ⅰ. 정서적 공간	보석, 화장품, 의류, 신발, 커피, 모터사이클	고가·이미지 지향 고관여, 고감정 영역 심리이론 적용	Feel → Learn → Do : 먼저 감정으로 느끼고, 어떤 브랜드인가를 확인하며 마지막으로 구매
Ⅱ. 모방적 공간	담배, 술, 음료, 아이스크림	저가·이미지 지향 저관여, 고감정 영역 사회이론 적용	Do → Feel → Learn : 먼저 구매하고 느끼며 브랜드를 알게 됨
Ⅲ. 습관적 공간	일상용품, 식료품, 생활필수품	저가·정보필요 저관여, 이성 영역 반응이론 적용	Do → Learn → Feel : 구매하고 브랜드를 알게 되며 느낌
Ⅳ. 정보적 공간	자동차, 가구, 전자제품, 컴퓨터, 집, 카메라	고가·정보필요 고관여, 이성 영역 경제이론 적용	Learn → Feel → Do : 먼저 브랜드나 회사를 확인하고 사용으로 제품력을 느낀 후 최종 신중 구매

▲ 정서, 모방, 습관, 및 정보 공간으로 분류한 소비자의 구매행동 특성

② 인지부조화, 인지일관성 및 인지반응

사람들은 인지적 요소들 사이에 일관성이 있을 때 편안함을 느낀다. 잘 알려져 있는 인지부조화이론은 서로 조화되지 않은 두 개의 인지 사이에 불일치가 존재할 경우 둘 중 하나를 바꾸어 일치하게 만드는 과정에서 태도 변화가 일어날 수 있다는 이론이다(Festinger, 1954).

㉠ 저항과 인지부조화

소비자가 상표를 선택해야 할 때 그들은 구매에 관해 불안감을 느낄 수 있는데 특히 비싸거나 중요한 제품을 구매할 경우 이 불안감은 더 심해진다. 선택하기 직전 또는 구매 직후에도 소비자는 불안을 경험하며 자신들이 올바른 선택을 했는지 의심한다. 구매 전후 소비자가 느끼는 이러한 부정적 감정은 저항과 인지부조화라는 심리과정에 의해 생기는 것이다.

• 구매결정 전 저항 : 두 가지 선택대안이 모두 긍정적 특성을 가지고 있는 경우, 소비자가 포기한 선택대안에 관한 소비자의 감정이 더욱 더 긍정적으로 나타나는 현상. 즉, 중요한 구매행위 직후에는 대체로 소비자가 자신이 선택한 상표보다 선택하지 않은 상표를 더 좋은 것으로 재평가함

• 구매 후 인지부조화 : 소비자가 자신이 구매한 상표를 좋아하지 않았다는 것과 자신이 그 상표를 구매했다는 두 가지 요소들이 갈등을 일으켜서 만들어 낸 불쾌한 감정상태

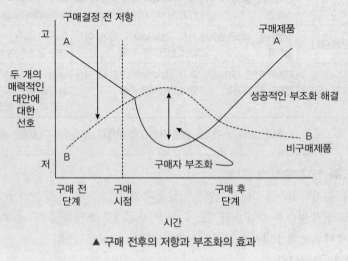

더 알아두기

인지부조화를 줄이기 위해 취할 수 있는 방법
• 제품을 반환하거나 불평을 함으로써 자기개념과 제품 간의 연결을 끊는 것
• 구매와 관련된 자료를 탐색하여 제품에 대한 새로운 정보를 수집하는 것
• 선택한 제품을 긍정적으로 재평가하고 선택하지 않은 제품을 부정적으로 재평가하는 것

▲ 구매 전후의 저항과 부조화의 효과

ⓛ 인지일관성과 인지반응

우리는 호감을 가지고 있는 사람의 말을 잘 들을 뿐만 아니라 그런 사람의 소비행동까지 따라하려는 경향이 있다. 나를 좋아하는 사람과 그에 속하는 사물들을 배척하기 어려운 이유는 이것이 '일관성 원리'에 위배되기 때문이다. 우리의 마음속에 비일관적인 모순된 생각을 함께 지니고 있으면 우리는 불편함을 느껴서 일관성을 회복하려는 압력을 느낀다. 이처럼 태도와 관련된 원인들은 대체로 '일관성 원리'와도 연결된다. 그러나 소비자가 설득광고에 대한 저항이 클 것이라고 예상되는 경우에는 일단 소비자의 흥미와 주의를 끌 수 있는 것으로 시작하여 마음의 문을 열도록 하고 점진적으로 설득메시지에 친숙하게 하여 호감을 형성하거나 회복하도록 하는 절차가 필요하다.

설득에 관한 '인지반응' 이론에서는 사람은 설득메시지에 의해 설득되기보다 설득메시지를 보고 자기가 떠올리는 생각들에 의해 설득이 된다. 따라서 광고 자체가 소비자의 마음을 움직인다기보다 광고를 보고 소비자가 머리와 마음속에 떠올리는 내용들이 마음을 움직인다는 것이다. 이런 원리를 광고에 적용해 보면 소비자가 광고를 보면서 머릿속에 떠올리는 내용들이 소비자의 마음을 움직여 구매와 연결될 수 있는 내용일 때 효과적이다.

ⓒ 보상과 조작적 조건형성

사람은 자기에게 어떤 식으로든 유형·무형의 보상이 주어진다고 생각될 때 그 제품이나 행동을 택할 가능성이 크다. 예를 들어, 어떤 물건을 사고 좋은 일이 생겼다면 다음에 그 물건을 살 확률이 높아진다. 또한 '관찰'하고 그 행동을 '모방'함으로써 구매로 이어지기도 한다. 다른 사람이 어떤 행동을 해서 보상을 받는 것을 '관찰'하면 그 행동과 보상이 연합되어 있다는 것을 '대리적'으로 학습하게 되고 그 행동을 '모방'함으로써 보상을 얻으려고 한다.

ⓐ 사회적 증거

'고객 만족도 1위', '판매 1위' 등과 같은 카피는 사회적 증거에 근거한 설득메시지이다. 물건의 품질을 이미 다수가 증명했다는 증거로 작용하고 다른 사람들은 모두 선택했는데 나만 선택하지 않을 경우 왠지 뒤처지는 듯한 비교심리가 함께 작용한다.

ⓜ 대변인 효과와 증언

해당 제품을 사용해 본 소비자가 증언을 함으로써 그 제품의 장점을 어필하는 것이다.

- 종사자 대변인(Salesperson-Spokesperson) : 해당 제품을 만드는 기업의 사장이나 임직원이 자사의 제품에 대해 증언하는 방식
- 전문가 대변인(Authority-Spokesperson) : 해당 제품에 대해 전문적인 지식을 가지고 있는 사람이 제품에 대해 증언하는 방식
- 만족한 사용자 대변인(Satisfied User-Spokesperson) : 해당 제품을 사용해 본 사람이 자기 경험을 증언하는 방식
- 유명인 대변인(Celebrity-Spokesperson) : 잘 알려져 있는 사람이 해당 제품에 대해 증언하는 방식

ⓑ 언어의 영향

광고 카피는 광고의 비시각적인 텍스트를 말한다. 즉, 광고를 구성하는 설득메시지의 언어적인 부분으로 촌철살인의 소비자 심리를 담고 있을 때 그 효과가 극대화된다.

헤드라인 기능	슬로건 기능
• 수용자의 주의를 집중시킴 • 소비자 선발 • 제품을 알려줌 • 브랜드의 혜택 소개 • 광고의 본문 소개	• 기억하기 쉬운 간결한 말로 핵심적인 내용 전달 • 자주 반복하여 캠페인의 연속성 부여 예 '침대는 가구가 아닙니다', '남자는 여자하기 나름이에요', '사람들이 좋다, OB가 좋다' 등

더 알아두기 Q

광고 카피 헤드라인의 종류

유형	설명	사례
모방형	인기 있는 표현을 빌려 옴	영상은 흐르고 활자는 남는다. (금성출판사)
이중의미형	의미가 이중적인 것을 이용	남편을 구워 삶았다. (테프론 프라이팬)
혜택약속형	소비자에게 약속하는 혜택을 지시	로드뷰가 생활을 바꾼다. (Daum)
뉴스형	뉴스나 정보를 알려줌	옥션의 법칙 : 파는 사람들이 경쟁하면 가격은 내려갑니다. (옥션)
질문형	질문에 대한 답을 구하도록 함	앞서갈 준비가 되었습니까? (스테이츠맨, GM대우)
명령형	소비자에게 행동을 취할 것을 명령함	짜릿하게 여름을 열어봐. (코카콜라)
자극형	소비자의 호기심이나 관심을 촉발시킴	'설마'하는 일들이 시작됩니다. (이마트)
대조형	대조가 되는 사물이나 표현을 사용함	담장 밖의 세상은 어려워도 고향집 웃음소리는 늘 넉넉합니다. (LG생활건강)

출처 : 김광수(1999)

(2) 감성소구

① 소망적 준거집단(Aspirational Reference Group)

사람은 자기가 원하는 모습을 보여주는 모델을 우러러보고 모델이 사용하고 있거나 사용하고 있을 법한 제품을 가지고 싶어 한다. '소망적 준거집단'은 대체로 성공한 기업가나 운동선수 또는 유명한 배우 등과 같이 '이상화된' 인물로 구성된다. 준거집단 영향의 세 유형은 다음과 같다.

영향의 종류	내용
정보적 영향	• 개인은 전문가 협회 또는 독립 전문가 집단을 통해 다양한 상표들에 대한 정보를 추구한다. • 개인은 하나의 직업으로서 제품에 대해 연구하는 사람들에게서 정보를 추구한다. • 개인은 친구, 이웃, 친척 또는 신뢰할 만한 직장동료들을 통해 상표에 대한 정보, 즉 제품에 관련된 지식과 경험(예 상표 A의 성능과 B의 성능을 비교하는 방법)을 추구한다. • 독립 검증대행사의 인증서는 개인이 상표를 선택하는 데 영향을 주게 된다. • 전문가의 상표선택 행동을 관찰(예 경찰이 운전하는 차종 또는 TV 수리공이 사는 TV상표를 지켜보기)하는 것은 개인의 상표선택 행동에 영향을 준다.
실용주의적 영향	• 특정 상표에 대한 개인의 구매결정은 직장동료의 기대를 만족시켜 주기 위해 동료의 선호에 영향을 받는다. • 특정 상표에 대한 개인의 구매결정은 사회적 상호작용이 있는 사람의 선호에 의해 영향을 받는다. • 특정 상표에 대한 개인의 구매결정은 가족구성원의 선호에 영향을 받는다. • 타인의 기대를 만족시켜 주려는 욕망은 개인들의 상표선택에 영향을 준다.

가치-표현적 영향	• 개인은 특정 상표의 구매 또는 사용이 타인이 자신에 대해 가지는 이미지를 고양시켜 줄 것으로 생각한다. • 개인은 특정 상표를 구매하거나 사용하는 사람이 자신이 갖고 싶어 하는 특징들을 소유하고 있다고 생각한다. • 개인은 때로 특정 상표 사용을 보여주는 광고에 등장하는 유형의 사람들을 좋아하는 것이 낫다고 생각한다. • 개인은 특정 상표를 구매하는 사람들이 타인에게 존경받고 숭배된다고 생각한다. • 개인은 특정 상표를 구매하는 것이 타인에게 자신이 어떤 존재이고 어떤 사람이 되고자 하는가(예) 운동선수, 성공한 사업가, 훌륭한 부모 등)를 보여주는 데 유용하다고 생각한다.

출처 : Park & Lessing (1977), p.102 ; Solomon (1998), p.277

반대로 어떤 준거집단은 부정적 역할을 하기도 한다. 이를 '회피집단(Avoidance Group)'이라 하는데 예를 들면, 마약중독자, 노숙자, 촌스럽다고 생각되는 부류의 사람들이 사용하는 물건은 구매하지 않으려는 경향이 그것이다.

집단에 대한 태도	집단 소속 여부	
	소속되어 있음	소속되어 있지 않음
긍정적	긍정적 소속집단(한국인)	갈망집단(연예인)
부정적	부정적 집단(추태 부리는 한국인)	회피집단(조직폭력집단)

출처 : 김광수(1999), p.209.

② 소비자의 욕구충족과 구매동기 유발

소비자를 설득하기 위해서는 소비자가 설득자의 말을 '듣고 싶은 마음이 들도록' 해야 한다. 이를 위해서는 일단 수용자를 설득메시지에 노출시킨 소비자의 입장에서 그것이 자신의 욕구를 채워 줄 수 있다고 생각될 때 계속 주의를 기울이게 된다. 설득 커뮤니케이션이 효과를 발휘하기 위해서는 뭔가 도움이 되는 측면, 즉 이득이 되는 측면이 있어야 한다는 것이 '보상성의 원리'이다. '이익이 되는 정보'를 소비자에게 제공하고 그 이익이 소비자가 원하는 '욕구'를 충족시켜 줄 수 있음을 암시하는 점이 보상성의 원리를 따르는 것이라고 볼 수 있다.

③ 매슬로우의 욕구위계이론

욕구위계이론은 심리학자 매슬로우(Maslow)가 제시한 이론으로 인간의 일반적인 동기로서 생리적 욕구, 안전욕구, 소속 · 애정의 욕구, 자존심 욕구, 지적 욕구, 심미적 욕구, 자기실현의 욕구로 나타난다.

> • 한 욕구가 나타나기 위해서는 바로 이전의 욕구가 어느 정도 충족되어야 한다.
> • 각 욕구는 상호 독립적이고 욕구 간에는 중복이 있으며 어떤 욕구도 완벽하게 충족되지 않는다.
> • 욕구가 충족되지 않으면 다시 우세해질 수 있다.

㉠ 생리적 욕구 : 가장 기본적인 욕구. 인간의 생명을 단기적 차원에서 유지하기 위해 요구되는 것으로 음식, 물, 공기 등에 대한 욕구

ⓒ 안전의 욕구 : 인간의 생명을 유지하기 위해 요구되는 것으로 삶의 안정성, 주거, 보호, 건강 등에 대한 욕구. 소비자 측면에서 볼 때 저축, 보험, 교육, 직업훈련 등이 안전의 욕구와 관련됨

ⓓ 소속·애정의 욕구 : 사람이 타인과 온정적이고 만족스러운 인간관계를 형성·유지하고 싶어 하는 욕구. 많은 광고가 이 욕구에 호소하는 전략(예 정, 사랑 등)을 구사함

ⓔ 자존심의 욕구 : 타인으로부터 인정받고 싶어 하고 자신이 중요한 인물이라고 느끼고 싶어 하는 욕구로 권위, 지위, 자존심 등과 관련됨

ⓜ 지적 욕구 : 지식탐구와 관련된 욕구

ⓗ 심미적 욕구 : 심미안 또는 아름다움에 대한 욕구

ⓢ 자아실현의 욕구 : 자신의 잠재력을 달성하려는 개인의 욕망

▲ 매슬로우의 욕구위계

④ 고전적 조건형성

고전적 조건형성의 원리는 원래 소비자에게 좋은 느낌을 주던 모델이나 경치나 음악 등과 제품을 계속 짝지어 제시함으로써 연상을 통해 소비자의 좋은 느낌이 해당 제품으로 전이되게 하는 원리이다. 즉, 연합(Association)에 기반을 둔 학습원리이다. 향수(Nostalgia)광고는 그중에서도 특히 '과거에 좋았던 시절을 회상'하게 만듦으로써 그런 긍정적인 느낌이 해당 제품으로 전이되게 하는 것이다. 이처럼 고전적 조건형성의 원리는 주로 정서적인 측면과 이미지 형성에 잘 작용되는 원리이다. 좋은 느낌을 주는 대상으로 사람들에게 평소에 호감을 주는 영화배우나 스포츠 선수뿐만 아니라 아름다운 음악이나 풍경, 경치 등이 모두 활용될 수 있다. 또한 과거의 좋았던 시절을 회상하게 만드는 광고들도 또한 고전적 조건형성의 원리에 기반을 둔 것이다.

⑤ 메시지 제시방식과 비언어적 메시지의 활용

사람은 언어적으로 생각하고 표현하기도 하지만 비언어적으로 느끼고 표현하는 부분이 강할 수 있다. 시간적·공간적 배치나 색상 등과 같은 요소들도 언어를 전혀 사용하지 않으면서 설득효과에 차이를 가져올 수 있는 시각적 커뮤니케이션의 요소들이며 배경음악의 분위기와 속도 등도 비언어적인 요소로써 설득효과에 차이를 가져올 수 있다.

⑥ 문화적 분위기와 사회적 압력, 규범적 압력

현재 속한 문화 안에서 설득이 이루어지려면 그 문화에서 널리 수용될 수 있는 정서를 유발시켜야 한다. 예를 들어, 우리나라의 문화 속에서 한국인의 긍정적인 정서를 유발시킬 수 있는 광고는 호감을 줄 수 있고 이것이 상표선호도로 이어져 구매행동까지 일으킬 가능성이 높아진다. 반면 자기주장이 강한 신세대에 호소하는 광고는 전통적 가치를 강조하는 광고와 다르게 자기주장적이며 남과 다르기를 원한다. 따라서 '나만의 OOO' 등과 같이 독특성과 자기주장성에 호소하는 광고가 더 설득적이다. 추가로 같은 문화 속의 다른 사람들이 많이 선택한 것을 찾으려는 심리와 함께, 특히 값비싼 물건이나 선구적인 행동일 경우 '희소가치의 원리'가 작용하여 더 선호하는 경우까지 포함된다. 흔하지 않은 것, 드문 것을 가진 사람의 선구적 이미지가 좋아 보이기 때문이다.

⑦ 위협(Threat)소구와 공포감 및 불안유발

ⓐ 위협(Threat)소구 : 공익광고나 건강 커뮤니케이션 영역에서 많이 사용하는 방법으로 '가지고 싶지 않다'는 마음을 활용함

ⓑ 공포소구 : 공포소구의 실험사례에 대한 예를 들면, 건강과 안전 등의 문제에 주목하여 이를 닦지 않았을 때 어떻게 되는지, 안전벨트를 매지 않았을 때 어떻게 되는지 등과 관련된 부정적 결과를 보여줌으로써 공포를 유발하여 설득한다.

ⓒ 메시지 수신자가 평소에 불안을 많이 느낄수록 높은 강도의 위협소구가 비효과적이라는 사실을 발견하였다. 설득메시지가 위협적일 경우 그 수용자들은 공포나 불안의 원인이 되는 위협소구 메시지 자체를 외면하기 때문에 그 효과가 줄어드는 것이다(방어-회피의 가설). 그러나 대체로 개개인이 평소에 지닌 불안수준이 광고효과에 영향을 준다는 것이 우세하다.

💡 더 알아두기 🔍

위협소구가 성공적이기 위한 방법
• 언급된 위협의 발생 가능성이 매우 높아야 한다.
• 이 위협은 심각한 결과들을 초래해야 한다.
• 광고에서 주장하는 행동의 변화나 행위는 이 위협을 제거할 수 있어야 한다.
• 표적소비자는 주장된 행동을 실제로 실행할 수 있어야 한다.

출처 : 로저스의 방어동기이론, 이두희, 1997

---

⑧ 불안감과 비교심리를 자극하는 광고

사람은 자기의 능력이나 의견과 관련하여 다른 사람들과 비교함으로써 판단하려는 경향이 있는데 광고에서는 소비자가 상대적 박탈감을 극복하며 비교우위를 점하고자 하는 심리를 이용한다. 대표적으로 학원광고, 명품광고 등 상대적으로 고가 제품의 광고에서 볼 수 있다.

❸ 광고와 크리에이티브 기법

(1) 광고란 무엇인가?

광고란 마케팅 커뮤니케이션상의 문제를 해결(개선, 유지, 예방 등)하기 위한 실용적인 도구이다. 광고는 단순화하여 말하면 광고물과 그 광고물을 담고 있는 매체로 나누어 볼 수 있다. 광고물은 크리에이티브(Creative) 전략과 광고의 아이디어와 작은 솜씨(Execution)으로 구분할 수 있다.

① 광고와 크리에이티브

광고에서의 크리에이티브는 순수예술의 창의성과는 다르다. 순수예술은 창의성 자체가 목적이 되지만 광고에서의 창의성은 '판매'를 위한 수단이다. 따라서 광고는 창의성이 필요하지만 전략적 사고의 기반에서의 '창의성'이 발휘될 때 진정한 창의성이라고 할 수 있다.

② 빅 아이디어(크리에이티브 콘셉트)

빅 아이디어는 한마디로 정의하기는 어렵지만 판매하고자 하는 상품의 메시지를 두드러지게 만들고 사람들의 시선을 끌며 오랫동안 기억에 남게 하는 것이다. 뛰어난 광고에는 빅 아이디어가 담겨 있다. 광고 크리에이티브의 거장인 오토 클래프너(Otto Kleppner)는 빅 아이디어가 만들어지는 단계를 창의적 도약(Creative leap) 단계라고 말했다. 빅 아이디어를 건져내기 위해 전략적이고 단계적인 것을 넘어 미지의 크리에이티브의 세계로 그냥 훌쩍 건너뛰는 것이다.

③ 뛰어난 광고의 조건(ROI)

광고는 창의적이어야 하지만 또한 전략적이어야 한다. 세계적인 광고회사 디디비 니드햄(DDB Needham Worldwide)에서는 'ROI'를 주장하였다.

ROI는 Relevance, Originality, Impact 그리고 Return On Investment의 약자로 투자이익으로 돌아오는 광고가 되기 위해서는 적절성(Relevance), 독창성(Originality), 임팩트(Impact)가 있어야 한다.

ⓒ 적절성 : 광고란 적절한 메시지를 적절한 사람에게 적절한 시간과 장소에서 전달하는 엄격한 목표지향적인 일이다.

ⓒ 독창성 : 창의적인 광고는 새롭고 신선하고 기대를 뛰어넘는 비일상적인 것을 말한다.

ⓒ 임팩트 : 임팩트 있는 광고는 무관심을 뚫고 그 메시지나 제품에 수용자의 주의를 집중시킨다.

(2) 크리에이티브 전략

① 광고목표(Advertising Objective)

광고목표는 광고를 통해 소비자와 마케팅 커뮤니케이션 상의 문제를 해결하는 것이다. 광고목표는 매출액 변화, 시장조사 등을 통해 소비자와 마케팅 커뮤니케이션이 직면하고 있는 것이 무엇인지 찾는 것이 중요한 목표이다. 매출 부진은 문제의 최종 결과이지 그 자체가 문제는 아닌 것이다.

ⓒ 마케팅목표 : 정해진 기간에 얼마만큼 팔렸는지에 대한 목표이다. 그래서 목표는 매우 분명하고 구체적인 숫자로 표현되어야 한다. 그래야 목표가 달성됐는지 여부를 알 수 있다.

ⓛ 광고목표 : 광고는 소비자와의 커뮤니케이션을 위한 도구이고 커뮤니케이션의 목표가 광고목표라 할 수 있다. 가령 마케팅목표를 달성하기 위해 판촉활동, 인적 판매, 홍보, 프로모션 그리고 광고들 이 동원되는 것이다. 광고란 내가 원하는 소비자행동을 하도록 하는 것이고 심리적 변화에서 구매행 동 사이의 어느 지점이 전략적 목표로 설정될 것이다. 즉, 광고의 궁극적 목표는 구매행동인 것이다.

ⓒ 목표반응 : 목표반응은 광고제작물의 목표이고 소비자가 광고를 접했을 때 바로 어떤 반응을 보여 야 할 것을 미리 규정하는 것이다. 일상생활에서는 자극을 주면 반응이 나타나지만 광고에서는 그 반대이다. 표적청중으로부터 얻어야 할 반응을 미리 설정하고 그 반응을 이끌어내기 위해서 광고 를 통해 어떤 자극을 줄 것인가를 기획하고 계획한다.

② 표적청중(Target Audience)

광고는 모든 소비자를 대상으로 하는 것은 아니다. 광고가 목표로 하는 대상자가 정해져 있고 그 대상 자에게 목표반응을 이끌어내기 위해 광고를 만들어낸다. 표적청중을 설정하기 위해서는 구체적이어야 한다. 보통 타깃 오디언스, 표적청중이라고 말하지만 가장 좋은 것은 '전형적인 소비자 한 사람'을 설 정하는 것이다.

③ 약속과 근거

광고는 소비자에게 제품을 사면 어떠한 이익, 혜택, 효과를 준다고 약속을 하는 것이다. 만약 휴대폰을 판매하고 광고를 한다면 소비자에게 '빠른 데이터 속도', '세련된 디자인', '통화품질' 등을 약속할 수 있 다. 그러나 이 모든 것을 하나의 광고에 담기는 어렵다. 그래서 광고계에서는 하나의 광고에 하나의 약 속만 담으라고 말한다. 그리고 여기에서 더욱 중요한 것은 하나의 그 약속은 강력한 것이어야 한다는 것이다. 그리고 근거(Supports)란 소비로 하여금 약속을 믿게 할 수 있는 사실이란 무엇인가 하는 것 이다. 근거는 또 다른 약속이 아니라 그 약속을 뒷받침할 수 있는 어떠한 사실을 말한다.

④ 매체전략

매체는 표적청중에게 광고의 판매메시지를 전달하는 수단으로 광고매체는 내가 전달하고자 하는 메시 지를 표적청중에게 내가 원하는 시간, 장소에 도달시켜주는 모든 수단을 말한다. TV, 라디오, 신문, 잡지를 흔히 광고의 4대 매체라고 한다. 광고비의 대부분이 매체에 지불되기 때문에 효율적인 매체전 략은 매우 중요하다.

⑤ 상표성격(Brand Personality)

상표를 사람이라고 했을 때 '다른 사람들에게 어떤 사람으로 인식하게 할 것인가, 비추게 할 것인가' 하 는 것이 상표성격(또는 상표개성)이다. 상표성격을 갖추기 위해서는 '일관성'과 '예측가능성'이 필요하다.

㉠ 일관성 : 상표의 특징 즉, 광고, 패키지, 가격, 소리, 냄새, 이름, 컬러 등이 하나의 주제에 조화되 어야 한다. 이는 시간이 지나도 변하지 않는 일관성을 갖춰야 한다.

㉡ 예측가능성 : 상표의 일관성을 통해 소비자는 장래에 어떤 경험을 하게 될지 예측할 수 있어야 한다.

(3) 광고표현 기법

창의적인 아이디어만 가지고 소비자를 설득할 수 없다. 이러한 창의적인 아이디어를 다양한 기법들을 통해 표현해야 한다.

① 제품

광고는 제품이나 서비스의 특유의 이점을 찾아 표현해 내는 것이 가장 중요하다. 따라서 특유의 이점을 제시하는 독특한 방법을 만들어 내야 한다.

㉠ 실증(Demonstration)광고

종류	내용
제품설명	제품의 이점을 시각적으로 설명(Product Explanation)해 주는 것
비교광고	제품의 이점을 경쟁자와 비교해서 보여주는 것(Side-by-Side)
사용전후	제품을 사용하기 전과 사용 후에 어떤 변화가 일어나는가를 보여주는 방법(Before and After)
극단적 실험	어떤 포인트를 입증하기 위해 극단적인 예를 보여주는 방법(Torture Test)
제품 성능	가장 단순한 형태의 실증법으로 제품 스스로가 자신을 대변하는 방법(Product in Action)
음식의 실증	음식의 조리과정, 만들어진 먹음직한 모습을 보여주는 것
시뮬레이션 방식의 실증	실제 그대로가 아닌 유사실증으로 보여주는 방법(Simulated Demonstration)
비유실증	제품의 이점을 비유적으로 실증하는 방법(Analogous Demonstration)

㉡ 제품이 주인공

제품을 주인공으로 만드는 기법(Product as Star)이다. 예를 들어, 국내 광고 중 메리츠화재에서 '걱정인형'이라는 캐릭터를 등장시켜 상품의 메시지를 전달하였다.

> **더 알아두기** 🔍
>
> **실증 시 주의할 점**
> - 가능한 한 단순화시켜라.
> - 가능한 한 클로즈업을 이용하라.
> - 과거에 사용되지 않은 방법으로 하라.
> - 성공하면 그 이점이 완전히 내 것이 될 때까지 그 방법을 계속하라.

② 사람을 이용

TV광고에서 사람을 이용하는 방법은 직접적, 간접적 두 가지 방법이 있다. 직접이용법은 TV를 개인 대 개인 커뮤니케이션 매체로 이용하는 것으로 누군가가 시청자 개개인의 면전에서 개인적으로 이야기하는 방법이다. 간접이용법은 정통 드라마의 형태로 구성하여 연기자가 스토리 속에서 연기를 하는 형식이다.

종류	내용
프레젠터 (Presenter)	신뢰가 높은 인물이 제품에 관한 뉴스를 설명하는 것이다. 프레젠터에서는 신뢰성이 생명이다. 그래서 전문가나 유명인사를 활용하는 경우가 많은데 이때 상표성격과 일치하는 사람을 선택해야 한다.
증언식 광고 (Testimonials)	제품의 이점을 직접 보여주기 어려울 때 실 사용자를 이용하여 제품을 설명하는 광고기법이다. 가장 중요한 것은 그 증언을 믿을 만한 것으로 만드는 것이다. 이 기법의 강도는 전달되는 확신의 강도에 달려 있다.
연출된 스토리 (Enacted Stories)	사람을 간접적으로 이용하여 스토리를 연출하는 것으로 사람과 제품이 깊은 관계를 맺는 것이 큰 강점이다.
생활의 단면 (Slice of Life)	일상생활의 한 단면을 이용하는 광고기법으로 실생활 그 자체가 보다 과장된 것으로 프랑스식 익살에 가까운 것이다. 이러한 광고의 핵심은 주인공의 특징표현과 대화가 주는 흥미에 있다.
실생활의 스토리 (True to Life Story)	실제 생활을 그대로 보여주는 광고기법으로 제품이 사람에게 매우 중요한 것으로 제시될 수 있는 개성을 가졌을 때(관여도가 높은 경우) 효과적인 방법이다.
촌극 (Playlets)	주인공의 캐릭터보다는 이야기 내용에 중점을 두는 것이다. 핵심은 상표를 둘러싼 극적인 이야기를 만드는 데 있다.
문제해결 (Problem Solution)	내 제품으로 어떤 문제가 해결되는 상황을 보여주는 것이다. 핵심은 제품이 가장 잘 해결할 수 있는 문제를 만들어 낼 수 있어야 한다.
애정끌기 (Heart Tuggers)	제품을 둘러싼 감정적 스토리를 만들어 내는 것이다.
우화의 현대적 비유 (Modern Parables)	주로 포지셔닝이 잘 된 기존 제품에 신선감을 부여하는 데 효과적인 기법이다.
라이프스타일	특정한 라이프스타일을 보여주는 기법으로 쾌락적인 제품(예 청량음료)일 경우 효과적이다. 이 경우 표현의 대상이 되는 라이프스타일은 광범위한 집단들이 좋아하고 열망하는 라이프스타일이어야 한다.
판타지 스토리	일반적으로 받아들여질 수 있는 판타지를 보여줌으로써 제품을 홍보하는 기법이다. 핵심은 판타지가 제품과 결부될 수 있어야 한다.

③ 상표의 활용

광고는 상표를 인식시켜야 하고 상표를 차별화하기 위한 수단인 것이다. 따라서 상표에 부가가치를 만들고 경쟁사에 우월하고 강력한 상표 선호도를 만들어내야 한다.

종류	내용
애니메이션	일러스트, 컴퓨터 그래픽 등을 사용하여 움직이는 그림으로 보여주는 기법이다.
지속적인 캐릭터	하나의 캐릭터를 만들어 광고에서 계속해서 사용하는 기법이다. 예 메리츠화재의 걱정인형, 치토스의 체스터 등
상표심볼	상표의 상징물을 만들어 계속 광고에서 사용하는 기법이다.
음악	• 테마뮤직 : 창작음악은 상표자산이 될 가능성이 높지만 이미 잘 알려진 음악은 상표보다는 음악 선율에 초점을 맞출 가능성이 높다 • 징글 : 짧은 광고 노래, 멜로디, 가사를 이용하여 소비자가 광고메시지를 쉽게 기억하도록 하는 음악 광고를 징글(Jingle)이라 한다. 좋은 징글은 상표의 기억도를 높여준다.

안심Touch

뮤지컬	음악을 전체적으로 활용하여 노래와 춤추는 사람들이 등장하여 상품을 표현하는 기법이다. 오락적 가치가 중요하고 차별화가 안 되는 상표의 광고에 주로 쓰인다.
비네트	여러 사람을 보여주면서 이들이 똑같은 메시지 아이디어를 반복하는 광고기법이다. 광고 아이디어가 짧고 단순한 메시지로 압축될 수 있을 때 효과가 있는 방법이다.
다양한 컷	현대적인 비트가 강한 음악 템포에 맞추어 여러 컷(Multi-Cuts)을 빠른 속도로 편집해 나가는 기법이다. 핵심은 제작의 표현은 비교적 복잡하더라도 전체적인 인상이 단일 집약적이어야 한다.
특수기법	특수한 기법과 기교를 사용하여 상품을 표현하는 기법으로 예를 들면, 치약광고 중 치아에서 플러그가 떨어져 나가는 것을 들 수 있다.
슬로건	광고가 전달하고자 하는 메시지를 짧은 문장으로 만든 것으로 인쇄광고보다는 포스터에서 빠르고, 포스터보다는 TV광고나 라디오 광고에서 더 효과적이다.

④ 카피작업

㉠ 헤드라인

광고를 볼 때 대부분 소비자는 본문보다는 헤드라인을 읽는다. 따라서 광고에서 헤드라인은 중요하고 카피라이팅에 들이는 노력의 대부분은 좋은 헤드라인을 만드는 데 쓰인다.

> **💡 더 알아두기 🔍**
>
> **좋은 헤드라인의 요건**
> • 독자의 눈길을 끌어야 한다.
> • 대중 중에서 표적고객을 골라낸다.
> • 독자를 바디카피로 끌어들인다.
> • 소비자를 움직여 행동하도록 한다.

㉡ 바디카피

광고의 본문을 바디카피라고 한다. 헤드라인을 읽고 흥미를 느낀 소비자가 구체적인 정보를 얻기 위해 본문을 보게 된다. 대부분의 소비자는 헤드라인만 읽는 경우가 많다. 그러나 잘 쓴 헤드라인은 바디카피를 읽게 만든다. 잘 쓴 바디카피는 설득력 있는 판매메시지로 구매의욕을 불러 일으켜 독자를 소비자로 바꾼다.

제 **3** 절 광고매체

💡 더 알아두기 🔍

광고계획을 할 때에는 일련의 준비된 과정이 필요하다. 주요 결정은 총 9단계의 과정을 거친다.

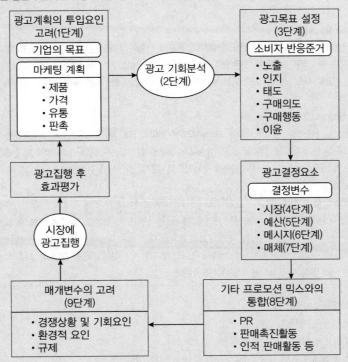

출처 : 광고심리학(양윤, 2011)

▲ 광고계획에 있어서의 9단계 결정내용

(1) 1단계 : 광고계획의 투입(Input)요인 고려

광고는 해당 기업의 목표와 상표의 마케팅 전략을 감안하여 밑그림을 그린다. 기업 목표와 상표에 대한 마케팅 전략[4P(제품, 가격, 유통, 판촉) 및 STP(시장세분화, 표적시장 선정, 제품 위치화)]을 반영하여 광고전략이 만들어지고 집행이 이루어진다.

(2) 2단계 : 광고 기회분석(Opportunity Analysis)

광고가 제품의 목표를 달성하는 데 기여할 수 있는지를 판단하고 분석하는 과정이다. 이 단계에서는 기업, 소비자, 시장, 제품, 경쟁상황에 대한 자료수집과 분석이 이루어지고 이를 토대로 광고에서의 기회요인과 문제점을 발견하게 된다.

(3) 3단계 : 광고목표 설정(Objectives Setting)

광고목표는 기업이 광고를 통해 성취하고자 하는 것으로 광고계획 전 과정에 걸쳐 영향을 미치는 아주 중요한 역할을 한다. 광고목표는 매출을 목표로 할 것인지, 커뮤니케이션을 목표로 할 것인지 대립이 있었지만 최근에는 광고목표를 커뮤니케이션 효과의 창출로 보는 관점이 보다 보편적이다.

(4) 4단계 : 시장(Market)의 결정

광고메시지를 받아들일 소비자를 발견하고 이를 표적청중(Target Audience)을 삼아 광고목표를 달성하기 위한 노력을 기울여야 한다.

(5) 5단계 : 예산(Money)의 설정

광고예산 규모는 산업에 따라 동종업계 간에도 다양하다. 광고비 지출이 미래 매출에 얼마나 영향을 줄 것인지 정확하게 판단하기 어렵기 때문에 광고비를 결정하는 것은 쉽지 않다. 현실적으로 매출의 변화는 광고비 이외의 많은 요인들(예 광고메시지의 내용, 경쟁사 광고비 지출, 소비자 기호 등)로부터 영향을 받으므로 광고비 지출에 따른 매출 증가의 정확한 관계를 파악하기는 어렵다.

(6) 6단계 : 메시지(Message)의 구성

소비자에게 제품정보를 전달하는 광고메시지는 크리에이티브 전략과 크리에이티브 전술을 토대로 개발된다. 크리에이티브 전략이란 광고메세지를 통해 무엇을 전달할 것인가(What to Say)를 결정하는 것이며 크리에이티브 전술은 메시지를 어떻게 구성하고 표현함으로써(How to Say) 메시지 전략을 구체적으로 구현할 것인가와 관련된다.

(7) 7단계 : 매체(Media)의 결정

매체계획은 최소비용을 들여 잠재고객에게 효과적으로 광고메시지를 전달하는 것을 목표로 한다. 일반적으로 광고메시지와 매체의 관계는 보완적 관계라기보다는 비보완적 관계로 볼 수 있다. 아무리 뛰어난 크리에이티브 광고메시지라고 하더라도 제대로 전달할 수 있는 매체가 마련되지 않는다면 광고의 효과를 내는 것은 어렵다. 반대로 아무리 매체의 선정이 잘 되었다고 하더라도 광고메시지 구성이 잘못되었다면 그 역시 광고의 효과를 내는 것이 어려울 것이다. 그런 의미에서 광고메시지와 매체의 관계에서는 합의 법칙이 아니라 곱의 법칙이 적용된다.

> **체계적인 매체계획의 수립과정**
> - 마케팅 전략 및 광고 전략의 검토
> - 매체계획의 목표 설정
> - 매체계획 수립(매체 믹스의 결정, 매체수단의 결정, 집행시기의 결정 등)
> - 매체전략 집행 및 평가
> - 다음 매체계획의 수립에 반영

(8) 8단계 : 기타 프로모션 믹스와의 통합화

광고와 관련된 결정들이 이루어지고 나면 광고의 효과를 촉진할 수 있는 홍보(PR), 판매촉진, 인적 판매, 직접마케팅 등의 다양한 커뮤니케이션 수단들을 통합하는 과정(Integrated Marketing Communication, IMC)을 수립하게 된다.

(9) 9단계 : 매개변수의 고려와 광고집행 및 평가

광고가 집행되면 시장의 반응을 통해 광고효과를 확인하고 평가할 수 있다. 광고효과는 소비자의 인지, 정서, 행동과 같은 소비자 반응준거를 대상으로 평가되어야 한다.

1 매체계획

매체계획은 광고주의 메시지를 예상표적에게 전달하는 가장 효과적인 매체의 지면이나 시간의 구매를 계획하는 것으로 매체계획은 '효율성 차원'과 '설득 커뮤니케이션'에 영향을 받는다.

- 효율성 차원 : 가장 저렴한 비용으로 많은 표적소비자에게 노출될 수 있도록 계획하는 것과 관련이 있다. 또한 광고가 집행된 후에는 노출목표가 성취되었는지를 평가하는 것도 이와 관련될 수 있다. 예를 들어, 도달률이나 평균빈도는 광고매체의 시간과 지면의 구매가 얼마나 저렴하게 이루어지고 있고 얼마나 큰 노출효과를 보여줬는지 입증하기 위한 것이다.
- 설득 커뮤니케이션 : 최소의 비용으로 최대의 효과를 추구하는 경제적인 접근의 매체계획이라면 효율성 극대화가 가장 주된 목표가 되겠지만 본질은 소비자에게 광고메시지를 전달하여 설득을 이루어내는 설득 커뮤니케이션이다. 소비자의 인지, 호감, 구매의도의 증대 등 광고목표를 위하여 단순노출, 반복노출, 지속적 노출의 과정 등 매체의 지면과 시간을 구매하게 된다. 설득 커뮤니케이션 관점에서 매체계획 시 매체노출의 양, 노출시점, 노출매체의 선정과 관련이 있으며 이것은 매체계획의 전략적 결정에 해당한다.

(1) 매체계획 분야의 주요 용어

① 광고매체에 따른 구분 : 광고매체를 구분하는 데 사용하는 분류기준은 매체유형, 매체부류, 매체비히클, 매체단위이다.

매체유형(Type)
매체부류(Class)
매체비히클(Vehicle)
매체단위(Unit)

▲ 광고매체에 따른 구분(양윤, 2011)

ⓐ 매체유형 : 메시지를 전달하기 위하여 사용되는 일반적인 매체범주를 의미하는데 TV, 라디오, 신문, 잡지, 옥외물, 인터넷, 모바일 등이 대표적인 예이다.

ⓑ 매체부류 : 특정 매체유형 내에 존재하는 매체의 부류를 의미한다. TV 매체유형 내에는 드라마, 뉴스, 쇼프로그램, 스포츠, 다큐멘터리 등이 있다. 신문의 경우 일간지, 주간지, 경제지, 스포츠지, 지방지 등으로 매체부류를 구분할 수 있다.

ⓒ 매체비히클 : 광고메시지를 전달하는 실질적인 매체로서 매체유형과 매체부류에 속하는 구체적인 매체수단을 의미한다. 가령 신문이라는 매체유형 내에 종합일간지라는 매체부류가 있다면 그 안에는 다시 조선일보, 중앙일보, 동아일보, 한국일보 등과 같은 매체비히클이 있다. 광고주는 매체비히클을 통해 구체적인 광고 시간이나 지면을 구매하게 된다.

ⓔ 매체단위 : 실제로 비히클에서 광고가 구체적으로 구매되는 단위로서 TV의 경우 15초, 20초, 30초를 들 수 있고 신문의 경우 5단, 9단, 15단 광고를 들 수 있다.

② **광고노출에 따른 구분**

ⓐ 도달률(Reach) : 특정 기간 동안 광고메시지에 적어도 한 번 이상 노출된 청중의 수나 비율을 말한다. 신제품이 시장에 출시된 이후 광고가 집행된 3개월 동안 시청자들 중 50%가 적어도 한 번 광고를 보았다면 이 50%가 도달률이 된다. 도달률은 시청자 중 광고메시지에 노출된 사람의 비율로 표시되기도 하고 사람의 수로 표시되기도 한다.

ⓑ 빈도(Frequency) : 청중이 특정 기간 동안 광고에 노출되는 횟수를 의미한다. 신제품이 출시된 후 1년 동안 특정 소비자가 신제품 TV광고에 노출된 횟수가 20회라면 이 20회가 빈도가 된다. 그러나 모든 소비자의 빈도를 파악하는 것이 불가능하기 때문에 매체계획 수립 시 평균빈도의 개념이 주로 사용된다.

ⓒ 총 노출량(Gross Rating Point, GRP) : 도달률과 빈도를 곱한 수치로 이는 광고기간 동안 광고메시지에 노출된 사람의 총량을 나타낸다. 매체스케줄에 포함된 모든 비히클에 노출된 소비자의 비율을 모두 더한 값이다.

(2) 매체계획의 수립과정

매체계획을 수립하기 위해서는 여러 결정이 단계적으로 이루어져야 한다. 여기에는 첫째, 매체계획목표의 설정, 둘째, 매체전략의 수립, 셋째, 매체계획의 집행 및 평가 등이 있다.

① **매체계획목표의 설정**

매체목표는 마케팅 및 광고의 목표와 전략을 토대로 매체를 통하여 달성할 수 있는 것으로 마케팅전략과 광고전략과의 일관성을 유지해야 한다. 광고목표는 마케팅목표보다 더 구체적으로 매체목표는 광고목표보다 더 구체적으로 설정되어야 한다.

ⓐ 마케팅목표 : 시장점유율, 매출액, 이익 등을 사용하여 정의

ⓑ 광고목표 : 인지율, 선호도, 구매의도, 반복구매율과 같은 커뮤니케이션 과정의 소비자 반응을 중심으로 설정

ⓒ 매체계획목표 : 광고목표를 달성하기 위한 구체적인 활동방향을 설정하는 것으로 표적청중의 범위와 메시지의 전달빈도로 정의됨

② **매체전략의 수립** : 매체목표가 설정되면 다음 단계의 목표를 달성하기 위한 전략을 수립해야 한다.

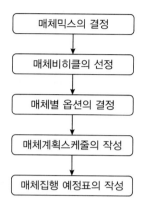

▲ 매체전략의 수립단계

㉠ 매체믹스의 결정 : 매체의 특징을 고려하여 광고 집행 시 필요한 매체유형을 선정하고 예산을 어떻게 할당할 것인가를 결정하는 것이다.

- 시청자 혹은 구독자에 대한 자료 검토 : 매체유형별 시청자 혹은 구독자에 대한 자료를 검토하여 어떤 매체가 효과적으로 광고메시지를 도달시킬 수 있는지 생각하고 매체유형을 선택한다.
- 크리에이티브 실행의 적합성 고려 : 크리에이티브 전략에서 결정된 메시지의 길이, 복잡성, 주요 소구점 등이 매체유형 특징과 함께 고려되어야 한다.
- 광고시점 검토 : 광고의 방영을 원하는 시점에 매체의 구매가능성이 검토되어야 한다. 대체로 시청률이 높은 시간대의 방송 프로그램은 공급량이 부족하여 시간확보가 용이하지 않다.
- 매체의 계절성 : 여름 휴가기에는 TV시청률이 감소하는 경향이 있다.
- 기타
  - 도달률과 빈도에 대한 매체목표를 효율적으로 달성할 수 있는 매체유형인가?
  - 크리에이티브 전략과 조화될 수 있는 매체유형인가?
  - 매체의 계절성이나 광고전략이나 매체목표에 영향을 미치는가?
  - 매체 각각의 고유한 역할은 무엇이고 이를 달성할 수 있는가?
  - 광고주가 특별히 기피하는 매체인가?
  - 광고할 지역의 특성에 맞는 매체인가?
  - 유통경로 관리나 판매원 활동에 대한 지원역할이 필요할 경우 이를 잘 수행할 수 있는가?

㉡ 매체비히클의 결정 : 매체유형별 예산이 분배되면 각 매체범주 내에서 어떤 비히클을 사용할지 결정해야 한다. 방송매체의 비용효율성을 평가하는 일반적인 방법은 1GRP를 얻는 데 드는 비용이나 1%의 시청률을 얻는 데 소요되는 비용(CPRP)을 계산하는 방법이다.

- Cost/GRP = 매체비용/GRP
- CPRP = 매체비용/시청률

인쇄매체의 경우 일반적으로 CPM을 산출한다. CPM은 1,000명의 독자에게 메시지가 도달하는 데 들어가는 비용을 의미한다.

> CPM = 광고지면에 대한 비용 × 1,000/판매발행부수

ⓒ 매체별 옵션의 결정 : 매체유형과 매체비히클이 결정되면 비히클별로 구체적 옵션을 결정해야 한다. 일반적으로 매체별 옵션에 대한 결정에는 광고물의 길이나 크기, 위치, 색상 등이 고려된다.
- TV광고 옵션
  - TV광고는 15초, 20초, 30초 광고가 가능하지만 프로그램에 따라 광고물의 길이에 제한을 두는 경우도 있기에 선택권이 있을 경우 효율과 효과를 잘 따져 선택해야 한다.
  - 신제품 같은 경우는 긴 광고가 바람직하며 어느 정도 알려져 있는 상표의 광고는 길이가 짧은 광고가 효율적이다.
  - 광고가 반영되는 시간대의 처음과 마지막에 삽입된 광고가 중간부분보다 경쟁광고에 의한 방해효과를 줄일 수 있어 더 잘 기억되는 것으로 알려져 있다.
- 인쇄광고 옵션
  - 광고지면의 크기가 광고에 대한 주목률과 이해도에 미치는 효과는 검증되지 않았지만 광고물의 크기가 두 배가 된다고 하더라도 주목률이 두 배가 되지는 않는다.
  - 메시지의 전달효과는 광고물의 크기가 커질수록 증가한다.
  - 컬러광고는 흑백광고보다 비용은 비싸지만 광고의 질이 높아 주목률과 메시지 전달효과를 높일 수 있다.
  - 지면의 위치에 따라 구독자 층, 비용이 다르기 때문에 종합적으로 고려하여 결정해야 한다.
ⓔ 매체스케줄의 결정 : 매체유형별 예산과 비히클 옵션에 대한 구체적인 결정이 이루어지면 광고집행을 위한 스케줄이 결정되어야 한다.
- 매체스케줄 결정 시 고려요인
  - 계절 및 계절에 따라 정해진 이벤트 : 밸런타인데이, 빼빼로데이 등에 초콜릿 수요가 증가할 수 있다.
  - 광고 집행주기 : 12회 광고를 집행한다고 했을 때 12주 연속집행과 월 1회, 12개월 집행에 따른 소비자 반응은 매우 다르게 나타날 수 있다.
  - 광고전략 : 제품의 마케팅 및 광고전략이 영향을 미칠 수 있다. 신제품이 출시되는 경우 초반에 집중적으로 광고를 집행하여 소비자의 관심을 집중시킬 수 있다.
  - 광고효과의 비대칭성 : 광고량이 증가하면 효과가 즉각적으로 나타나지만 광고량이 감소하면 효과가 서서히 감소한다.
- 매체스케줄링
  - 연속형 스케줄링 : 일정 기간 지속적으로 광고를 집행
  - 집중형 스케줄링 : 광고를 특정 시기에 집중하여 집행

- 파동형 스케줄링 : 연속형과 집중형을 결합시킨 것으로 일정 기간 광고가 연속적으로 집행되지만 특정 시기에 광고량을 보다 많이 집행하는 형태
  - ⑩ 매체집행 예정표의 작성 : 매체유형, 매체비히클 및 스케줄이 결정되면 매체계획자는 광고가 집행될 매체별로 일정기간 동안의 광고집행 예정표(Flow Chart)를 작성한다. 이를 통해 연간 또는 특정 기간의 매체별 사용일정표를 일목요연하게 보여줄 수 있다.

③ 매체계획의 집행 및 평가

매체계획자는 매체목표, 매체전략이 수립되면 이를 집행해야 한다. 매체계획자는 선정된 매체비히클을 원하는 시기에 원하는 위치와 광고지면을 확보해야 하고 집행이 시작되면 광고스케줄이 예정대로 집행되고 있는지 계속 확인해야 한다. 광고집행 후에는 매체계획에 대한 성과측정을 해야 한다. 원하는 목표가 달성되었으면 매체전략의 어떤 요소가 목표달성에 기여했는지 평가해야 하고 원하는 목표가 달성되지 못했으면 어떤 요소에서 문제가 있었는지 확인하고 다음 계획에 반영되어야 한다.

2 매체유형

매체계획의 첫 단계는 매체유형 가운데 어떠한 매체를 사용할 것인가를 결정하는 매체믹스의 선택에서 시작된다. 광고에서 사용되는 매체유형은 인쇄매체와 방송매체, 옥외매체, 온라인매체로 구분할 수 있고 최근 모바일매체의 발전도 눈에 띈다.

(1) 인쇄매체

① 신문

㉠ 장점

- 일반적으로 신문광고가 방송광고보다 권위나 신뢰성을 갖는 경향이 있다.
- 신문광고에 노출이 되면 낮은 빈도로도 충분히 전달할 수 있다.
- 고관여 제품 광고 시 적합하다.
- 제작에 필요한 시간이 상대적으로 짧고 비용도 저렴하다.
- 일람표적 가치(Catalog Value)가 있다.
- 지역신문의 경우 지역에 국한된 광고를 효과적으로 전달할 수 있다.

㉡ 단점

- 구독자의 연령층이 고령화되고 있어 젊은 층에게는 적합하지 않다.
- 전독률(Pass-Long Readership)이나 회람률이 낮은 편이다.
- CPM(Cost Per Mille, 1,000명의 독자에게 메시지가 도달하는 데 들어가는 비용)이 높다.
- 종이인쇄의 한계로 방송매체에 비하여 시각적 이미지 전달에는 부족함이 있다.

② 잡지

　㉠ 장점

- 소비자의 라이프스타일에 따라 표적소비자를 선별할 수 있다.
- 카탈로그로서의 가치가 높다. 다음 호가 발간되기 전까지 여러 사람들에게 반복적으로 읽힌다.
- 선명한 인쇄로 고해상도의 시각적 이미지를 전달할 수 있다.
- 표적세분화가 용이하고 제품광고에 대한 관여도를 높일 수 있다.

　㉡ 단점

- 전독이나 회람(Pass-Along or Secondary Readership)이 많은 편이다.
- 구독자가 제한적이므로 기본적인 도달률이 낮다. 따라서 누적도달률을 축적하는 데 오래 걸린다.
- 광고집행의 신속성이 떨어진다.

(2) 방송매체

① 라디오

　㉠ 장점

- 다른 방송매체보다 비교적 비용이 저렴하다.
- 특정 계층에 선별적으로 도달이 가능하다.
- 전국 또는 시간대에 따라 지역에 국한해서 광고를 할 수 있기 때문에 지역소매상이나 지역행사를 알리는 매체로도 적합하다.

　㉡ 단점

- 시각적 정보를 제공할 수 없다.
- 도달률이 낮은 편이다.
- 정보의 일람표적인 기능이 없다.
- 광고메시지에 대한 주목도가 떨어진다.

② 공중파TV

　㉠ 장점

- 시각과 청각의 동적 재현이 가능하여 시청자에게 생생한 정보를 제공할 수 있다.
- 전국적으로 방송되기 때문에 도달범위가 넓다.
- 지역방송도 있기 때문에 지역특색에 맞춘 광고를 방영할 수 있어 융통적이다.
- 도달률, 광고효과 등을 봤을 때 효율적이다.

　㉡ 단점

- 절대적으로 광고비용이 비싸다.
- TV광고는 최대 30초를 넘지 못하기 때문에 메시지 전달시간이 짧다.
- 시청률이 높은 시간대 확보 경쟁이 매우 치열하다.
- TV시청 중 광고가 나오면 다른 프로그램을 시청하기 위해 채널을 변경하는 등의 시청자의 광고 회피가 많이 일어난다.

ⓒ TV광고의 종류

종류	내용
토막(Spot)광고	• 프로그램 사이에 삽입하는 광고 • 이 시간에는 지역방송사가 자체 지역광고를 내보낼 수 있는 시간 • 매 시간당 2회를 넘을 수 없으며 1회당 1분 30초 이내 총 3편의 광고만 허용
프로그램광고	• 광고주가 프로그램의 스폰서로 참여하는 광고로 본 프로그램의 전후에 방송되는 광고물 • 예 프로그램 방영 직후 해당 프로그램 협찬사가 나오는 광고
자막광고	• 방송국 이름의 고지나 방송순서의 고지 시간대에 화면의 1/4에 해당되는 자막 크기로 화면의 하단에 10초 정도 방영되는 광고 • 방송국의 명칭고지 시 방영되는 광고는 ID광고, 방송순서의 고지 시 방영되는 광고는 '곧이어' 광고라고 함
시보광고	• 방송시간의 고지 시 제공되는 광고 • TV의 경우 시각을 알리는 화면을 내보내면서 하단에 광고주명이 나타남
협찬광고	상업성이 배제된 것으로 프로그램 진행을 위해 협찬해 준 협찬회사의 회사명만을 명시하는 광고의 형태
특집광고	비정규 프로그램으로 편성된 특집 프로그램에 광고를 방영하는 것으로 특집이 편성될 때마다 스폰서를 공모하여 결정
연간 스포츠광고	연간 단위로 편성된 스포츠 중계에 집행되는 광고
간접광고	• 방송프로그램 안에서 상품을 소품으로 활용하여 그 상품을 노출시키는 형태의 광고 • PPL(Product PLacement)
가상광고	방송프로그램에 컴퓨터 그래픽을 이용하여 제작한 가상(Virtual)의 이미지를 삽입하는 형태의 광고

③ 케이블TV

ⓐ 장점

• 특정한 시청자 층을 대상으로 편성되기 때문에 청중에 대한 선별성이 높다.

• 케이블TV광고 길이는 60초, 120초, 180초 등으로 편성되어 있어 공중파TV보다 자세한 정보전달이 가능하다.

• 공중파TV에 비해 상대적으로 비용이 저렴하다.

ⓑ 단점

• 공중파광고에 비해 가입자 수가 적기 때문에 도달률이 적다.

• 케이블TV는 특정 시청자를 대상으로 하는 경우가 많이 때문에 폭넓은 수용자 층의 도달에는 한계가 있다.

• 케이블TV광고는 공중파TV보다 광고시간이 길기 때문에 광고회피가 더 많이 일어난다.

(3) 옥외매체

옥외매체는 광고매체 역사에서 가장 오래된 매체로서 간판과 같은 형태의 광고매체를 통틀어 옥외매체라고 한다.

① 종류

ㄱ 옥외간판(Billboard) : 간판이나 포스터 같은 형태

ㄴ 교통매체(Transit Media) : 교통수단이나 교통수단 주변시설 등에 설치하는 형태

ㄷ 엔터테인먼트(Entertainment Media) : 스포츠나 극장 등과 같은 오락, 여가를 위한 장소에 설치하는 형태

② 장 · 단점

장점	단점
• 노출효과와 주목률이 높음 • 빈도의 확보 • 광고제작물의 대형화	• 정보 제공력의 부족 • 낮은 상기도, 벽지효과 • 법적, 공간적 제약이 많아 좋은 위치확보가 어려움 • 초기 투자비용이 과다하게 소요

(4) 인터넷 매체

① 장점

ㄱ 시공간 제약이 없는 쌍방향 커뮤니케이션으로 언제 어디서나 광고를 접할 수 있다.

ㄴ 수용자가 능동적으로 정보를 찾기 때문에 낮은 광고 빈도로 높은 효과를 낼 수 있다.

ㄷ 표적청중에게 적합한 메시지만 노출시킬 수 있어 과도한 광고노출을 방지할 수 있다.

ㄹ 광고클릭률이나 광고를 통해 유도된 판매량 등을 체크할 수 있어 광고효과를 바로 점검할 수 있다.

ㅁ 배너광고를 클릭하면 기업홈페이지로 이동할 수 있어 소비자가 원한다면 다양하고 많은 정보를 전달하여 구매까지 연결할 수 있다.

② 단점

ㄱ TV광고에 비해 CPM이 높은 편이며 몇 번의 반복노출 후에는 수용자의 클릭률이 급격히 떨어진다.

ㄴ 포털의 홈페이지와 같은 초기화면에 구좌를 차지하려는 광고주들의 경쟁이 심하다.

ㄷ 한 화면에 다양한 광고의 노출로 인하여 주목도가 떨어질 수 있다.

③ 인터넷광고의 유형

ㄱ 배너광고 : 이미지나 텍스트를 현수막처럼 주로 직사각형의 배너에 담아 제시한 광고를 말한다. 배너광고는 배너가 기재된 사이트에 이용자가 들어와서 클릭을 하면 해당 브랜드의 홈페이지나 이벤트 페이지로 자연스럽게 이동하는 것을 도와준다.

ㄴ 키워드검색광고 : 소비자가 키워드를 검색하게 되면 본인의 웹사이트가 정보검색에서 가장 상위에 놓이게 하는 광고를 말한다. 정보검색에서 상위의 자리를 확보하기 위해서는 그에 상응하는 비용을 지불하게 하고 일정한 체계에 의해 적절한 정보가 배열되도록 하면서 키워드검색광고는 검색엔진사이트의 중요한 수익구조가 되었다.

ⓒ 이메일광고 : 인구통계학적 또는 그 이외의 기준으로 적합하다고 판단되는 특정 표적집단 개인에게 이메일로 전달되는 광고를 말한다. 주로 데이터베이스 마케팅에 적합한 광고수단이며 적절한 표적 집단의 소비자를 제대로 선정할 수 있다면 광고메시지의 전달속도가 어떤 매체보다 빠르다.

제4절 ▶ 광고효과

1 광고효과의 개념

(1) 정의

광고의 효과는 광고가 목표로 하고 있는 특수한 상표의 핵심과제를 잘 해결했는지 여부를 가지고 판단해야 한다. 즉, 광고가 목표로 한 것을 제대로 성취하였는지의 여부이다.

(2) 광고효과 측정에서 광고목표 설정의 중요성

광고효과를 측정하는 것은 일반적인 측정이 아니라 특정 시장상황에서 구체적인 해결과제가 있고 이를 해결했는지 측정하는 것이다. 어떠한 광고는 '창의적인 면'을 평가기준으로 할 수도 있고 '소비자의 관심을 유도'하는 것을 평가의 기준으로 할 수도 있으며 오히려 '행동촉진을 유도'하는 광고를 생각하고 이를 평가기준으로 할 수도 있다. 광고목표를 어떻게 수립했는지에 따라 광고집행과 광고측정이 달라질 수 있다.

2 광고효과의 측정

(1) 정의

광고효과 측정이란 광고가 광고주와 광고회사에서 의도한 대로 집행한 결과, 소비자에게 원하는 기대반응을 얻었는지를 평가하는 일련의 과정을 말한다.

(2) 중요한 이유

① **광고 집행 결과에 대한 피드백 자료** : 광고효과 측정 결과가 광고주 쪽 의사결정자에게 피드백 자료로 활용되어 광고담당자와 대행사를 평가하는 지표로 활용된다.

② **향후 방향성 도출** : 향후 캠페인, 광고 등의 방향을 도출하고 효과적인 매체를 선정하는 데 활용된다.

③ **ROI의 극대화** : ROI(Return On Investment)는 투입대비 성과를 나타낸다. 브랜드 자산을 구축하는 이유는 기업의 중장기적인 관점에서 투자대비 매출의 효과를 극대화하기 위함이다.

④ IMC

IMC(Integrated Marketing Communication, 통합커뮤니케이션 마케팅)는 TV, 신문, 라디오, 잡지, 프로모션, POP, 모바일메시지 등 여러 마케팅 도구들을 통일시키는 것을 말한다. IMC를 전개할 때 가장 어려운 것은 다양한 매체와 도구 등의 수단들 중 어떤 요소를 선택해야 하는지에 대한 부분이다. 어느 매체가 제품에 대한 광고효과가 좋을지 비교하기 위해 광고 효과측정은 필요하다.

(3) 광고효과 조사의 종류와 방법

① **사전조사** : 광고물 제작 이전에 시행하는 조사이다.

ⓐ 콘셉트 조사 : 광고물의 표현물을 만들기 전에 광고의 콘셉트 보드를 만들어 핵심 표적에게 제시하고 이에 대한 반응을 조사하는 것이다. 콘셉트 보드는 광고가 말하고자 하는 내용을 간단하게 표현한 문장과 이를 돕는 그림으로 과장이나 표현적인 요소를 자제하고 제품의 특징을 있는 그대로 정리해 놓은 것이다.

ⓑ 광고 크리에이티브 조사 : 광고 크리에이티브 조사는 이전에 '크리에이티브 보드'를 제작해야 한다. 크리에이티브 보드는 광고제작물의 70% 정도의 완성도를 가지는 크리에이티브 시안이나 동영상 스토리 보드 등을 말한다. 크리에이티브 조사는 소비자에게 크리에이티브 보드를 제시하고 광고가 목표로 하고 있는 주요 특성을 충족시키고 있는지를 측정한다. 광고의 주목도, 메시지 전달력, 기억 용이성, 고급감, 전반적인 광고선호도 등이 있다.

② **사후조사** : 광고집행 후에 실시되는 조사이다.

ⓐ 트래킹(Tracking) : 비교준거가 되는 광고속성 평가치가 존재하며 이 비교준거에 의해 광고 평가치의 높고 낮음을 판단할 수 있는 조사이다.

❸ 아동 · 청소년 · 노년층의 특성과 광고

제품판매와 이윤추구가 주 목적인 기업들이 가장 관심을 많이 두는 연령층은 이제 막 수입이 생기기 시작한 연령층부터 수입이 없어지기 직전의 연령층까지이다. 경제활동을 주로 하는 연령층에 마케팅 초점을 두다 보니 자연스럽게 아동, 청소년, 노년층의 소비심리는 관심 밖이다. 그래서 광고를 제작할 때에도 이들은 주 표적에서 제외되는 경우가 많다. 다음에서 이들의 소비심리에 대해 알아보도록 하자.

(1) 아동의 특성과 광고

① **아동의 인지발달**

아동은 외부에서 주어진 광고 등을 수동적으로 받아들이기만 하는 존재가 아니라 자기 나름의 방식으로 처리하며 생각하는 시청자다(Bickham, Wright & Huston, 2001). 그렇지만 아동은 인지발달에서 성인과는 다른 상태에 놓여 있기 때문에 광고와 관련된 정보의 처리과정에서도 차이를 보인다.

ⓙ 피아제의 인지발달이론 중 전조작기 아동(2~7세)은 자기중심적이고 하나의 차원에만 집중한다. 따라서 TV에 나오는 광고제품의 맛이나 색깔에는 집중하면서 몸에 대한 해로움은 생각하지 못한다.

ⓛ 부모와 자녀 간 소비에 대한 커뮤니케이션과 상호작용에 따라 광고메시지에서 가정과 사실을 구별하는 능력과 상표선호발달이 영향을 받기도 한다(Moschis, 1985).

② 광고의도 지각과 귀인

7~8세 이전의 아동은 광고 이면의 의도를 잘 이해하지 못하지만 비언어적 방식으로 제시할 경우 즉, 언어적 입력을 최소화하고 구체적인 방식으로 제시할 경우 의도를 이해한다.

③ 시각 및 청각적 주의집중과 광고이해

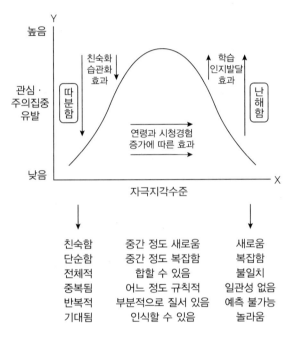

출처 : 광고심리학(양윤, 2011)

▲ 이동렌즈모형(Traveling Lens Model)

이동렌즈모형을 살펴보면 관심과 주의집중을 가장 많이 유발하는 것은 너무 친숙하지도 새롭지도 않고 너무 단순하지도 복잡하지도 않은 중간수준에서이다. x축 좌측으로 갈수록 '친숙화, 습관화 효과'가 나타나 따분하게 느끼기 때문에 주의집중을 끌지 못하고 우측으로 갈수록 학습과 인지발달의 효과가 나타나지만 지나치게 어려워지면 난해함과 놀라움을 느끼는 단계가 되어 역시 주의집중을 끌지 못한다. y축은 관심의 유발 또는 아동의 주의집중 정도를 나타내며 중간수준의 이해도가 흥미와 관심의 정점을 이룬다. 정점의 왼쪽은 너무 잘 알아서 덜 도전적인 반면 정점의 오른쪽은 이해하기 어렵고 지나치게 복잡하거나 예기치 않은 자극으로 놀라움을 경험하는 영역이다.

④ 아동의 사회화단계와 TV광고

    ⊙ 아동의 사회화 : 소비자 사회화(Customer Socialization)란 소비자의 역할을 수행하는 데 필요한 지식, 태도, 기능을 습득해 가는 과정이다. 소비자 사회화과정은 인지발달과정과 사회학습과정이 합쳐져 일어난다. 아동의 사회화는 부모, 친구, TV 등을 통해 사회화가 일어나기 때문에 TV프로그램이나 광고는 매우 중요한 역할을 한다.

    ⓛ TV광고의 이해도 : 광고는 흔히 특정 제품의 장점이나 크기 등을 과장하는 경우가 많은데 아동은 사실과 다를 경우 좌절감을 느끼고 냉소주의자가 되기 쉽다.

⑤ 아동 대상 광고의 효과

    ⊙ 광고모델의 효과

        • 광고모델 : 사람은 자신과 비슷한 사람에게 호감을 느끼는데 TV광고에 자기와 유사한 아동이나 청소년이 등장하면 그 대상에 호감을 느끼기 때문에 광고의 영향이 더 커질 것이다.

        • 호스트셀링(Host-Selling)광고 : TV프로그램 주인공이 그 시간대의 광고모델로 등장하는 것을 말하는데 사전에 광고가 나오고 프로그램이 진행되는 경우에는 광고 효과가 줄어들었다.

        • 광고모델의 속성 : 아동의 나이에 따라 유명 광고모델의 속성이 광고에 주는 영향이 달라진다. 구체적 조작기의 아동(초등학교 3학년 대상으로 실험)은 모델에 대한 호감과 전문성이 광고태도에 영향을 주고 형식적 조작기의 아동(초등학교 6학년 대상으로 실험)은 모델에 대한 호감과 전문성이 광고태도뿐만 아니라 직접적으로 제품태도에도 영향을 미친다는 것이 확인되었다.

        • 광고와 실상을 변별 : 초등학교 4학년, 즉 11세부터 광고의 실상과 허상을 변별하는 능력을 갖춘다.

    ⓛ 언어생활 : 광고 커뮤니케이션에서 사용되는 언어는 아동의 언어생활에 큰 영향을 미친다. 아동이 TV를 볼 때 적극적으로 참여하기 때문에 언어를 배울 가능성이 크다. TV광고 시청은 아동 언어의 문법적 발달이나 습득에 영향을 주지는 않지만 어휘발달에는 영향을 준다.

    ⓒ 성고정관념 형성 : 바커스(Barcus, 1975)는 광고메시지 전달자가 남성일 경우 위엄 있고 권위 있게, 여성일 경우 수동적으로 묘사되고 있으며 직업의 종류도 성별로 제한적임을 지적하였다. 광고 커뮤니케이션을 통해 은연 중 전달되는 성고정관념은 아동의 사회화에 지대한 영향을 미친다. 기호학적 분석에 따르면 비록 메시지 수용자가 성고정관념을 비추는 패턴이나 부호를 명시적으로 인식하지 못한다 하더라도 성과 관련된 함축적 의미를 가지고 있는 것으로 미디어 이미지가 해석될 수 있음을 보인 것이다. 광고텍스트 안에 성고정관념이 암묵적으로 담겨 있어 이것이 무의식적으로 내재화된다.

(2) 청소년의 특성과 광고

① 청소년의 특성

청소년기는 감수성이 민감하고 정체성에 대한 고민이 많은 시기이다. 이성에 대한 관심이 생기기 시작하고 모델 또는 연예인에 대한 동일시가 일어난다. 특히, 급격한 신체적 · 심리적 변화를 겪게 된다. 이러한 청소년들이 광고를 보는 동기를 세 가지로 구분할 수 있다.

⊙ 사회적 효용(Social Utility) : 광고가 특정 제품의 사용과 관련된 생활양식 및 행동에 대한 정보를 준다는 것을 의미한다.

⊙ 커뮤니케이션 효용(Communication Utility) : 광고를 봄으로써 또래를 비롯한 대인 간 커뮤니케이션이 더 원활해질 수 있다는 것을 의미한다.

⊙ 대리소비(Vicarious Consumption) : 실제 구매가 어려운 것도 마치 소비하고 있는 듯한 경험을 하며 만족할 수 있다는 것을 의미한다.

광고커뮤니케이션 정보의 처리과정에서 아동은 주의와 이해과정의 부족으로 정보를 완전히 소화하지 못하며 성인은 자신의 생각이 이미 확고하게 자리 잡아 외부매체의 영향에 굴복하지 않으려는 경향이 강하다. 따라서 정보의 이해능력은 충분하면서 여기에 굴복하지 않을 정도로 확고한 자세를 가지고 있지 않은 청소년이 광고 커뮤니케이션의 영향도 가장 크게 받게 될 것이라고 예측할 수 있다.

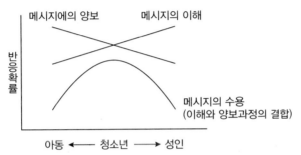

출처 : 광고심리학(양윤, 2012)

▲ 메시지의 이해와 양보과정의 결합으로 결정되는 메시지의 수용량

② 청소년 대상 광고의 효과

⊙ 음주 및 흡연 관련 광고의 효과 : 청소년은 음주경험을 갖기 전에 음주에 대한 호의적 또는 비호의적 태도를 지니며(Goldman, Brown & Christianse, 1987 ; Miller, Smith & Goldman, 1990) 주류광고에의 노출이 청소년의 음주행위 및 그에 따른 사회문제와 관련성을 지닌다(Atkin, Neuendorf & McDermott, 1983). 주류광고에 많이 노출된 청소년일수록 음주자가 더 가치 있고 성공적인 삶을 살고 있다고 믿는 경향이 있다(Atkin & Block, 1981).

⊙ 의류, 화장품 및 스포츠용품 광고의 효과 : 청소년기는 신체의 급격한 변화로 자신의 신체변화나 용모에 민감해짐으로써 심리적으로도 불안정을 경험한다. 이의 연장선상으로 청소년의 의류광고에 대한 관심을 생각해 볼 수 있다. 여자 청소년은 의류와 화장품광고에 관심을 많이 갖고 남자 청소년은 스포츠용품 광고에 관심을 더 갖는다. 또한 다른 연구에 따르면 의류광고에 대한 태도는 중학생보다 고등학생이, 남학생보다 여학생이 더욱 긍정적이었다.

⊙ 연예인 및 운동선수 모델의 효과 : 청소년기에는 자기가 동경하고 좋아하는 연예인, 운동선수와 동일시하는 경향이 강한 편이다. 여기에 또래집단의 동조까지 더해지기도 한다. 광고에 좋아하는 연예인이나 운동선수가 나오면 동일시를 위하여 소비행동의 변화가 생긴다.

㉣ 물질주의 가치관과 청소년 문화 : 광고 커뮤니케이션은 청소년의 가치관을 형성하고 변화와 유지하는 역할을 한다. "한 사회 또는 문화의 지배적 가치관이 광고에 축약적 또는 과장적으로 표현되며 이는 다시 광고를 접하는 사람들에게 사회화학습의 도구로써 작용"(남경태, 김봉철, 2004)하는 것이다. 특히 청소년의 경우는 아동에 비해 직접 소비할 수 있는 능력을 갖추고 있기 때문에 물질주의적인 가치관이 곧바로 소비행동으로 이어지기가 쉽다. 이는 개인의 경제생활이나 대인관계상의 부작용과 연계되기도 한다. 이러한 측면에서 청소년기의 물질주의에 대한 지나친 집착이 형성되면 성인이 되어서도 지속적인 부적응으로 이어질 가능성이 커진다.

(3) 노년층의 특성과 광고

한국 인구가 2000년에 65세 이상의 고령인구 비율이 총 인구의 7%를 넘어서면서 고령화사회가 되었고 2017년에는 14.2%를 돌파하며 고령사회로 진입했다. 전문가들은 한국이 향후 8년 안에 초고령사회로 진입할 것으로 예상하였고 전 세계적으로 가장 빠른 속도라고 우려하고 있는 것이 현실이다. 이러한 추세를 생각하면 소비 및 광고영역에도 노년층을 가볍게 다룰 수 없다. 다음에서 노년층의 소비심리와 광고에 대하여 살펴보자.

① 노년층 구분

㉠ 연령층 : 국내에서 노년층 소비자의 연령 식별기준으로 고령에 해당하는 연령은 65세 이상이고(유기상, 1997) 사회적으로는 60세 이상을 노인으로 보는 시각이 많다. 한편 최근 연구들 중에는 55세를 기준으로 삼는 경우도 있다. 특히 김상훈과 최환진(1997)은 55~60세를 '새로운 노인계층(New Silver)'이라 하여 이들이 풍부한 사회활동 경험과 지식수준을 바탕으로 경제적 기반을 가지고 있어 왕성한 소비성향을 보인다는 점에 주목하였다. 문헌들을 종합해보면 55세 이상, 60세 이상, 65세 이상 순으로 '노년층'을 규정하는 경우가 많다.

㉡ 명칭 : 노년층을 부르는 명칭은 'Elderly, Older, Mature, Senior, 50-Plus, The Age, Gray, Invisible, Consumer, Secure Adults' 등과 같이 매우 다양하게 있지만 'The Elderly'가 절반 이상 사용되었으나 점차 줄어들고 있다. 국내에서도 '노인 소비자'와 같은 용어로 사용되다가 '노년층 소비자, 신노년층, 새로운 실버세대, 그레이, 성숙 소비자, G세대(Green, Golden Age, Grace, Gentle, Great)' 등으로 불리고 있는 추세이다.

② 실버마케팅 광고에서의 비주얼 이미지

노년층은 브랜드 선택에 대한 강력한 견해를 지니고 있으면서도 물리적인 힘이나 외모 및 소득 등의 '상실'을 경험하는 시기이기 때문에 세심한 심리분석과 심리적 상실감을 채워 줄 광고전략이 필요하다. 현재의 심리적 상실감을 인정하고 현실의 조화를 이룰 수 있는 광고가 필요하다.

㉠ 실버 소비자 시장의 세분화

• 상류형 : 제한적 귀족형 소비스타일로 모범적 소비의 주도역할을 한다. 유명 브랜드 제품을 선호하는 경향이 있고 비주얼 이미지에 지나치게 실버 소비자의 이미지를 나타내기보다는 사용자 중심의 편익을 제시하는 것이 효과적이다.

- 개진형 : 21세기 실버 소비자의 전형으로 신 사고형 소비자이다. 정보성의 영향을 많이 받으며 신 제품 수용성이 커 이익형식의 감정소구와 선택형식의 직접소구가 효과적이다.
- 자족형 : 애착이 가는 기업과 브랜드에 집착하는 경향이 있으며 신제품에 대한 수용성이 적은 전통형·보수형 소비자이다. 이들에게도 사용자 중심의 편익을 강조하되 실버 소비자를 우대하거나 존경하는 메시지가 효과적이다.
- 의지형 : 대체로 대중 브랜드를 구매하며 절대적 필요에 의한 구매가 많아 소비가 생활 향상으로 연결되는 집단이다. 이익형식의 감정소구와 식별형식의 직접소구가 효과적이다.

ⓛ 실버 소비자가 선호하는 광고

- 실버 소비자는 대체로 비주얼 이미지 없이 문자로만 구성되어 있는 것을 선호한다.
- 주름진 노인의 얼굴이 있는 광고보다는 젊은 여성이 부드럽고 활기차게 웃고 있는 이미지를 더 선호한다.
- 최근 우리나라 광고에 나타난 노인 이미지의 속성도 능동적으로 목표를 추구하고 각종 사회생활에 적극 참여하며 활기차고 독립적인 노년층의 모습으로 많이 노출되고 있고 이는 우리 사회에서 공감을 얻고 있다는 말로도 표현될 수 있다.

01 마케팅믹스의 4p는 제품(Product), 가격(Price), 유통(Place), 촉진(Promotion)이다.
광고는 촉진전략 중 하나이다.

01 마케팅믹스의 요소가 <u>아닌</u> 것은?

① 제품(Product)
② 가격(Price)
③ 촉진(Promotion)
④ 광고(Advertising)

02 마케팅 목표가 '무엇을'이라면 마케팅 전략은 '어떻게'에 해당한다.

02 다음 중 마케팅에 대한 설명으로 옳지 <u>않은</u> 것은?

① 기업과 고객, 소비자 간에 이루어지는 광범한 커뮤니케이션 행위를 '마케팅'이라고 한다.
② 마케팅 목표의 가장 일반적인 유형은 매출이나 시장점유율 또는 매출이나 시장점유의 신장률 등이다.
③ 마케팅 목표가 '어떻게'라면 마케팅 전략은 '무엇을'에 해당한다.
④ 마케팅믹스의 4P 중 촉진전략은 인적 판매, 판매촉진, 홍보, 광고 등이 있다.

정답 01 ④ 02 ③

03 광고효과에 대한 설명으로 옳지 <u>않은</u> 것은?

① 광고의 목표는 판매를 통한 이익창출이다.
② 소비자의 관심을 끌 수 있다.
③ 광고상표 존재를 인식할 수 있다.
④ 광고상표의 특징을 알 수 있다.

03 소비자가 광고를 보고 해 주기를 바라는 내적·외적인 반응(매개반응 ; 인지적이고 정서적인 심리적 반응)이 광고목표가 되어야 한다.

04 상표성격뿐만 아니라 상표와 연합된 모든 것, 즉 광고상표의 모델, 사용상황, 전형적인 사용자들, 생활양식, 상표의 로고나 심볼 등을 포괄하는 개념은 무엇인가?

① 상표성격
② 판매촉진
③ 광고
④ 상표이미지

04 상표이미지에 대한 설명이다.

05 광고목표와 반응에 대한 설명으로 옳지 <u>않은</u> 것은?

① 광고 창의성, 경쟁 광고물과의 차별화, 매체기획 등이 소비자 주의획득에 매우 중요하다.
② 단순노출로는 광고상표의 친숙감, 친근감을 증가시키기에 부족하다.
③ 광고상표와 연합된 상표태도는 상표선택에 영향을 미칠 수 있다.
④ 경쟁상표와 구별되는 편익을 강조하여 제품에 대한 관점을 변화시킬 수도 있다.

05 단순노출로도 광고메시지 내용에 관계없이 광고상표에 대한 친숙감, 친근감을 증가시킬 수 있다.

정답 03 ① 04 ④ 05 ②

06 광고콘셉트는 표적소비자에게 원하는 반응을 얻기 위해 전달하려는 메시지를 한 마디로 집약한 전략적 요점(Strategic Brief)이라 할 수 있다.

07 마케팅 전략이 생산지향적 마케팅에서 전략적 마케팅으로 변화하였다.

08 중심경로를 통한 태도는 메시지 주장에 대한 세심한 인지적 사고를 통한 태도변화이다.

06 광고용어로 '눈에 띄게 강조해야 할 점'을 의미하는 용어로 광고목표 반응을 얻기 위해 표적소비자에게 전달하고자 하는 핵심내용을 무엇이라고 하는가?

① 마케팅믹스 4P
② STP 마케팅
③ 광고콘셉트
④ 상표이미지

07 IMC 통합마케팅에 대한 설명으로 옳지 <u>않은</u> 것은?

① IMC 통합마케팅은 탈대중화 시대의 마케팅 접근방식이다.
② 마케팅전략이 전략적 마케팅에서 생산지향적 마케팅으로 변화하였다.
③ 소비자 영향력 증가와 상호작용적 커뮤니케이션으로 인하여 모든 수단을 하나로 관리하는 마케팅 전략이 요구되었다.
④ IMC 마케팅은 소비자 관점의 강화와 쌍방향성을 추구한다.

08 광고소구에 대한 설명으로 옳지 <u>않은</u> 것은?

① 광고의 임무는 궁극적으로 표적소비자를 설득하는 것이다.
② 광고소구 유형에 따라 설득효과는 달라질 수 있다.
③ 중심경로태도란 메시지에 대해 깊이 생각하지 않는 정보처리를 말한다.
④ 소비자의 관여도와 정교화 노력 정도에 따라 브랜드에 대한 태도가 달라진다.

정답 06 ③ 07 ② 08 ③

09 **중심경로태도에 대한 설명이 <u>아닌</u> 것은?**

① 저관여 제품에 대한 정보처리
② 세탁기의 기능이 좋아서 구입
③ 향수의 향이 좋아서 구입
④ 수납공간이 많은 가구 구입

09 고관여 제품은 중심경로처리를, 저관여 제품은 주변단서처리에 따라 구매결정을 할 가능성이 크다.

10 **FCB 모형에 따른 구매결정유형에 대한 설명으로 옳지 <u>않은</u> 것은?**

① 고관여 제품은 메시지의 '내용'에 초점을 둔다.
② 보석, 화장품 같은 제품은 '느낌'에 의존하여 결정할 가능성이 크다.
③ 저관여 제품 광고에는 음악, 이미지 등 주변적 단서를 활용하는 것이 좋다.
④ 술, 아이스크림, 커피 등과 같은 기호식품은 '저관여/생각' 중심으로 광고를 제작하는 것이 효과적일 것이다.

10 술, 아이스크림, 커피 등과 같은 기호식품은 모델이나 분위기의 영향에 더욱 크게 좌우되기 때문에 '저관여/느낌' 중심으로 광고를 제작하는 것이 효과적일 것이다.

11 **대변인 효과에 대한 설명으로 옳게 짝지어진 것은?**

① 종사자 대변인 : 해당 제품에 대해 전문적인 지식을 가지고 있는 사람이 제품에 대해 증언하는 방식
② 유명인 대변인 : 해당 제품을 만드는 기업의 사장이나 임직원이 자사의 제품에 대해 증언하는 방식
③ 만족한 사용자 대변인 : 해당 제품을 사용해 본 사람이 자기 경험을 증언하는 방식
④ 전문가 대변인 : 잘 알려져 있는 유명한 사람이 해당 제품에 대해 증언하는 방식

11 ① 전문가 대변인에 대한 설명이다.
② 종사자 대변인에 대한 설명이다.
④ 유명인 대변인에 대한 설명이다.

정답 09 ① 10 ④ 11 ③

안심Touch

12 소비자에게 좋은 느낌을 주던 모델이나 경치나 음악 등과 제품을 계속 짝지어 제시함으로써 연상을 통해 소비자의 좋은 느낌이 해당 제품으로 전이되게 하는 원리이다. 즉, 연합(Association)에 기반을 둔 학습원리이다.

13 대체로 개개인이 평소에 지닌 불안수준이 광고 효과에 어느 정도 영향을 주고 있다는 것이 우세하다.

14 광고에서의 크리에이티브는 순수예술의 창의성과는 다르다. 순수예술은 창의성 자체가 목적이 되지만 광고에서의 창의성은 '판매'를 위한 수단이다.

12 소비자가 긍정적으로 생각했던 유명배우가 광고하는 상표가 긍정적으로 보이는 것을 설명하는 이론은 무엇인가?

① 보상성의 원리
② 고전적 조건형성
③ 조건형성
④ 조작적 원리

13 위협소구와 공포소구에 대한 설명으로 옳지 않은 것은?

① 위협소구는 건강커뮤니케이션, 공익광고에서 주로 사용한다.
② 개개인의 평소 불안수준이 광고 효과에 영향을 미치지 않는다.
③ 나에게도 일어날 수 있는 일임을 인지하고 있을 때 위협소구의 효과가 크다.
④ 광고에서 보여주는 위협이 심각하며 광고에서 주장하는 행위가 위협을 제거할 수 있을 때 효과가 크다.

14 광고와 크리에이티브 기법에 대한 설명으로 옳지 않은 것은?

① 광고는 판매를 위한 수단보다는 창의성 그 자체가 목적이다.
② 뛰어난 광고를 위해서는 빅 아이디어가 필요하다.
③ ROI는 적절성, 독창성, 임팩트를 말한다.
④ 마케팅 목표는 정해진 기간에 얼마만큼 팔렸는지가 목표이다.

정답 12 ② 13 ② 14 ①

15 광고표현 기법 중 성격이 다른 하나는?

① 비유실증
② 제품성능
③ 사용전후
④ 생활의 단면

15 ①, ②, ③은 제품을 활용한 광고기법이고, ④는 사람을 이용한 광고기법이다.

16 신뢰가 높은 인물이 제품에 대해 설명하는 것으로 뉴스의 가치가 크지 않을 경우 신뢰성이 높은 사람을 선정하여 광고하는 기법은?

① 연출된 스토리   ② 지속적인 캐릭터
③ 프레젠터   ④ 비네트

16 프레젠터에서는 신뢰성이 생명이다. 그래서 전문가나 유명인사를 활용하는 경우가 많은데 이때 상표성격과 일치하는 사람을 선택해야 한다.

17 광고표현 기법에 대한 설명으로 옳지 않은 것은?

① 제품의 이점을 보여주기 어려울 때 증언식 광고기법을 활용한다.
② 저관여일 경우 실생활 스토리가 매우 효과적이다.
③ 여러 사람을 보여주면서 이들이 똑같은 메시지 아이디어를 반복하는 광고기법은 '비네트'이다.
④ 대부분 사람들은 광고에서 바디카피보다 헤드라인을 읽는다.

17 실생활 스토리는 제품이 그 사람에게 매우 중요한 것으로 제시될 수 있는 개성을 가졌을 때, 고관여 제품일 경우 매우 효과적이다.

정답 15 ④ 16 ③ 17 ②

18 광고목표는 매출을 목표를 할 것인지 커뮤니케이션을 목표로 할 것인지 대립이 되어 왔지만 최근에는 광고목표를 커뮤니케이션 효과의 창출로 보는 관점이 보편적이다.

18 광고매체계획에 대한 설명으로 옳지 <u>않은</u> 것은?

① 광고계획의 투입요인 고려 시 기업의 목표와 마케팅 계획이 고려되어야 한다.
② 광고목표는 제품매출을 목표로 설정해야 한다.
③ 크리에이티브 전략은 광고메시지를 통해 전달할 What to Say를 결정하는 것이다.
④ 광고메시지와 매체는 비보완적인 관계이다.

19 ③의 순서가 적합하다.

19 매체계획의 단계를 올바르게 정렬한 것은?

① 매체계획의 목표설정 → 마케팅 및 광고 전략검토 → 매체계획수립 → 매체전략 집행 및 평가
② 매체계획수립 → 매체계획의 목표설정 → 마케팅 및 광고 전략검토 → 매체전략 집행 및 평가
③ 마케팅 및 광고 전략검토 → 매체계획의 목표설정 → 매체계획수립 → 매체전략 집행 및 평가
④ 마케팅 및 광고 전략검토 → 매체계획수립 → 매체계획의 목표설정 → 매체전략 집행 및 평가

20 광고매체는 '매체유형-매체부류-매체비히클-매체단위'와 같이 상위개념에서 하위개념으로 나열할 수 있다.

20 광고매체 구분을 상위개념에서 하위개념으로 올바르게 나열한 것은?

① 매체유형-매체부류-매체비히클-매체단위
② 매체부류-매체유형-매체비히클-매체단위
③ 매체단위-매체비히클-매체유형-매체부류
④ 매체비히클-매체유형-매체단위-매체부류

정답 18 ② 19 ③ 20 ①

21 주어진 기간 동안 광고메시지에 적어도 한 번 이상 노출된 청중의 수나 비율을 나타내는 개념은?

① 도달률
② 빈도
③ 총 노출량
④ 매체비용

21 도달률에 대한 설명이다.

22 매체계획 수립과정에 대한 설명으로 옳지 않은 것은?

① 광고목표는 매체목표보다 구체적으로 설정되어야 한다.
② 매체유형을 결정할 때 시청자에 대한 정보가 필요하다.
③ 매체비히클 결정 시 총 노출량, 소요비용 등을 평가해야 한다.
④ 신제품이 출시될 경우 보통 긴 광고가 바람직하다.

22 광고목표는 마케팅목표보다 더 구체적으로, 매체목표는 광고목표보다 구체적인 목표로 설정되어야 한다.

23 매체 옵션에 대한 설명으로 옳지 않은 것은?

① TV광고는 15초, 20초, 30초 광고가 가능하다.
② 광고가 반영되는 시간대의 처음과 마지막에 삽입되는 광고가 더 잘 기억된다.
③ 광고물의 크기가 커질수록 메시지 전달효과는 증가한다.
④ 광고물의 크기가 두 배가 되면 주목률도 두 배가 된다.

23 광고물의 크기가 두 배가 된다고 하더라도 주목률이 두 배가 되지는 않는다.

정답 21 ① 22 ① 23 ④

안심Touch

24 사전조사 방법으로는 콘셉트 보드와 광고 크리에이티브 조사 방법이 있다. 트래킹은 사후조사 방법이다.

24 광고효과 측정에 대한 설명으로 옳지 않은 것은?

① 광고효과를 측정하는 이유는 광고 집행 결과에 대한 피드백 자료로써 활용하기 위해서이다.

② ROI(Return On Investment)를 극대화하기 위하여 광고효과를 측정한다.

③ 사전조사로는 트래킹(Tracking)과 광고 크리에이티브 조사가 있다.

④ 광고효과를 조사할 때 정량적인 측정 항목과 광고를 제시한 후 회상되는 이미지나 메시지, 단어 등을 자유롭게 연상하는 것도 매우 중요하다.

25 '퇴직한다'는 의미보다 '일에서 해방된다'는 의미로, '65세대'라는 의미보다 '겨우 65세다'라는 의미로, '가난하다'는 의미보다 '머지않아 부유해진다'라는 의미로 보다 긍정적인 방향의 묘사를 하는 감정이입적 사고가 필요하다.

25 노년층 특성 광고에 대한 설명으로 옳지 않은 것은?

① 사회적으로 60세 이상을 노인으로 보는 시각이 많다.

② 상류형 노년층 소비자는 사용자 중심의 편익을 제시하는 것이 효과적이다.

③ 최근 광고는 노년층이 더 자율적이고 활동적인 모습 등으로 등장하고 있다.

④ '일에서 해방된다'보다는 '퇴직한다'와 같은 현실을 그대로를 반영해 주는 것이 더 좋다.

정답 24 ③ 25 ④

✔ 주관식 문제

01 모든 프로모션 활동을 통합하고 조정하여 유기적인 마케팅 커뮤니케이션 프로그램을 디자인하는 것을 의미하는 마케팅 개념은 무엇인가?

01
[정답] 통합 마케팅 커뮤니케이션(IMC)

02 인쇄매체 중 신문의 장점을 두 가지 이상 기술하시오.

02
[정답] ① 일반적으로 신문광고가 방송광고보다 권위나 신뢰성을 갖는 경향이 있다.
② 신문광고에 노출이 되면 낮은 빈도로도 충분히 전달할 수 있다.
③ 고관여 제품 광고 시 적합하다.
④ 제작에 필요한 시간이 상대적으로 짧고 비용도 저렴하다.
⑤ 일람표적 가치(Catalog Value)가 있다.
⑥ 지역신문의 경우 지역에 국한된 광고를 효과적으로 전달할 수 있다.

안심Touch

03
정답 대리소비(Vicarious Consumption)

03 청소년 특성에서 실제 구매가 어려운 것도 마치 소비하고 있는 듯한 경험을 하며 만족할 수 있다는 것을 의미하는 용어는 무엇 인가?

04
정답 공익광고나 건강 커뮤니케이션 영역

04 위협소구를 많이 활용하는 광고영역은 무엇인가?

최종모의고사

I wish you the best of luck

제 1 회 최종모의고사 ┃ 소비자 및 광고심리학

제한시간: 50분 ┃ 시작 _____시 _____분 – 종료 _____시 _____분

⊒ 정답 및 해설 234p

01 소비자 심리기제에 대한 설명으로 옳지 <u>않은</u> 것은?

① 인간은 감각기관에 들어오는 많은 자극을 선택적으로 받아들인다.

② 동기는 욕구에 기초하며 목표지향적이다.

③ 강화에서 부적 강화는 '어떤 행동을 하지 않는다면 좋지 못한 결과를 얻을 것이다' 라는 메시지를 전한다.

④ 정보를 있는 그대로가 아니라 어떤 의미로 변환시켜 장기기억으로 편입시키는 것을 반복리허설이라고 한다.

02 소비자구매행동에 관한 설명으로 옳지 <u>않은</u> 것은?

① 매장의 지리적 위치, 내부 환경, 구조, 향기, 조명 등은 소비자 선택에 영향을 미친다.

② 고객들에게 친밀하며 아늑하고 조용한 환경을 제공하고 싶다면 음식점의 조명을 낮추는 것이 좋다.

③ 다양한 사회적·물리적 상황이 있을 수 있으며 또한 소비하는 시간에 따라 선호가 달라지기도 한다.

④ 인적 매체보다 비인적 매체가 소비자 구매를 유발할 확률이 높다.

03 정보탐색에 대한 설명으로 옳지 <u>않은</u> 것은?

① 구매의 불확실성을 감소시키기 위해 필요한 정보를 찾는 과정을 정보탐색과정이라고 한다.

② 과거에 구매결과가 만족스러웠을 경우 좀 더 확장된 정보를 얻기 위하여 외적 탐색에 의존할 가능성이 높다.

③ 외적 탐색은 소비자가 현재 가지고 있는 정보가 부족하다고 느낄 경우 새로운 정보를 추가적으로 획득하는 과정을 말한다.

④ 외적 탐색은 주로 승용차나 주택구입과 같은 고가이면서 가시적인 제품, 오랫동안 사용하는 제품일 경우 하게 된다.

04 결정관점에서의 외적 탐색에 대한 설명 중 옳지 <u>않은</u> 것은?

① 제품과 관련하여 지각된 위험이 작을수록 소비자는 탐색을 더 할 것이다.

② 구매에 대한 소비자의 선택 불확실성이 커질수록 지각된 위험은 더 커지며 탐색과정은 더 확장될 것이다.

③ 지각된 위험이란 결정의 부정적인 결과와 이러한 결과들이 발생할 가능성을 말한다.

④ 소비자가 혼자서 자동차로 여행하기를 결정했을 때 소비자는 자발적 위험을 감수하는 것으로 실제보다 더 적은 위험을 인식한다.

05 대안평가에 대한 설명으로 옳지 <u>않은</u> 것은?

① 대안평가는 소비자가 문제해결(욕구충족)을 위해서 정보를 탐색하고, 각 제품의 장단점들을 비교분석하여 소비자의 요구에 부합하는 특정 대안을 선택하는 과정이다.

② 소비자는 대안평가단계에서 위험을 평가한다.

③ 대안평가는 가능성 판단(일어나게 될 가능성 추정)과 가치 판단(좋고, 나쁨을 평가)으로 구성된다.

④ 대표성 간편법, 득과 실의 판단, 가용성 간편법은 가능성 판단 방법이다.

06 가능성 판단에 대한 설명으로 옳은 것은?

① 사람들이 표집이 매우 적을 때조차도 전집을 실제로 대표한다고 강하게 믿는 경향성을 소수의 법칙이라고 한다.

② 선두상표와 비슷한 이름과 용기를 가진 모방제품을 판매하려는 것은 가용성 간편법을 활용한 것이다.

③ 특정 사건을 얼마나 쉽게 회상하느냐에 의한 사건의 확률을 판단하는 방법은 대표성 간편법이다.

④ 제품이 소비자에게 친숙하고 가까울수록 오히려 제품을 회상할 가능성이 떨어진다.

07 비보상규칙에 대한 설명 중 옳은 것은?

① 속성결합규칙에서의 기준치는 속성분리규칙에서의 기준치보다 전형적으로 높게 설정된다.

② 속성분리규칙은 주로 상표중심 처리를 따른다.

③ 속성결합규칙은 단 하나의 대안이 남을 때까지 계속된다.

④ 속성 값에 의한 제거규칙은 사전에 설정된 기준치가 없다.

08 구매 후 과정 중 만족/불만족 형성에 대한 설명으로 옳지 <u>않은</u> 것은?

① 기대 불일치 모형 : 실제성능이 기대와 동일하다고 지각되면 소비자는 기대 일치를 경험한다.

② 기대 불일치 모형 : 기대와 실제성능이 일치할 때 소비자는 제품에 대한 만족을 의식적으로 느끼지 않을 수도 있다.

③ 귀인이론 : 소비자가 기대 이하의 성능 원인을 우연요인으로 귀인한다면 소비자는 불만족을 느낄 것이다.

④ 2요인이론 : 만족과 불만족은 서로 독립적인 개념이다.

09 정신분석이론에 대한 설명으로 옳지 <u>않은</u> 것은?

① 프로이트는 인간의 마음을 빙산에 비유하였다.

② 프로이트는 의식을 빙산 중 물 위에 있는 작은 부분으로 비유하였다.

③ 프로이트는 사고와 행동에 영향을 주는 충동, 욕구 그리고 접근 불가능한 기억의 저장고인 전의식을 가장 중요한 것으로 보았다.

④ 성격은 행동을 지배하는 원초아, 자아, 초자아로 구성되어 있으며, 이들은 서로 상호작용한다.

10 특질이론의 대표 요인에 해당하지 <u>않는</u> 것은?

① 개방성

② 성실성

③ 신경증

④ 공격성

11 태도 기능에 대한 설명으로 옳지 <u>않은</u> 것은?

① 효용성기능 : 사람들로 하여금 즐겁거나 보상적인 대상을 얻게 하고 불쾌하거나 바람직하지 않은 대상을 피하게 한다.

② 자기방어기능 : 프로이트의 정신분석학적 접근에서 유래하였다.

③ 가치표현기능 : 타인과 만날 때 에티켓 문제를 위하여 구강청결제를 구매한다.

④ 지식기능 : 사람이 자신의 세계를 이해하는 데 도움을 주는 기준으로 작용한다.

12 소비자 감각과 지각에 대한 설명으로 옳지 <u>않은</u> 것은?

① 감각은 자극들에 대한 감각 수용기의 직접적인 반응이다.

② 지각은 기본 자극들이 선택되고 조직화되며 해석되는 것을 의미한다.

③ 두 자극의 차이를 변별할 수 있는 최소한의 차이를 최소가지차이(Just Noticeable Difference, JND)라고 한다.

④ 차이역이란 자극의 존재를 알아차리는 최소한의 에너지 강도이다.

13 기억구조에 대한 설명으로 옳지 <u>않은</u> 것은?

① 감각기억은 몇 초 혹은 아주 짧은 시간 동안 모든 입력 정보를 유지시키는 초기 단계이다.

② 단기기억(STM)은 청킹화를 하면 몇 년 혹은 수십 년 동안 유지할 수 있다.

③ 부호화란 정보가 기억에 저장되는 형태로의 변환을 지칭하는 것이다.

④ 작업기억에서는 청각부호화가, 장기기억에서는 의미부호화가 우수하다.

14 집단구성원이 동의한 행위에 대한 규칙으로 명문화되어 있지 않더라도 집단구성원은 이를 행동기준으로 인식하는데 이와 관련된 집단의 영향은?

① 규범적 영향

② 정보적 영향

③ 가치적 영향

④ 수용적 영향

15 확산이론에 대한 설명 중 옳지 않은 것은?

① 통화침투이론 : 트렌드가 상류층에서 시작한다.

② 2단계흐름모델 : 의견선도자는 매스 커뮤니케이션과 추종자 사이 중간자 역할을 한다.

③ 2단계흐름모델 : 정보가 대중매체의 의해 의견선도자, 문지기, 추종자에게 전달된다.

④ 다단계흐름모델 : 매스 커뮤니케이션은 대중의 거의 모든 사람에게 직접적으로 도달한다.

16 혁신의 확산에 대한 설명으로 옳지 않은 것은?

① 확산곡선은 S자 형태이다.

② 도입단계에서 제품을 수용하는 비율은 적고 서서히 증가한다.

③ 표적시장의 특성에 따라 수용 형태도 다르다.

④ 혁신자들은 초기에 제품을 빠르게 수용하는 편이지만 쇠퇴기로의 이동은 느린 편이다.

17 가격할인, 경품행사, 콘테스트, 제품 전시회 등의 활동을 의미하는 것은 무엇인가?

① 제품전략(Product Strategy)

② 가격전략(Price Strategy)

③ 인적 판매(Personal Selling)

④ 판매촉진(Sales Promotion)

18 IMC 마케팅 전략요소가 아닌 것은?

① 수평적 계획

② 브랜드 접촉

③ 단일 커뮤니케이션

④ 커스터마이징

19 인지부조화에 대한 설명으로 옳지 않은 것은?

① 인지부조화 이론의 기본 가정은 '소비자는 합리적이다.'라는 것이다.

② 소비자는 고관여, 제품 사용기간이 길수록 더 많이 부조화를 느낀다.

③ 추가 정보탐색은 인지부조화를 감소시켜주는 방법이다.

④ 상표충성도가 높은 제품일수록 인지부조화의 정도는 낮아진다.

20 다음 설명에 해당하는 것은?

> • 문제인식→정보탐색→대안평가→구매
> →구매 후 평가
> • 선택하고자 하는 대안이 세분화되어 있
> 음(많은 속성, 복잡한 결정방법, 많은 대
> 안)
> • 고가품 구입(승용차, TV, 냉장고 등), 사
> 회적 평가(결혼준비, 주택구입 등)
> • 구매를 되돌리기 어려움

① 확장적 의사결정
② 제한적 의사결정
③ 습관적 의사결정
④ 명목적 의사결정

21 다음 중 동기와 예시와의 연결이 잘못된 것은?

① 최적자극수준유지 동기-수면제를 통해 각
성수준을 낮추는 것
② 감정경험의 열망-남성이 여성에게 백송이
장미를 선물하는 것
③ 자기조절초점-무언가를 성취하기 위해 자
신을 시험하거나 환경을 정복하려고 하는 것
④ 행동자유에 대한 열망-외부압력에 의해서
제약되며, 제품이 품절되거나, 제품가격이
인상되거나, 감당하기 어려운 경우 등의
위협을 받는 것

22 소비자 행동에 따른 태도변화에 대한 설명으로
옳지 <u>않은</u> 것은?

① 개인이 자기 자신을 타인에게 더 좋게 보
이게 하기 위해 수행하는 자기 서비스 전
략을 '문 안에 발 들여놓기'라고 한다.
② 상대방에게 칭찬을 하거나 선물을 줌으로
써 상대방에 대한 통제력을 가질 수 있다.
③ '머리부터 들여놓기' 기법(the door-in-
the-face technique)은 처음의 매우 큰
요구를 거절한 직후 두 번째의 작은 요구
는 거절하지 못하고 수락하게 만드는 설득
기법이다.
④ '10원만이라도' 기법(the even-a-penny-
will-help technique)은 요청의 마지막 부
분에 아주 적은 금액이나 시간도 소중하다
는 어구를 추가하는 설득기법이다.

23 광고에 대한 설명으로 옳지 <u>않은</u> 것은?

① 광고목표와 광고마케팅목표는 동일하다.
② 소비자의 인지적, 정서적인 심리적 반응이
광고의 목표라고 할 수 있다.
③ 소비자가 다양한 설득 채널, 자극에 노출
되어 거치는 일련의 과정을 효과의 위계라
고 한다.
④ 소비자가 설득 커뮤니케이션 자극에 노출
되었을 때 겪는 심리적 과정은 항상 인지
→감정→행동(표준학습위계)의 순서로만
진행되는 것은 아니다.

24 마케팅믹스에 대한 설명으로 옳지 <u>않은</u> 것은?

① 4P는 성공적인 마케팅을 위한 마케팅믹스의 구성요소이다.

② 최근 전자제품의 핵심요소는 성능보다는 디자인이다.

③ 가격책정 시 마케팅 비용뿐만 아니라 기업의 이익도 포함한다.

④ 유통경로도 경쟁우위를 점하는 데 중요한 역할을 한다.

⊘ 주관식 문제

01 마케팅 커뮤니케이션 도구 중 인적 판매의 장점과 단점을 간략히 기술하시오.

02 표적소비자에게 원하는 반응을 얻기 위하여 전달하려는 메시지를 한 마디로 집약한 것은 무엇인가?

03 사람들로 하여금 더 조심스럽거나 혹은 더 위험한 방향 중 어느 한쪽으로 그들의 결정을 전환하게 하는 집단의 경향을 무엇이라고 하는가?

04 참조(준거)집단의 영향적 측면을 간단히 기술하시오.

제2회 최종모의고사 | 소비자 및 광고심리학

제한시간: 50분 | 시작 _____시 _____분 – 종료 _____시 _____분

→ 정답 및 해설 238p

01 마케팅믹스 중 '촉진전략'에 대한 설명으로 옳은 것은?

① 촉진전략은 기업에게는 비용이고 소비자에게는 이익이다.
② 인적 판매는 단기간 판매를 증가시키기 위한 방법으로 효과적이다.
③ 홍보는 소비자가 상세한 정보를 원하는 제품들의 주요 촉진수단으로 사용된다.
④ 광고는 무료형식의 촉진수단이다.

03 신제품이 성공하기 위한 특성으로 옳지 않은 것은?

① 일반적으로 신제품이 복잡할수록 확산이 잘된다.
② 다른 제품보다 더 좋고 저렴하며 믿을 수 있어야 한다.
③ 신제품을 만족하게 사용하고 있는 타인을 관찰할 수 있어야 한다.
④ 신제품의 편익을 직접 경험할 수 있어야 한다.

04 경험위계에 대한 설명으로 옳은 것은?

① 놀이공원에 가는 이유는 짜릿하고 신나는 감정을 느끼기 위해서이다.
② 소비자는 대안을 비교·평가하는 데 많은 시간을 쏟는다.
③ 사람들이 많이 구매하니까 구매한다.
④ 강력한 상황으로 인하여 제품구매 시 감정 없이도 제품을 구매할 수 있다.

02 광고의 장점으로 옳은 것은?

① 다양하고 구체적인 표현이 가능
② 뉴스 가치에 의한 신뢰성
③ 신제품 런칭 시 붐업 조성
④ 중간상의 관심과 판매 유도

05 **초자아(Superego)의 특징으로 옳은 것은?**

① 행위가 옳은지 그른지를 판단하는 성격
   이다.
② 자신의 충동이 언제나 즉각적으로 충족될
   수 없다는 것을 알게 되면서 발달하기 시
   작한다.
③ 개인의 본능적인 욕구와 도덕적인 이미지
   의 모습이다.
④ 본능적인 욕구는 외적 환경에 관계없이 지속
   적으로 쾌락을 얻고 고통을 피하려고 한다.

06 **조망이론에 대한 설명으로 옳지 <u>않은</u> 것은?**

① 조망이론은 사람들은 이득보다 손실에 더
   민감하고 기준점을 중심으로 이득과 손실
   을 평가하여 이득과 손실 모두 효용이 체감
   한다고 가정하는 이론이다.
② 한 대안의 좋고 나쁨에 대한 심리적 판단은
   실질적인 평가와 반드시 일치하지 않는다.
③ 결과의 좋고 나쁨에 대한 개인적 평가는
   그 결과의 준거점과 관련된다는 이론이다.
④ 기업은 조망이론을 활용하여 손실은 나누
   고 이익을 합하는 전략을 행한다.

07 **정보탐색에 대한 설명으로 옳은 것은?**

① 지속적 탐색은 정보획득 후의 구매가 목적
   이다.
② 구매 전 탐색은 정보적 목적과 함께 오락
   적 목적이 관련되어 있다.
③ 정보탐색은 구매계획이 없더라도 일어난다.
④ 내적 탐색은 외부출처로부터 정보를 획득
   하는 과정이다.

08 **소비자 체제화에 대한 설명으로 옳은 것은?**

① 전경은 불분명하고 흐릿하며 연속적으로
   나타나 보인다.
② 광고를 할 때 자극이 배경이 되도록 광고
   를 제작해야 한다.
③ 사람들은 자극을 집단화하여 체제화하려
   는 경향이 있다.
④ 불완전한 자극 패턴은 소비자의 긴장감을
   낮춰준다.

09 지각된 위험에 영향을 주는 요인에 대한 설명으로 옳지 <u>않은</u> 것은?

① 높은 자신감, 높은 자존감, 낮은 불안 등은 위험감수와 관련이 있다.

② 자발적 위험은 비자발적 위험보다 사람들에게 더 수용적이다.

③ 고가제품일수록 구매력은 위축된다.

④ 사회적으로 타인의 눈에 띄는 제품(예 의복, 악세서리)일수록 소비자는 위험을 덜 지각한다.

10 다음 내용과 관련된 개념은 무엇인가?

> 작업기억의 경우, 정보의 저장기간이 짧아서 특별한 노력을 기울이지 않으면 작업기억의 정보는 곧 사라진다. 그래서 망각을 막기 위해서는 일정 활동이 필요하다.

① 인출

② 부호화

③ 시연

④ 병렬탐색

11 자기 자신을 하나의 대상으로 나타내는 개인의 사고와 감정의 총합으로 이는 자기 자신에 대한 지각이 성격의 기본을 형성한다는 이론이다. 이 이론은 무엇인가?

① 자기개념

② 특질이론

③ 정신분석이론

④ 호나이이론

12 동조에 대한 설명으로 옳지 <u>않은</u> 것은?

① 동조란 실제적이거나 상상적인 집단압력의 결과로서 집단에 대한 행동의 변화이다.

② 집단의 응집력이 강할수록 구성원은 집단의 영향을 더 많이 받는다.

③ 집단의 전문성은 동조에 크게 영향을 미치지 못한다.

④ 집단의 규모가 4명이 넘어간 경우 규모가 동조 가능성에 크게 영향을 주지 못한다.

13 IMC 통합 마케팅의 특징으로 옳지 <u>않은</u> 것은?

① 기업의 관점에서 출발

② 고객의 행동에 영향

③ 시너지 효과

④ 고객과 브랜드 간의 관계 구축

14 면대면 커뮤니케이션을 통해 고객에게 제품의 우수성을 설명하고 설득하는 커뮤니케이션 도구를 무엇이라고 하는가?

① 판매촉진
② 직접 마케팅
③ PR
④ 인적 판매

16 저항과 인지부조화에 대한 설명으로 옳지 않은 것은?

① 비싸거나 중요한 제품을 구매할 경우 불안감은 더 심해진다.
② 서로 조화되지 않은 두 개의 인지가 불일치될 때 발생한다.
③ 두 가지 대안이 모두 긍정적일 때 '구매결정 전 저항'이 나타날 수 있다.
④ 자신이 구매한 상표가 좋아하지 않았던 제품일 때 나타나는 현상은 '구매결정 전 저항'이라고 한다.

15 광고 창의성 연구에 대한 설명으로 옳지 않은 것은?

① 창의성 평가기준은 독창성, 새로움도 있지만 적절하고 유용한지도 포함된다.
② 광고물의 창의성 여부를 판단하는 주체는 전문 광고인이다.
③ IQ가 120 정도까지는 창의성과 지능이 비례관계를 갖지만 그 이상에서는 비례관계가 성립되지 않는다.
④ 창의적 성취를 이루게 하는 원인은 내적 동기와 흥미, 열정이다.

17 참조집단과 설득커뮤니케이션에 대한 설명으로 옳지 않은 것은?

① 성공한 기업가, 운동선수, 유명배우들 집단은 소망적 참조집단이라고 한다.
② 집단에 소속되어 있지 않지만 집단에 대한 긍정적 태도의 집단을 긍정적 소속집단이라고 한다.
③ 부정적 집단, 회피집단 같이 참조집단이 부정적 역할을 하기도 한다.
④ 특정 상표에 대한 구매결정이 직장 동료의 기대를 만족시켜 주기 위해 동료의 선호에 영향을 받는다.

18 매슬로우 욕구위계에 대한 설명으로 옳은 것은?

① 한 욕구가 절반 이상 충족이 되었다면 상위욕구가 나타난다.

② 광고에서 정, 사랑, 관계 등을 표현하는 것은 매슬로우의 자존심의 욕구와 관련이 있다.

③ 욕구가 충족되지 않으면 상위욕구로 올라갈 수 없다.

④ 각각의 욕구는 상호 독립적이며 각 욕구는 노력에 의하여 완벽하게 충족이 될 수 있다.

19 공중파TV에 대한 설명으로 옳지 않은 것은?

① 공중파TV광고는 최대 180초이다.

② 지역 특색에 맞춘 광고를 방영할 수 있다.

③ 시청률이 높은 프로그램 시간대 확보 경쟁이 치열하다.

④ 광고회피가 많이 일어난다.

20 아동 특성 광고에 대한 설명으로 옳은 것은?

① 형식적 조작기 단계는 자기중심적인 사고로 한 차원에 집중한다.

② 5~6세 아동은 비언어적인 방식으로 광고를 전달하더라도 광고 이면의 의도를 이해하지 못한다.

③ 관심과 주의집중을 많이 유발하는 것은 너무 친숙하지도 너무 단순·복잡하지도 않은 중간 수준에서이다.

④ 아동은 자기와 다른 어른들이 나오는 광고에 더 호감을 느낀다.

21 고전적 조건형성에 대한 설명으로 옳지 않은 것은?

① 고전적 조건형성을 일으키기 위해서는 반복노출이 필요하다.

② 배고픈 개에게 종소리와 함께 먹이를 주는 것은 '조건형성'이다.

③ 고전적 조건형성은 '연합'에 기반을 둔 학습원리들이다.

④ 조건자극과 무조건자극의 제시 간격은 길수록 좋다.

22 비언어적 메시지에 해당하지 않는 것은 무엇인가?

① 배경음악

② 공간배치

③ 광고내용

④ 음악속도

23 창의성 원리에 대한 설명으로 옳지 <u>않은</u> 것은?

① 기존 지식은 창의적 사고를 하는 데 촉진 작용을 한다.

② 개념이란 공통속성을 가진 개체들의 집합 체이다.

③ 개념들의 결합과 역동적인 이미지들은 창 의적 사고를 촉진시킬 수 있다.

④ 구조화된 상상력(Structured Imagination)은 창의적 결과물을 만들어낼 때 장애물이 될 수 있다.

24 IMC 통합마케팅 전략수립의 단계에 대한 설명 으로 옳지 <u>않은</u> 것은?

① STP, 마케팅믹스 4P의 전략을 검토하는 것이 1단계이다.

② IMC 목표와 마케팅 목표는 동일해야 한다.

③ 마케터가 비용을 지불하지 않고 방송이나 인쇄언어로 매체를 통해 기업이나 제품에 관한 정보를 공중에게 전달하는 것은 '퍼 블리시티(Publicity)'라고 한다.

④ 인적 판매는 고관여 상품일 경우 많이 활 용된다.

✅ 주관식 문제

01 우리가 판단, 믿음, 행동을 결정하는 데 기준
으로 삼는 집단을 무엇이라고 하는가?

02 충동구매에 영향을 주는 개인적 요소 두 가지를
기술하시오.

03 상표충성의 의미를 간략히 기술하시오.

04 실용지향으로 분류되는 하류층의 의생활 패턴을
기술하시오.

정답 및 해설

최종
모의고사

01	02	03	04	05	06	07	08	09	10	11	12
④	④	②	①	④	①	②	③	③	④	③	④
13	14	15	16	17	18	19	20	21	22	23	24
②	①	③	④	④	③	①	①	③	①	①	②

주관식 정답	
01	**인적 판매의 장점** • 면대면 접촉에 따른 제품 시연 및 고객 피드백 가능 • 관계형성에 의한 충성도 확보 **인적 판매의 단점** • 시간, 비용, 노력이 많이 소요됨 • 소비자의 부정적 선입관
02	광고콘셉트
03	집단극화
04	① 정보제공적 영향 ② 비교기준적 영향 ③ 규범적 영향

01 정답 ④

이중부호화에 대한 설명이다. 반복리허설은 광고 정보를 단기기억에 유지시키면서 장기기억으로 보내기 위해 가장 쉽게 사용될 수 있는 방법이다.

02 정답 ④

소비자와 직접 대면하는 인적 매체는 제품, 서비스 정보를 바로 전달하고 직접 설득할 수 있기 때문에 소비자의 구매행동을 이끌어내는 데 효과적이다.

03 정답 ②

일반적으로 과거의 구매결과가 만족스러웠거나 반복적으로 구매하는 경우 그리고 신제품 개발이 느리고 제품변화가 크지 않은 경우에 내적 탐색에 의존할 가능성이 높다. 반면, 내적 탐색을 통해서 구매와 관련된 불안이나 의문점이 완전히 해소되지 않을 경우 소비자는 추가적인 정보탐색을 하게 되는데 이를 외적 탐색이라고 한다.

04 정답 ①

제품과 관련하여 지각된 위험이 클수록 소비자는 확장적인 문제해결과 탐색을 더 할 것이다.

05 정답 ④

가능성 판단 방법에는 대표성 간편법, 가용성 간편법, 기점과 조정 간편법이 있다. 득과 실의 판단은 가치 판단 방법이다.

06 정답 ①

② 대표성 간편법 활용의 예시이다.
③ 가용성 간편법 정의이다.
④ 제품이 소비자에게 친숙할수록, 제품이 다른 제품보다 특출하게 뛰어난 속성을 가질수록, 최근에 광고가 될수록 소비자가 그 제품을 회상할 가능성은 높아진다.

07 정답 ②

① 속성결합규칙에서는 어떠한 속성에서 기준치에 미달하는 대안은 제거되지만 속성분리규칙에서는 수용된다. 따라서 속성분리규칙에서의 기준치는 속성결합규칙에서의 기준치보다 전형적으로 높게 설정된다.
③ 속성값에 의한 제거규칙, 사전찾기식 규칙에 대한 설명이다.
④ 속성값에 의한 제거규칙은 사전에 설정된 기준치가 있으나 사전찾기식 규칙은 사전에 설정된 기준치가 없고 대신에 최고의 속성값을 갖는 대안을 찾는다.

08 정답 ③

어떤 제품의 성능이 기대 이하라면 소비자는 그 원인을 찾으려 할 것이다. 소비자가 기대 이하의 성능 원인을 제품이나 서비스 자체로 귀인한다면 소비자는 불만족을 느낄 것이지만 그 원인을 우연요인이나 자신의 행동으로 귀인한다면 소비자는 불만족을 느끼지 않을 것이다.

09 정답 ③

프로이트는 무의식을 성격기능에서 가장 중요한 것으로 보았다.

10 정답 ④

특질이론의 5가지 요인은 개방성, 성실성, 외향성, 친밀성, 신경증이다.

11 정답 ③

자기방어기능에 대한 예시이다.

12 정답 ④

절대역에 대한 설명이다.

13 정답 ②

단기기억(STM)은 청킹화를 통해 용량을 확장하더라도 장기기억의 용량과 시간을 가질 수 없다.

14 정답 ①

② 집단이 소비자의 구매결정에 영향을 주는 매우 신뢰할 만한 정보를 제공할 때 작용한다.
③ 참조집단이 소비과정에 관련된 가치와 태도를 가지고 있다고 소비자가 느낄 때 작용한다.

15 정답 ③

다단계흐름모델에 대한 설명이다.

16 정답 ④

혁신자는 젊고 높은 학력수준의 변화지향적인 개인들로 제품을 빠르게 수용하지만 쇠퇴기로 빠르게 이동할 위험도 가지고 있다.

17 정답 ④

소비자와 중간상, 판매원을 대상으로 단기간 내에 판매를 증가시키기 위하여 사용된다.

판매촉진 유형
- 소비자 대상 : 가격할인, 경품행사, 캐시백(현금환불), 사은품 증정, 무료샘플 증정, 쿠폰 증정 등
- 중간상 및 판매원 대상 : 구매시점 진열, 정기적인 제품 전시회, 판매경연, 가격할인, 프리미엄, 광고비용 보상 등

18 정답 ③

IMC 마케팅 전략요소로는 수평적 계획, 브랜드 접촉, 상호작용적, 커스터마이징 등이 있다.

19 정답 ①

인간은 비합리적이기 때문에 선택 후 불안감을 느끼게 되는 것이다.

20 정답 ①

확장적 의사결정에 대한 설명이다.

21 정답 ③

자기조절초점은 쾌락을 추구하는 것을 인간의 기본적인 동기로 설명하는 것을 넘어 사람들이 다른 전략을 사용하여 쾌락을 추구하고 고통을 회피하는지 밝히고자 한 이론이다.
예시 내용은 레저활동의 열망과 관련이 있다.

22 정답 ①

비위맞추기 전략이다.

23 정답 ①

광고목표란 규정된 표적소비자를 대상으로 정해진 기간 동안 달성하고자 하는 구체적인 커뮤니케이션 과제이며 커뮤니케이션 과제는 마케팅 과제와는 다르다. 오히려 매출, 시장점유율 증대가 광고마케팅 목표에 가깝다.

24 정답 ②

의류나 패션용품의 경우에는 디자인이 제품요소가 되고 전자제품과 같은 기술적인 제품에서는 디자인보다는 성능이 핵심요소가 된다.

주관식 해설

01 [정답] **인적 판매의 장점**
- 면대면 접촉에 따른 제품 시연 및 고객 피드백 가능
- 관계형성에 의한 충성도 확보

인적 판매의 단점
- 시간, 비용, 노력이 많이 소요됨
- 소비자의 부정적 선입관

02 [정답] 광고콘셉트

03 [정답] 집단극화

04 [정답] ① 정보제공적 영향
② 비교기준적 영향
③ 규범적 영향

제2회

01	02	03	04	05	06	07	08	09	10	11	12
①	①	①	①	①	④	③	③	④	③	①	③
13	14	15	16	17	18	19	20	21	22	23	24
①	④	②	④	②	③	①	③	①	③	①	②

주관식 정답	
01	참조(준거)집단
02	자기통제와 접촉욕구
03	소비자가 특정 상표에 대한 긍정적인 태도로 인하여 그 상표를 반복적으로 구매하는 행위를 말한다.
04	• 반드시 유명 브랜드의 옷을 선호하지 않으며 저렴한 옷을 여러 벌 구입하는 경향이 있다. • 입어서 편한 옷을 선호한다.

01 정답 ①
② 단기간 내 판매증진을 위해서는 판매촉진전략을 사용한다.
③ 인적 판매에 대한 설명이다.
④ 광고는 유료형식의 촉진수단이다.

02 정답 ①
② PR/퍼블리시티에 대한 설명이다.
③ 이벤트
④ 판매촉진

03 정답 ①
일반적으로 신제품이 덜 복잡할수록 더 빠르게 수용된다(단순성).

04 정답 ①
② 표준학습위계
③ 행동영향위계
④ 행동영향위계

05 정답 ①
② 자아(Ego)의 설명이다.
③ 본능적인 욕구는 원초아(Id)와 관련이 있다.
④ 원초아(Id)의 설명이다.

06 정답 ④
손실은 금액이 똑같은 이익보다도 훨씬 더 강하게 평가된다. 일반적으로 사람들이 손실에서 경험하는 불만족은 이익에서 느끼는 만족보다 2배 이상이 크다고 한다. 따라서 기업은 조망이론을 활용하여 이익은 나누고 손실을 합하는 전략, 손실보다 이익이 클 경우에는 합하고 손실이 클 경우에는 나누는 전략 등을 행한다.

07 정답 ③
① '구매 전 탐색'에 대한 설명이다.
② '지속적 탐색'에 대한 설명이다.
④ '외적 탐색'에 대한 설명이다.

08 **정답** ③

① 전경은 지각의 대상이 되는 부분으로 더 확고하고 더 잘 규정되어 있는 반면에, 배경은 전경의 나머지 부분을 말하는 것으로 보통 불분명하고 흐릿하며 연속적으로 나타나 보인다.

② 광고를 할 때 소비자가 주목할 자극이 전경이 되도록 광고를 제작해야 한다.

④ 사람들은 불완전한 자극을 보면 긴장을 일으키고 긴장을 감소시키기 위해 불완전한 자극을 완전하게 만들려고 동기화한다(완결성의 원리).

09 **정답** ④

제품이나 서비스 자체의 특성 또한 소비자의 위험지각에 영향을 주게 되는데, 사회적으로 타인의 눈에 띄는 제품(예 의복, 액세서리)일수록 그리고 신체적 위험의 가능성이 잠재해 있는 제품(예 의약품, 소형차)일수록 소비자는 위험을 더 많이 지각한다.

10 **정답** ③

망각을 막기 위해서는 시연 또는 암송을 해야 한다. 시연은 정보에 대한 언어적 반복을 말하며, 정보를 작업기억에 유지시킬 뿐만 아니라 장기기억으로 전이하도록 만든다.

11 **정답** ①

자기개념에 대한 설명이다.

12 **정답** ③

소비자는 다양한 집단의 구성원이고 이러한 집단들이 구매결정에 관여할 것이다. 이 중 더 전문적인 집단이 구성원의 구매에 더 큰 영향을 미칠 것이다.

13 **정답** ①

고객 및 잠재고객 관점에서 출발한다.

14 **정답** ④

인적 판매에 대한 설명이다.

15 **정답** ②

광고물의 창의성 여부를 판단하는 주체는 소비자 특히 표적소비자(Target Consumer)이다. 표적소비자의 반응을 객관적으로 측정하여 이를 기본적 판단기준으로 삼고 여기에 명시적인 평가준거를 통한 전문 광고인들의 판단을 부가하는 것이 바람직하다.

16 **정답** ④

'구매 후 인지부조화'에 대한 설명이다.

17 **정답** ②

갈망집단(연예인)에 대한 설명이다.

18 **정답** ③

① 한 욕구가 나타나기 위해서는 바로 이전의 욕구가 어느 정도 충족이 되어야 한다.

② 소속·애정의 욕구와 관련이 있다.

④ 각 욕구는 상호 독립적이고 어떤 욕구도 완벽하게 충족되지 않는다.

19 **정답** ①

케이블TV광고에 대한 설명이다. 공중파광고는 15초, 20초, 30초 광고가 가능하다.

20 정답 ③

① 자기중심적인 사고는 전조작기 아동의 특징이다.

② 7~8세 이전의 아동은 광고 이면의 의도를 잘 이해하지 못하지만 비언어적 방식으로 제시할 경우 5~6세 아동도 이면의 의도를 이해할 수 있다.

④ 아동은 TV광고에 자기와 유사한 아동이나 청소년이 등장하면 자연히 더 호감을 지니게 되어 광고효과가 더 커진다.

21 정답 ④

조건자극(CS)과 무조건자극(UCS)의 제시 간격은 1초 이내로 짧아야 한다.

22 정답 ③

광고내용은 언어적 메시지이다.

23 정답 ①

기존 지식은 창의적 사고과정에서 필수적임(출발점)과 동시에 방해와 간섭을 일으킨다.

24 정답 ②

IMC 전략은 마케팅 전략을 바탕으로 수립되기 때문에 IMC 목표도 마케팅 목표를 기준으로 설정되어야 하지만 IMC 목표가 반드시 마케팅 목표와 동일한 것은 아니다.

주관식 해설

01 정답 참조(준거)집단

02 정답 자기통제와 접촉욕구

03 정답 소비자가 특정 상표에 대한 긍정적인 태도로 인하여 그 상표를 반복적으로 구매하는 행위를 말한다.

04 정답 • 반드시 유명 브랜드의 옷을 선호하지 않으며 저렴한 옷을 여러 벌 구입하는 경향이 있다.
• 입어서 편한 옷을 선호한다.

컴퓨터용 사인펜만 사용

국가 학위취득 종합시험 답안지(객관식)

★ 수험생은 수험번호와 응시과목 코드번호를 표기(마킹)한 후 일치여부를 반드시 확인할 것.

전공분야

성명

(1)

3

수 험 번 호

(2)

① ● ③ ④

과목코드	응시과목

교시코드
① ② ③ ④

1 ① ② ③ ④   14 ① ② ③ ④
2 ① ② ③ ④   15 ① ② ③ ④
3 ① ② ③ ④   16 ① ② ③ ④
4 ① ② ③ ④   17 ① ② ③ ④
5 ① ② ③ ④   18 ① ② ③ ④
6 ① ② ③ ④   19 ① ② ③ ④
7 ① ② ③ ④   20 ① ② ③ ④
8 ① ② ③ ④   21 ① ② ③ ④
9 ① ② ③ ④   22 ① ② ③ ④
10 ① ② ③ ④ 23 ① ② ③ ④
11 ① ② ③ ④ 24 ① ② ③ ④
12 ① ② ③ ④
13 ① ② ③ ④

과목코드	응시과목

1 ① ② ③ ④   14 ① ② ③ ④
2 ① ② ③ ④   15 ① ② ③ ④
3 ① ② ③ ④   16 ① ② ③ ④
4 ① ② ③ ④   17 ① ② ③ ④
5 ① ② ③ ④   18 ① ② ③ ④
6 ① ② ③ ④   19 ① ② ③ ④
7 ① ② ③ ④   20 ① ② ③ ④
8 ① ② ③ ④   21 ① ② ③ ④
9 ① ② ③ ④   22 ① ② ③ ④
10 ① ② ③ ④ 23 ① ② ③ ④
11 ① ② ③ ④ 24 ① ② ③ ④
12 ① ② ③ ④
13 ① ② ③ ④

답안지 작성시 유의사항

1. 답안지는 반드시 컴퓨터용 사인펜을 사용하여 다음 [보기]와 같이 표기할 것.
   [보기] 잘된 표기: ●
   잘못된 표기: ⊗ ⊙ ◑ ○ ◐
2. 수험번호 (1)에는 아라비아 숫자로 쓰고, (2)에는 "●"와 같이 표기할 것.
3. 과목코드는 뒷면 "과목코드번호"를 보고 해당과목의 코드번호를 찾아 표기하고,
   응시과목란에는 응시과목명을 한글로 기재할 것.
4. 교시코드는 문제지 전면 의 교시를 해당란에 "●"와 같이 표기할 것.
5. 한번 표기한 답은 긁거나 수정액 및 스티커 등 어떠한 방법으로도 고쳐서는
   아니되고, 고친 문항은 "0"점 처리함.

※ 감독관 확인란

(인)

관 리 번 호

(연번)

(응시자수)

년도 학위취득
종합시험 답안지(주관식)

전공분야

성 명

★ 수험생은 수험번호와 응시과목 코드번호를 표기(마킹)한 후 코드번호와 응시과목 일치여부를 반드시 확인할 것.

과목코드

교시코드

번호	※1차 점수	※1차 채점	※1차확인	응 시 과 목	※2차확인	※2차 채점	※2차 점수
1	⓪ ① ② ③ ④ ⑤ ⑥ ⑦ ⑧ ⑨ ⑩						⓪ ① ② ③ ④ ⑤ ⑥ ⑦ ⑧ ⑨ ⑩
2	⓪ ① ② ③ ④ ⑤ ⑥ ⑦ ⑧ ⑨ ⑩						⓪ ① ② ③ ④ ⑤ ⑥ ⑦ ⑧ ⑨ ⑩
3	⓪ ① ② ③ ④ ⑤ ⑥ ⑦ ⑧ ⑨ ⑩						⓪ ① ② ③ ④ ⑤ ⑥ ⑦ ⑧ ⑨ ⑩
4	⓪ ① ② ③ ④ ⑤ ⑥ ⑦ ⑧ ⑨ ⑩						⓪ ① ② ③ ④ ⑤ ⑥ ⑦ ⑧ ⑨ ⑩
5	⓪ ① ② ③ ④ ⑤ ⑥ ⑦ ⑧ ⑨ ⑩						⓪ ① ② ③ ④ ⑤ ⑥ ⑦ ⑧ ⑨ ⑩

답안지 작성시 유의사항

1. ※란은 표기하지 말 것.
2. 수험번호 (2)란, 과목코드, 교시코드 표기는 반드시 컴퓨터용 싸인펜으로 표기할 것.
3. 교시코드는 문제지 전면 의 교시를 해당란에 컴퓨터용 싸인펜으로 표기할 것.
4. 답안은 반드시 흑·청색 볼펜 또는 만년필을 사용할 것.
   (연필 또는 적색 필기구 사용불가)
5. 답안을 수정할 때에는 두줄(=)을 긋고 수정할 것.
6. 답란이 부족하면 해당답란에 "뒷면기재"라고 쓰고 뒷면 (추기답란)에 문제번호를 기재한 후 답안을 작성할 것.
7. 기타 유의사항은 객관식 답안지의 유의사항과 동일함.

※ 감독관 확인란

㊞

[이 답안지는 마킹연습용 모의답안지입니다.]

남도 학위취득 종합시험 답안지(객관식)

★ 수험생은 수험번호와 응시과목 코드번호를 표기(마킹)한 후 일치여부를 반드시 확인할 것.

전공분야

성 명

수험번호

(1) 3 - - - -
(2) ① ② ● ④

교시코드		과목코드	응시과목

과목코드

교시코드 ① ② ③ ④

	응시과목
1	① ② ③ ④
2	① ② ③ ④
3	① ② ③ ④
4	① ② ③ ④
5	① ② ③ ④
6	① ② ③ ④
7	① ② ③ ④
8	① ② ③ ④
9	① ② ③ ④
10	① ② ③ ④
11	① ② ③ ④
12	① ② ③ ④
13	① ② ③ ④
14	① ② ③ ④
15	① ② ③ ④
16	① ② ③ ④
17	① ② ③ ④
18	① ② ③ ④
19	① ② ③ ④
20	① ② ③ ④
21	① ② ③ ④
22	① ② ③ ④
23	① ② ③ ④
24	① ② ③ ④

답안지 작성시 유의사항

1. 답안지는 반드시 컴퓨터용 사인펜을 사용하여 다음 보기와 같이 표기할 것.
   보기 잘된 표기: ● 잘못된 표기: ⊘ ⊗ ◑ ◐ ○○
2. 수험번호 (1)에는 아라비아 숫자로 쓰고, (2)에는 " ● "와 같이 표기할 것.
3. 과목코드는 뒷면 "과목코드번호"를 보고 해당과목의 코드번호를 찾아 표기하고,
   응시과목란에는 응시과목명을 한글로 기재할 것.
4. 교시코드는 문제지 전면 의 교시를 해당란에 " ● "와 같이 표기할 것.
5. 한번 표기한 답은 긁거나 수정액 및 스티커 등 어떠한 방법으로도 고쳐서는
   아니되고, 고친 문항은 "0"점 처리됨.

※ 감독관 확인란

(인)

관 리 번 호 (연번)

관 리 번 호 (응시자수)

　년도 학위취득
종합시험 답안지(주관식)

전공분야

성명

★ 수험생은 수험번호와 응시과목 코드번호를 해당란에 표기(마킹)한 후 코드번호 일치여부를 반드시 확인할 것.

과목코드

교시코드 ① ② ③ ④

수험번호

응시과목

※1차확인　※2차확인

※1차점수　※2차점수

1차채점　2차채점

1　2　3　4　5

답안지 작성시 유의사항

1. ※란은 표기하지 말 것.
2. 수험번호 (2)란, 과목코드, 교시코드는 반드시 컴퓨터용 싸인펜으로 표기할 것.
3. 교시코드는 문제지 전면의 교시를 해당란에 컴퓨터용 싸인펜으로 표기할 것.
4. 답안은 반드시 흑·청색 볼펜 또는 만년필을 사용할 것. (연필 또는 적색 필기구 사용불가)
5. 답안을 수정할 때에는 두줄(=)을 긋고 수정할 것.
6. 답란이 부족하면 해당답란에 "뒷면기재"라고 쓰고 뒷면 "추가답란"에 문제번호를 기재한 후 답안을 작성할 것.
7. 기타 유의사항은 객관식 답안지의 유의사항과 동일함.

※ 감독관 확인란

(인)

컴퓨터용 사인펜만 사용

남도 학위취득 종합시험 답안지(객관식)

★ 수험생은 수험번호와 응시과목 코드번호를 표기(마킹)한 후 일치여부를 반드시 확인할 것.

전공분야

성 명

(1) 3

(2) ④ ● ② ①

수 험 번 호

※ 감독관 확인란

(인)

관 리 번 호

(연번)

(응시자수)

과목코드	응시과목	
	1 ① ② ③ ④	14 ① ② ③ ④
	2 ① ② ③ ④	15 ① ② ③ ④
	3 ① ② ③ ④	16 ① ② ③ ④
	4 ① ② ③ ④	17 ① ② ③ ④
	5 ① ② ③ ④	18 ① ② ③ ④
교시코드	6 ① ② ③ ④	19 ① ② ③ ④
① ② ③ ④	7 ① ② ③ ④	20 ① ② ③ ④
	8 ① ② ③ ④	21 ① ② ③ ④
	9 ① ② ③ ④	22 ① ② ③ ④
	10 ① ② ③ ④	23 ① ② ③ ④
	11 ① ② ③ ④	24 ① ② ③ ④
	12 ① ② ③ ④	
	13 ① ② ③ ④	

답안지 작성시 유의사항

1. 답안지는 반드시 컴퓨터용 사인펜을 사용하여 다음 보기와 같이 표기할 것.
   보기 잘된 표기: ● 잘못된 표기: ⊘ ⊗ ◐ ⊙ ◑ ◯○ ◉
2. 수험번호 (1)에는 아라비아 숫자로 쓰고, (2)에는 "●"와 같이 표기할 것.
3. 과목코드는 뒷면 "과목코드번호"를 보고 해당과목의 코드번호를 찾아 표기하고,
   응시과목란에는 응시과목명을 한글로 기재할 것.
4. 교시코드는 문제지 전면 의 교시를 해당란에 "●"와 같이 표기할 것.
5. 한번 표기한 답은 긁거나 수정액 및 스티커 등 어떠한 방법으로도 고쳐서는
   아니되고, 고친 문항은 "0"점 처리됨.

과목코드	응시과목	
	1 ① ② ③ ④	14 ① ② ③ ④
	2 ① ② ③ ④	15 ① ② ③ ④
	3 ① ② ③ ④	16 ① ② ③ ④
	4 ① ② ③ ④	17 ① ② ③ ④
	5 ① ② ③ ④	18 ① ② ③ ④
	6 ① ② ③ ④	19 ① ② ③ ④
	7 ① ② ③ ④	20 ① ② ③ ④
	8 ① ② ③ ④	21 ① ② ③ ④
	9 ① ② ③ ④	22 ① ② ③ ④
	10 ① ② ③ ④	23 ① ② ③ ④
	11 ① ② ③ ④	24 ① ② ③ ④
	12 ① ② ③ ④	
	13 ① ② ③ ④	

○○년도 학위취득
종합시험 답안지(주관식)

전공분야

성명

과목코드

	① ① ② ② ③ ③ ④ ④ ⑤ ⑤ ⑥ ⑥ ⑦ ⑦ ⑧ ⑧ ⑨ ⑨ ⑩ ⑩
	① ① ② ② ③ ③ ④ ④ ⑤ ⑤ ⑥ ⑥ ⑦ ⑦ ⑧ ⑧ ⑨ ⑨ ⑩ ⑩
	① ① ② ② ③ ③ ④ ④ ⑤ ⑤ ⑥ ⑥ ⑦ ⑦ ⑧ ⑧ ⑨ ⑨ ⑩ ⑩
	① ① ② ② ③ ③ ④ ④ ⑤ ⑤ ⑥ ⑥ ⑦ ⑦ ⑧ ⑧ ⑨ ⑨ ⑩ ⑩
	① ① ② ② ③ ③ ④ ④ ⑤ ⑤ ⑥ ⑥ ⑦ ⑦ ⑧ ⑧ ⑨ ⑨ ⑩ ⑩

교시코드

① ② ③ ④

수험번호

3	-			-			

(1)
(2)

답안지 작성시 유의사항

1. ※란은 표기하지 말 것.
2. 수험번호 (2)란, 과목코드, 교시코드 표기는 반드시 컴퓨터용 싸인펜으로 표기할 것.
3. 교시코드는 문제지 전면 의 교시를 해당란에 컴퓨터용 싸인펜으로 표기할 것.
4. 답란은 반드시 흑·청색 볼펜 또는 만년필을 사용할 것. (연필 또는 적색 필기구 사용불가)
5. 답안을 수정할 때에는 두줄(=)을 긋고 수정할 것.
6. 답란이 부족하면 해당답란에 "뒷면기재"라고 쓰고 뒷면 '추가답란'에 문제번호를 기재한 후 답안을 작성할 것.
7. 기타 유의사항은 객관식 답안지의 유의사항과 동일함.

※ 감독관 확인란

(인)

번호	※1차점수	※1차채점	응시과목	※2차확인	※2차채점	※2차점수
1	⓪ ① ② ③ ④ ⑤ ⑥ ⑦ ⑧ ⑨ ⑩					⓪ ① ② ③ ④ ⑤ ⑥ ⑦ ⑧ ⑨ ⑩
2	⓪ ① ② ③ ④ ⑤ ⑥ ⑦ ⑧ ⑨ ⑩					⓪ ① ② ③ ④ ⑤ ⑥ ⑦ ⑧ ⑨ ⑩
3	⓪ ① ② ③ ④ ⑤ ⑥ ⑦ ⑧ ⑨ ⑩					⓪ ① ② ③ ④ ⑤ ⑥ ⑦ ⑧ ⑨ ⑩
4	⓪ ① ② ③ ④ ⑤ ⑥ ⑦ ⑧ ⑨ ⑩					⓪ ① ② ③ ④ ⑤ ⑥ ⑦ ⑧ ⑨ ⑩
5	⓪ ① ② ③ ④ ⑤ ⑥ ⑦ ⑧ ⑨ ⑩					⓪ ① ② ③ ④ ⑤ ⑥ ⑦ ⑧ ⑨ ⑩

좋은 책을 만드는 길
독자님과 함께하겠습니다.

도서나 동영상에 궁금한 점, 아쉬운 점, 만족스러운 점이
있으시다면 어떤 의견이라도 말씀해 주세요.
SD에듀는 독자님의 의견을 모아 더 좋은 책으로 보답하겠습니다.

www.sdedu.co.kr

시대에듀 독학사 심리학과 4단계 소비자 및 광고심리학

개정2판1쇄 발행	2022년 06월 08일 (인쇄 2022년 04월 29일)
초 판 발 행	2019년 08월 05일 (인쇄 2019년 06월 28일)
발 행 인	박영일
책 임 편 집	이해욱
저 자	장경은
편 집 진 행	송영진 · 양희정
표지디자인	박종우
편집디자인	채경신 · 박서희
발 행 처	(주)시대교육
공 급 처	(주)시대고시기획
출 판 등 록	제 10-1521호
주 소	서울시 마포구 큰우물로 75 [도화동 538 성지 B/D] 9F
전 화	1600-3600
팩 스	02-701-8823
홈 페 이 지	www.sdedu.co.kr
I S B N	979-11-383-2294-2 (13180)
정 가	27,000원

합격의 공식
온라인 강의

잠깐!

혼자 공부하기 힘드시다면 방법이 있습니다.
SD에듀의 동영상강의를 이용하시면 됩니다.
www.sdedu.co.kr → 회원가입(로그인) → 강의 살펴보기

1년 만에 4년제 대학 졸업

시대에듀가
All care 해 드립니다!

학사학위 취득하기로 결정하셨다면!
지금 바로 시대에듀 독학사와 함께 시작하세요!

시대에듀 교수진과 함께라면
독학사 학위취득은 반드시 이루어집니다

수강생을 위한 프리미엄 학습 지원 혜택

저자직강 명품강의 제공	기간 내 무제한 수강	모바일 강의 제공	1:1 맞춤 학습 서비스
	∞		

시대에듀 동영상 강의 | www.sdedu.co.kr

시대에듀 독학사

심리학과

왜? 독학사 심리학과인가? *why*

4년제 심리학 학위를 최소 시간과 비용으로 단 1년 만에 초고속 합격 가능!

1 독학사 11개 학과 중 2014년에 가장 최근에 신설된 학과

2 학위취득 후 청소년 상담사나 임상 심리사 등 심리학 관련 자격증 응시자격 가능

3 심리치료사, 심리학 관련 언론사, 연구소, 공공기관 등의 취업 진출

심리학과 과정별 시험과목(2~4과정)

1~2과정 교양 및 전공기초 과정은 객관식 40문제 구성

3~4과정 전공심화 및 학위취득 과정은 객관식 24문제 + 주관식 4문제 구성

2과정(전공기초)	3과정(전공심화)	4과정(학위취득)
동기와 정서	학습심리학	인지신경과학
성격심리학	심리검사	임상심리학
발달심리학	학교심리학	소비자 및 광고심리학
사회심리학	산업 및 조직심리학	심리학연구방법론(근간)
이상심리학	상담심리학	
감각 및 지각심리학	인지심리학(근간)	

시대에듀 심리학과 학습 커리큘럼

기본이론부터 실전 문제풀이 훈련까지!

시대에듀가 제시하는 각 과정별 최적화된 커리큘럼 따라 학습해보세요.

기본이론
핵심 이론 분석으로 확실한 개념 이해
Step 01

문제풀이
출제 예상문제를 통해 실전 문제에 적용
Step 02

핵심요약
이론 핵심내용 중요 포인트 체크
Step 03

모의고사
기출 동형 문제를 통한 최종 마무리
Step 04

※ 전공별·과정별 커리큘럼은 변경될 수 있습니다.

독학사 2~4과정 심리학과 교재

독학학위제 출제영역을 100% 반영한 내용과 문제로 구성된 완벽한 최신 기본서 라인업!

2과정
- 전공 기본서 [전 6종]
  - 동기와 정서 / 성격심리학 /
    발달심리학 / 사회심리학 /
    이상심리학 / 감각 및 지각심리학

3과정
- 전공 기본서 [전 6종]
  - 학습심리학 / 심리검사 /
    학교심리학 / 산업 및 조직심리학 /
    상담심리학 / 인지심리학(근간)

4과정
- 전공 기본서 [전 4종]
  - 인지신경과학 / 임상심리학 /
    소비자 및 광고심리학 /
    심리학연구방법론(근간)

독학사 심리학과 최고의 교수진

독학사 수험생 여러분의 합격을 책임질 최고의 독학사 심리학과 전문 교수진과 함께!

김윤수 교수	류소형 교수	장경은 교수	천은영 교수	정경아 교수
이상심리학	학교심리학 발달심리학 동기와 정서 사회심리학	산업 및 조직심리학 상담심리학 소비자 및 광고심리학 인지신경과학	성격심리학	심리검사

➕ 심리학과 동영상 패키지 강의 수강생을 위한 특별 혜택

청소년상담사
임상심리사

>

자격증 과정 강의 무료제공!
수강기간 내 학사학위 취득 시
청소년상담사 or 임상심리사 자격과정 무료제공

나는 이렇게 합격했다

여러분의 힘든 노력이 기억될 수 있도록
당신의 합격 스토리를 들려주세요.

합격생 인터뷰
상품권 증정

추첨을 통해
선물 증정

베스트 리뷰자 1등
아이패드 증정

베스트 리뷰자 2등
에어팟 증정

SD에듀 합격생이 전하는 합격 노하우

"기초 없는 저도 합격했어요
여러분도 가능해요."

검정고시 합격생 이*주

"불안하시다고요?
시대에듀와 나 자신을 믿으세요."

소방직 합격생 이*화

"강의를 듣다 보니
자연스럽게 합격했어요."

사회복지직 합격생 곽*수

"선생님 감사합니다.
제 인생의 최고의 선생님입니다."

G-TELP 합격생 김*진

"시험에 꼭 필요한 것만 딱딱!
시대에듀 인강 추천합니다."

물류관리사 합격생 이*환

"시작과 끝은 시대에듀와 함께!
시대에듀를 선택한 건 최고의 선택"

경비지도사 합격생 박*익

합격을 진심으로 축하드립니다!
합격수기 작성 / 인터뷰 신청

QR코드 스캔하고 ▷ ▷ ▷ ▶
이벤트 참여하여 푸짐한 경품받자!

합격의 공식 시대에듀
SD에듀